古代歷史文化 研究輯刊

六 編

王 明 蓀 主編

第 25 冊

由古書契論北淡地區客家移墾
——以汀州客江、潘二氏爲例

黃 詩 涵 著

國家圖書館出版品預行編目資料

由古書契論北淡地區客家移墾──以汀州客江、潘二氏為例
／黃詩涵 著 ─ 初版 ─ 新北市：花木蘭文化出版社，2011
〔民 100〕
目 4+246 面；19×26 公分
（古代歷史文化研究輯刊 六編；第 25 冊）
ISBN：978-986-254-619-2（精裝）
1. 古文書　2. 契約　3. 史料　4. 客家
618　　　　　　　　　　　　　　　　　100015472

ISBN-978-986-254-619-2

9 789862 546192

古代歷史文化研究輯刊
六　編　第二五冊　　　　　　ISBN：978-986-254-619-2

由古書契論北淡地區客家移墾
──以汀州客江、潘二氏為例

作　　者　黃詩涵
主　　編　王明蓀
總 編 輯　杜潔祥
出　　版　花木蘭文化出版社
發 行 所　花木蘭文化出版社
發 行 人　高小娟
聯絡地址　新北市永和區中正路五九五號七樓
　　　　　電話：02-2923-1455／傳真：02-2923-1452
網　　址　http://www.huamulan.tw 信箱 sut81518@gmail.com
印　　刷　普羅文化出版廣告事業
初　　版　2011 年 9 月
定　　價　六編 25 冊（精裝）新台幣 40,000 元

由古書契論北淡地區客家移墾
——以汀州客江、潘二氏為例

黃詩涵　著

作者簡介

黃詩涵，民國 72 年（1983）生，臺灣苗栗客家人，畢業於淡江大學漢語文化暨文獻資源研究所碩士班（現已改制為淡江大學中國文學研究所語言文化組），曾參與淡江大學田野調查研究室，與周彥文教授、陳姵妤聯名發表〈淡水地區眷村調查研究〉，亦投入相關紀錄片的拍攝。

提　要

　　淡水可是臺灣北部最早開發之地區之一，今日尚存於淡水地區的鄞山寺，是清代客籍移民曾駐足於此區的重要標的，至今此廟仍由居住在大臺北地區的客籍移民們所掌理，持有鄞山寺股份中最主要的江姓家族，定居在淡水以北的三芝地區，而該區正是現今臺北縣市汀州籍移民最多的地區，且以三芝鄉八連溪為北海岸地區漳州與泉州福佬的分界點（或稱之為緩衝區），形成鮮明的聚落區隔。

　　本文試著透過蒐集北淡區文獻資料，並逐一訪查北淡區各客家家族，根據其所提供之家譜與古契書，將其分類、考訂與驗證，由諸多家族中，篩選出北淡區最具代表性，文獻史料亦最為豐富之三芝江姓與石門潘姓，做為本文論述之要角，初步勾勒出北淡區早期客家移民的型態。

　　本論文共分為五章：

　　第一章緒論：陳述研究之動機、目的，以及選取的研究範圍、對象的過程，最後是研究步驟、研究流程的說明。

　　第二章為主研究範圍——北淡地區相關文獻的評述，以及曾針對此區從事古文書的相關研究綜述。

　　第三章討論清代以及清以前北淡地區的開發情形，以及形成清代番漢聚落的歷史背景因素，其中包含有十七、十八世紀台灣稅制形成的過程。

　　第四章由筆者所收集之古書契、族譜，搭配古地圖及前人之研究，分別由三芝江氏、石門練氏來看清代北淡區客家移民的遷徙、定居，並融入在地的歷程。

　　第五章總結北淡區移墾社會的發展歷程，說明本文力有未逮之處，並提供未來可能延伸的研究途徑，供學者們參考。

謝　誌

感謝亦師亦友的周彥文老師這五年多來的教誨，你開啓了我思維的新面向，也感謝周老師的家人——彎彎師母、球球、老魯對我諸多的包容與照顧。

感謝治學嚴謹的陳仕華老師與張建隆主任，提供修正論文的方向，指出正確運用史料的方式，使此篇論文更切題而不致失焦。

此篇論文在撰寫的過程中，造訪過多位鄉野耆老、地方里民、文史工作者，以及多位鄉鎮里辦公室裡的公務人員，感謝諸位提供相關資料，並引薦更多的客家友人予以採訪，你們提供的一手資料，是此文的骨與肉，全賴大家的協助此文才得以完成，不勝銘感。致謝名單羅列如下：

田野受訪者				提供協助的相關機構與組織
三芝			石門	機構
花村祥先生	簡錦榮先生	李永吉先生	練寶絨小姐	淡水鎮立圖書館
花金騫先生	劉大立先生	李登旺先生	練維博先生	三芝鄉立圖書館
周正義先生	陳玉桂小姐	練寶絨小姐	潘扶鐘先生	國立故宮博物院　圖書文獻處
賴建國夫婦	鍾繁木先生	江貴眞先生	淡水	國立圖書館台灣分館 台灣學研究中心
謝江素愼小姐	曾正興先生	江國強先生	張允正先生	淡水社區大學
張均田先生	盧政鐘先生	華啓銘先生	楊常弘先生	淡江大學　田野調查研究室
江仁雄先生	江繼財先生	華明文先生	鍾基忠先生	三芝　江氏宗親會
徐碧玉小姐	王生中先生	臺北	林錦榮先生	三芝　華氏宗親會
		王正輝先生		行政院　客家事務委員會

田野調查研究室的朋友們				廟宇
陳姵妤	林哲謙	呂維揚	蔡孟娟	三芝　福成宮
徐承立	郭玟伶	吳柏勳	林淑芬	三芝　智成堂
陳昇輝	吳麗雯			三芝　水口民主公王廟
淡江大學老師與同學們				淡水　鄞山寺
鄧建邦老師	楊聰榮老師	吳哲夫老師	周志文老師	淡水　福佑宮
林旻慧	魏邦儀	柯詩安	翁瑜青	淡水　行忠堂
蔡崇安	江宣燁	袁鳳禧	柯雅眞	淡水　清水祖師廟
淡江大學童軍團與高中朋友們				SGI
丁肇澄	李宗振	陳信豪	張文宣	北北區大學會的朋友們
徐聖婷	楊世玉	許育菱	王价輝	雙和區的共戰夥伴們
徐慧娟	彭暐崴			我的家人

目

次

第一章　緒　論

第一節　研究動機與目的

　　十八世紀前的臺灣已有客家來臺經商的史料〔註1〕，在清廷領臺後十八世紀初，《臺海使槎錄》記載康熙四十二年時（1703）：「臺、諸民人招汀州屬縣民墾治，自後往來漸眾」〔註2〕，意即臺灣縣、諸羅縣居民招引汀州府之人來臺墾耕，這些「汀州屬縣民」可能即有汀州客家族群〔註3〕，經十多年的時間發展，至康熙末年，北臺灣經貿發展相當熱絡：

> 若半線置縣設營，而分兵五百於淡水，因為立市廛、通商賈於福州
> 廈門，不數年淡水一大都會矣。〔註4〕

淡水河南岸的新莊、五股地區在十八世紀中期，正式由汀州胡姓墾戶取得土

〔註1〕 Ludwig Riess 著、周學普譯，〈Geschichte de Insel Formosa（臺灣島史）〉，收入《臺灣經濟史三集》，《臺灣經濟史三集》（臺灣研究叢刊第三十四種），臺北：臺灣銀行經濟研究室，1956 年。作者提出在荷蘭人來臺前，即已有客家人移民來臺，並擔任原住民與荷蘭人之間的翻譯，但因未有進一步的論證，故學界對此說尚有存疑。

〔註2〕 〔清〕黃叔璥，《臺海使槎錄》（據民國 46 年臺灣銀行臺灣文獻叢刊本第四十八），臺北：臺灣銀行經濟研究室，1996 年，頁 112。成書時間：雍正二年，1724 年。

〔註3〕 資料參考：陳宗仁、黃子堯，《行到新故鄉：新莊、泰山的客家人》（臺北縣客家志系列），臺北縣板橋市：臺北縣客家事務局，2008 年，頁 21。

〔註4〕 〔清〕周鐘瑄、陳夢林，《諸羅縣志》（臺灣文獻叢刊第五十五種），臺北：臺灣銀行經濟研究室，1958 年，頁 279～280。成書時間：康熙五十五至五十六年，1716～1717 年。

地開墾權，並與林姓合股成立「胡林隆」墾號，受到當時招墾慣習影響，業主通常會招引同族、同鄉前來開墾，形成興直堡山腳（今泰山地區）以及部分的興直埔（今新莊東側至五股一帶），成爲清代客家家族集中的區域。由陳宗仁、黃子堯對新莊地區的研究亦可知，十八世紀新莊地區的客屬移民，除參與該地區最主要的三座寺廟：慈祐宮、武聖廟與三山國王廟的興修事務外，十八份義塚、西雲巖寺、明治書院的設立亦有客家人領導，反映出當時該地區客籍移民的財力與勢力，至十九世紀時受分類械鬥影響，迫使客籍移民搬離該地區。〔註5〕

研究新莊史的尹章義在 1983 年從事田野時，意外發現淡水最早廟宇——福佑宮（嘉慶二年，西元 1797 年建，主祀媽祖）是由客家人和福佬人合作建立的，直到日治時代汀州客每年仍有捐獻百餘石的米給福佑宮，除福佑宮外，創建於清道光二年（1822）的鄞山寺（又稱汀洲會館），可說是汀州客籍移民留存在淡水地區的重要足印，淡水是臺灣北部最早開發之地，客籍移民在此的發展是否不只限於淡水鄞山寺？持有鄞山寺股份中最主要的江姓家族，定居在淡水以北的三芝地區，而該區正是現今臺北縣市汀州籍移民最多的地區，江姓家族是否早年亦如同早年新莊地區的胡姓家族一般，在淡水地區佔有一席之地？若汀人曾在淡水地區發展，爲何 1926 年臺灣總督官房調查課從事《臺灣在籍漢民族鄉貫別調查》時，淡水地區幾無客民蹤跡？且據莊華堂在 1999 年從事田野研究後表示〔註6〕，北淡區的客籍移民，明顯的以三芝鄉的八連溪爲分界，八連溪以北爲客民區，八連溪以南爲泉州福佬區，爲何此區會呈現如此鮮明的聚落區隔？爰引發本研究之動機。

然而尋找清代淡水、三芝一帶汀州移民的確切數據，極爲困難，因長期以來汀州客的蹤跡隱藏在閩粵二分法的戶口普查之中：清朝時期臺灣缺乏完整的人口普查數據，甚至於苦於偷渡猖獗，亦不可能求得完整的數據〔註7〕，

〔註5〕 資料參考：陳宗仁、黃子堯，《行到新故鄉：新莊、泰山的客家人》（臺北縣客家志系列），臺北縣板橋市：臺北縣客家事務局，2008 年，頁 52。

〔註6〕 《臺灣福佬客》紀錄片集，第九集：三芝江家，威迪傳播公司製作，採茶文化工作室企劃執行，主要編導：莊華堂；製作人：瞿海良、葉媛妹；導演：鄧維順；顧問：鍾肇政、潘英海，1999 年。

〔註7〕 許毓良，〈清代臺灣的人口估量〉，《興大歷史學報》第二十期，2008 年 8 月，頁 75～108。陳紹馨，《臺灣的人口變遷與歷史變遷》，臺北：聯經出版事業公司，1979 年。何炳棣，《1368～1953 中國人口研究》，上海：上海古籍出版社，1989 年。莊吉發，〈清初人口流動與乾隆年間（1736～1795）禁止偷渡臺灣政

官方所留下來的紀錄，也僅有人口總數的估計數值：

> 因客家與閩南同屬漢族一支，不少官方記錄多概稱之，造成區別的困難度，且許多判讀需透過更細緻街庄的記載方能達成，另如「福佬客」等問題亦無法從官方統計資料中清楚抽出。……由於客家人口遍及全臺各地，在移居發展面向上受不同族群衝融，多有相異發展軌跡，是以如何再擴大研究範圍，並藉助其他資料強化分析樣本，……亦有待繼續深入探究。〔註8〕

故據鄭政誠的研究建議，欲知淡水早期客籍族群的移墾動態以及遷徙情形，需「更細緻街庄的記載」，以及可區分是否為福佬客的資料，啟發筆者運用古文書契與族譜做為研究基底的想法。本研究嘗試了解客籍移民在北淡區的入墾、定居過程，並析論其在地化模式，究竟汀州客民在清代時湧入北淡區從事屯墾時，是如何面對當時政府的番地律令與平埔社民，以及其與該區福佬的互動關係。

第二節　研究範圍與對象

一、空間範圍

　　本文論述範圍包涵客籍移民主要進泊點，亦為汀州客民會館的所在區——今臺北縣淡水鎮，以及今臺北縣汀州客主要居住地區——臺北縣三芝鄉與石門鄉。淡水鄞山寺的廟產與管理，是屬私有股份制，在臺北地區依集結情形分為「新莊角」、「板橋角」「淡水角」、「臺北角」等四角頭二十一股的會眾組織，原寺中所有業務與資產皆屬「臺北汀眾」所有，據寺中牆堵碑文，至清末規定須設籍在本地客籍江、胡、練、游、徐、蘇六大姓才有涉足廟務之資格，而屬於「淡水角」的江姓與練姓，在日治時期已佔臺北汀眾的二分之一強〔註9〕，六姓中的江姓主要定居處位在三芝，練姓則是在石門，皆為本文論述範圍，以今淡水地區（鄞山寺）為起始延伸至石門北濱一帶，在文中統稱「北淡區」，若文中指稱地理範圍為今日行政區，將在該名稱前加一「今」

策的探討〉，《淡江史學》，1989年1月，頁67～98。

〔註8〕鄭政誠，《日治時期臺灣客家族群人口動態之研究》，行政院客家委員會96年度獎助客家學術研究計畫論文，2007年。

〔註9〕廖倫光，《臺北縣汀州客尋蹤》（臺北縣客家志系列），臺北：臺北縣文化局，2006年，頁34～35。

字加以區別。文中契書有諸多古地名，亦多使用日治時期地圖，爲便於讀者閱讀，附上日治時期（1916 年與 1920 年）北淡地區所屬行政區域表（1920 年的淡水街、三芝庄、石門庄與今日淡水、三芝、石門三鄉鎮之劃分大致雷同，且多數日治時期街庄名仍沿用至今）：

表格 1-1：大正五年（1916）芝蘭三堡行政區域表 [註10]

時　間	廳　名	堡里名	街庄名	土　　　　　名
大正五年（1916）	臺北廳	芝蘭三堡	淡水街	元吉街、協興街、九坎街、永吉街、暗街仔街、米市街、新厝街、後街仔街、布埔頭街、草厝尾街、東興街、公館口街、新店街、三層厝街、福興街、烽火街、龍目井街、砲台埔、庄子內
			小八里坌仔庄	土地公鼻、關渡埔頂、內小八里坌子、樹梅坑、竹圍仔、高厝坑、外北勢
			庄仔內庄	
			竿蓁林庄	內竿蓁林、外竿蓁林、庄子內
			砂崙仔庄	
			油車口庄	油車口、中崙仔
			大庄埔庄	
			北投仔庄	
			三空泉庄	
			樹林口庄	樹林口、糞箕湖、樟栳寮坪
			小坪頂庄	
			興福寮庄	
			水梘頭庄	山仔邊、南勢埔、白石腳、瓦磘坑、鄒厝崙、社厝坑、大溪、破布仔腳、山仔頂、楓樹湖、埔仔頂、百六戛
			中田寮庄	水尾仔、口湖仔、泉洲厝、大竹圍、演戲埔腳、竹圍仔、破瓦厝仔、桂花樹、大坤頭、後寮
			頂圭柔山庄	相公山、椿子林、中洲子、後坑子、三塊厝、水汴頭、番仔厝
			蕃薯寮庄	水碓、安仔內、小坑仔頭、雲廣坑頭
			草埔尾庄	北勢仔、小中寮、三角埔仔、崙頂、南平

〔註10〕臺灣總督府，《臺灣總督府行政區域便覽》，臺北：成文出版社，1999 年，頁 8～10。

		林仔街庄		
		下圭柔山庄		
		興化店庄	大牛稠、店仔後、頂田寮、車路腳、下田寮、牛埔仔、前洲仔	
		灰磘仔庄	田心仔、番仔田、石頭埔、新埔仔、公埔仔、八里堆、後洲仔	
		大屯庄	番社前、桂花圍、石頭厝、樹鼻仔、六塊厝、溪口	
		水碓仔庄		
		北新庄仔庄	田心仔、楓仔林、店仔、龜仔山、茱公坑、車埕	
		土地公埔庄	木屐寮、石曹仔坑、埔尾、員山仔頂、內柑宅、芋尾崙、土地公埔、大湖、大水窟、八連溪頭、三板橋、五腳松	
		後厝庄	番仔崙、陽住坑、北勢仔、番社後、土地公坑、大片頭	
		錫板庄	棟板頭、小坑仔、番婆林、山豬堀、海尾、南勢岡	
		小基隆舊庄	八連溪、埔頭、山豬堀、舊庄、四棧橋、茂興店	
		小基隆新庄	新庄仔、陳厝坑、橫山、埔頭坑、大坑、蕃社後、二坪頂	
		頭圍庄	楓林、崁仔腳、下員坑、八甲	
		老梅庄	老崩山、尖山湖、九芎林、七股、公地、大坵田、豬槽潭、大溪墘	
		石門庄	石門、石崩山	
	金包里堡	下角庄	阿里荖、草埔尾、竹仔湖、五爪崙、小坑、坪林、阿里磅、尖仔鹿、石門	

表格 1-2：大正九年（1920）淡水郡行政區域表 [註11]

時　　間	郡　名	街庄名	大字名	字　　　　　名
大正九年（1920）	淡水郡	淡水街	淡水	元吉、協興、九坎、永吉、暗街子、米市、新厝、後街子、布埔頭、草厝尾、東興、公館口、新店、三層厝、福興、烽火、龍目井、砲台埔、庄子內

〔註11〕 臺灣總督府，《臺灣總督府行政區域便覽》，臺北：成文出版社，1999 年，頁8～10。

			小八里坌子	土地公鼻、關渡埔頂、內小八里坌子、樹梅坑、竹圍子、高厝坑、外北勢
			庄子內	
			竿蓁林	內竿蓁林、外竿蓁林、庄子內
			砂崙子	
			油車口	油車口、中崙子
			大庄埔	
			北投子	
			三空泉	
			樹林口	樹林口、糞箕湖、樟栳寮坪
			小坪頂	
			興福寮	
			水梘頭	山子邊、南勢埔、白石腳、瓦磘坑、鄒厝崙、社厝坑、大溪、破布子腳、山子頂、楓樹湖、埔子頂、百六戞
			中田寮	水尾子、口湖子、泉洲厝、大竹圍、演戲埔腳、竹圍子、破瓦厝子、桂花樹、大坤頭、後寮
			頂圭柔山	相公山、椿子林、中洲子、後坑子、三塊厝、水汴頭、番子厝
			蕃薯寮	水碓、安子內、小坑子頭、雲廣坑頭
			草埔尾	北勢子、小中寮、三角埔子、崙頂、南平
			林子	
			下圭柔山	
			興化店	大牛稠、店子後、頂田寮、車路腳、下田寮、牛埔子、前洲子
			灰磘子	田心子、番子田、石頭埔、新埔子、公埔子、八里堆、後洲子
			大屯	番社前、桂花園、石頭厝、樹鼻子、六塊厝、溪口
			水碓子	
		三芝庄	北新庄子	田心子、楓子林、店子、龜子山、菜公坑、車埕
			土地公埔	木屐寮、石曹子坑、埔尾、員山子頂、內柑宅、芋尾崙、土地公埔、大湖、大水窟、八連溪頭、三板橋、五腳松
			後厝	番子崙、陽住坑、北勢子、番社後、土地公坑、大片頭
			錫板	棟板頭、小坑子、番婆林、山豬堀、海尾、南勢岡

		舊小基隆	八連溪、埔頭、山豬堀、舊庄、四棧橋、茂興店
		新小基隆	新庄子、陳厝坑、橫山、埔頭坑、大坑、蕃社後、二坪頂
	石門庄	頭圍	楓林、崁子腳、下員坑、八甲
		老梅	老崩山、尖山湖、九芎林、七股、公地、大丘田、豬槽潭、大溪墘
		石門	石門、石崩山
		下角	阿里荖、草埔尾、竹子湖、五爪崙、小坑、坪林、阿里磅、尖子鹿、石門

表格 1-3：日治時期至民國三芝鄉行政區域沿革簡表 [註12]

郡名	三芝庄	大字名	小　字　名	民35年	民67年
庄名	淡水郡	舊小基隆	八連溪	八賢村	八賢村
			埔頭	埔頭村	埔頭村
			舊庄、茂興店、四棧橋、山豬堀	古庄村	古庄村
		新小基隆	新庄子、番社後	新庄村	新庄村
			埔頭坑	埔坪村	埔坪村
			陳厝坑	茂長村	茂長村
			大坑、橫山	大坑村 橫山村	橫山村
		錫板	海尾、南勢崗、山豬堀	海尾村	錫板村
			小坑子、番婆林、棟板頭	小坑村	
		後厝	大片頭、北勢子、土地公坑	北勢村	後厝
			陽住坑、番子崙、番社後	陽住村	
		土地公埔	土地公埔、埔尾	埔尾村	福德村
			石槽子坑、大湖、員子山頂、三板橋、大水窟、芊尾崙	濱海村	
			八連溪頭、五腳松、木屐寮、內柑宅、二坪頂	二坪村	店子村
		北新庄子	店子、龜仔山、茱公坑	店子村	
			田心子、楓子林	田心村	興華村
			車埕	車埕村	

〔註12〕資料來源：張炎憲主編、陳存良譯，《基隆‧淡水郡彙編》，臺北縣板橋市：臺北縣文化局，2001年。

二、時間範圍

　　淡水地區發展甚早，在明嘉靖、萬曆年間（十六世紀），已有大陸船隻定期來雞籠、淡水捕魚或從事黃金、硫磺的交易，十七世紀開始陸續有西班牙、荷蘭政權在此謀求經濟發展，有鄭氏政權派兵戍守淡水，及至清朝領臺，大批閩粵籍漢民移入定居。爲使北淡區客籍的移民歷史過程能詳實，本文將自十七世紀淡水一地（因貿易熱絡）正式躍入東亞貿易航路，有大量且明確歷史（包含貿易資料與地圖）記載開始〔註13〕，依時序排列，分述荷西與鄭氏理台時期開發情事，以及該時期在臺所實行的稅制，並簡述清領初期（康熙、雍正及乾隆時期）漢民入墾背景，以及該時期所實施番漢地權及其相關政策，時至清領時期結束爲止，但爲求文中所述主題之完整性，筆者所引證史料將延續至日治時期。北淡地區中的「淡水」，所指涉範圍隨時代更迭與行政區域劃分變異而有所不同，爲避免混淆，附上清代至日治時期臺灣地區簡易行政區沿革表 1-4，以供查考：

表格 1-4：清代至日治時期臺灣地區簡易行政區沿革表〔註14〕

時　　間	編　　制	所　屬　機　關
康熙廿三年（1684）	一府三縣	福建省臺灣府諸羅縣（下轄里四、社三十四）
雍正元年（1723）	一府四縣一廳	福建省臺灣府淡水廳
嘉慶十七年（1812）	一府四縣三廳	福建省臺灣府淡水廳芝蘭堡
光緒元年（1875）	二府八縣四廳	福建省臺北府淡水縣，分屬芝蘭三堡
光緒十三年（1887）	三府十一縣四廳一州	臺灣省臺北府淡水縣芝蘭三堡
大正五年（1916）		臺北縣，淡水支廳
大正九年（1920）		廢廳置州，分屬淡水郡淡水街、三芝庄、石門庄

〔註13〕十六世紀臺灣北部淡水與雞籠的崛起，源自於該時期中、日間私商貿易的興盛，詳情請見：陳宗仁，《雞籠山與淡水洋：東亞海域與臺灣早期史研究（1400～1700）》（臺灣研究叢刊），臺北：聯經出版事業股份有限公司，2005 年，頁 47～70。

〔註14〕此表中 1916 年與 1920 年淡水支廳與淡水郡詳細資料，請參見本章表格 1-1 與表格 1-2。

第三節 研究步驟與流程

本論文研究基底主要有二，一為文獻資料，二為口述資料。透過蒐集北淡區文獻資料，以及逐一訪查北淡區各客家家族，其所提供家譜與古契書，將其分類、考訂與驗證，俾以初步勾勒北淡區早期客家移民型態。

筆者自書籍、資料庫、公文檔案、族譜等篩選出 232 件與北淡區相關之書契，其中屬賣契計有 154 件；屬給字計有 20 件；屬贌稅字計有 8 件；屬典契計有 6 件；屬胎典計有 2 件；屬雜契計有 42 件，加總共 232 份契書。賣契之數量佔總數一半以上，其中包含店面、房屋、土地買賣，各類契約數量請見表 1-5：

表格 1-5：北淡地區相關古契約類型與數量 〔註15〕

契約分類	契約種類	數　量	契約種類	數　量
賣　契	賣契（含杜賣斷根字）	130	歸就字	8
	遜讓字	1	歸管字	15
給　字	給墾批	14	給佃批	4
	給地基字	2		
贌稅字	永佃批	4	贌字	4
典　契	典字	5	起耕典契	1
胎　典	胎借銀字	1	對佃胎借字	1
雜　契	鬮分約字	32	囑字	1
	定界分管合約字	3	甘願字	1
	找洗字	4	合約字	6
	給風水山	1	總計 232 份	

在取得北淡區相關契書後，再對照故宮圖書文獻處所藏家族譜牒文獻資料庫之家譜微縮資料〔註16〕，以及筆者自行至北淡區從事田野工作紀錄，下

〔註15〕資料來源：整理自本文附錄一。

〔註16〕家族譜牒文獻資料庫（Database of Genealogical Documents）
http://npmhost.npm.gov.tw/ttscgi/ttsweb?@0:0:1:phmetai:/tts/npmmeta/dblist.htm
@@0.7438023220280418。

表 1-6、1-7 爲故宮所藏資料與田野調查成果整理：〔註17〕

表格 1-6：故宮藏三芝鄉客家家族祖譜

微縮捲號（登錄號）	族譜題名	編纂者	版 本	家族姓氏／地望	來源／提供者	數量	田野結果
1436855（29-25）	（江氏）祖上歷代譜		據江□材藏民國年間寫本縮製	汀州府－永定縣；臺北縣－三芝鄉	江□材	1 冊	江氏於三芝地區成立「江姓宗親會」，將江氏族譜整合併重新編纂、出版：江輝泉，《江氏族譜》，1988 年。
1436854（24-24）	益興江氏族譜		據江輝秋藏民國六十八年（1979）寫本縮製	潮州府－潮安縣（海陽縣）；臺北縣－三芝鄉	江輝秋	1 冊	
1436855（29-14）	江氏族譜		據江煌西藏民國年間寫本縮製	汀州府－永定縣；臺北縣－三芝鄉	江煌西	8 頁	
1436855（29-29）	江氏族譜	江賜鳳	據江順慶藏民國年間寫本縮製	臺北縣－三芝鄉	江順慶	1 冊	
1392378（38-30）	江氏族譜		據江維經藏民國年間寫本縮製	嘉義縣－大林鎮；臺北縣－三芝鄉；臺北縣－土城市	江維經	2 頁	
1306678（115-112）	江家譜表	江國連	據政治大學社會系藏民國七十年（1981）寫本縮製	汀州府－永定縣；臺北縣－三芝鄉	政治大學社會系	1 頁	
1307094（21-20）	永定江氏直系歷代族譜	江朝開	據陳進東藏民國六十四年（1975）鉛印本縮製	福建省－漳州府；宜蘭縣－羅東鎮	陳進東	1 冊	此爲乾隆年間由三芝搬遷至宜蘭的江氏宗親。
1436855（29-21）	王家歷代族譜		據李王春生藏民國六十二年（1973）鉛印本縮製	汀州府－武平縣；臺北縣－三芝鄉	王春生	4 頁	王氏新編纂的族譜由王正輝先生編輯、提供，《王氏族譜：汀州府武平縣盤龍崗何樹凹》，2002 年。

〔註17〕 1-6、1-7 表格中「編纂者」空白部分表示原始微捲中無此相關資料；「田野結果」空白部分爲筆者未能對該姓氏家族從事訪談，故無相關資料可著錄。表格中的方框□，爲原件中的缺字。

微縮捲號 (登錄號)	族譜 題名	編纂者	版　本	家族姓氏 /地望	來源／ 提供者	數量	田野結果
1455016 (36-9)	呂家 族譜		據呂長俊藏民國 七十四年（1985） 寫本縮製	漳州府－詔 安縣；臺北 縣－三芝鄉	呂長俊	1冊	據呂氏後代楊常弘先 生表示，該家族祖譜 已散佚，故宮此本爲 孤本。
1436855 (29-17)	謝氏 家譜		據謝甘霖藏民國 間寫本縮製	漳州府－詔 安縣；臺北 縣－三芝鄉	謝甘霖	8頁	謝氏族譜已有新編 本：謝炎輝、江素愼， 《謝家歷代祖先族 譜》，2002年。
1455016 (36-4)	簡家歷 代祖譜		據簡知藏民國五 十八年（1969） 寫本縮製	臺北縣－三 芝鄉	簡　知	1冊	
1210044 (36-15)	翁氏 族譜	翁瑞湖	據中華學術院譜 系研究所藏影印 民國三十七 （1948）年鉛印 本縮製	潮州府－普 寧縣；桃園 縣－桃園 市；桃園縣 －龍潭鄉	中華學 術院譜 系研究 所	1冊	部分翁氏因閩粵械鬥 搬遷至桃園龍潭八張 犁；另一部分翁氏爲 關新農墾區搬遷至桃 園龍潭烏樹林。

表格 1-7：故宮藏石門鄉客家家族祖譜

微縮捲號 (登錄號)	族譜 題名	編纂者	版　本	家族姓氏 /地望	來源／ 提供者	數量	田野結果
1436854 (24-18)	江氏 族譜		據江金樹藏民國 年間寫本縮製	汀州府－永 定縣；臺北 縣－石門鄉	江金樹	1冊	
1436854 (24-21)	江姓始 祖族譜 世系		據江開芳藏民國 六十八年（1979） 寫本縮製	汀州府－永 定縣；臺北 縣－石門鄉	江開芳	2冊	三芝、石門江氏皆爲 汀州永定縣人，與三 芝江氏系出同門。
1436847 (36-29)	江姓始 祖族譜 世系	江阿塗	據江阿塗藏民國 六十九年（1980） 寫本縮製	汀州府－永 定縣；臺北 縣－石門鄉	江阿塗	1冊	
1436856 (27-20)	呂氏 家譜		據呂玉田藏民國 年間寫本縮製	臺北縣－石 門鄉	呂玉田	4頁	
1436847 (36-36)	李氏 族譜		據李金石藏民國 年間寫本縮製	漳州府－詔 安縣；臺北 縣－石門鄉	李金石	1冊	石門李氏後搬遷至三 芝，族譜由李登旺先 生提供：《李氏族 譜》，出版年月不詳。
1436847 (36-32)	徐姓歷 代傳居		據徐連樹藏民國 間寫本縮製	漳州府－南 靖縣；臺北 縣－石門鄉	徐連樹	12頁	

1436854 (24-20)	張簡氏族譜		據簡明章藏民國十四（1925）年寫本縮製	漳州府－南靖縣；臺北縣－石門鄉	簡明章	1冊	
1436856 (27-21)	陳氏家譜		據陳春藏民國間寫本縮製	汀州府－永定縣；臺北縣－石門鄉	陳　春	8頁	
1455016 (36-29)	彭城劉氏大族譜		據劉木藏民國間寫本縮製	漳州府－南靖縣；臺北縣－石門鄉	劉　木	1冊	據故宮所收族譜地望來看，石門地區的劉氏有閩有客，但據當地田野結果，該區劉氏俱為閩人，南靖劉氏原為閩人亦或已福佬化，此仍有待學者探究。
1436847 (36-19)	劉氏總族譜		據劉木藏民國間寫本縮製	漳州府－南靖縣；臺北縣－石門鄉	劉　木	2冊	
1436847 (36-25)	劉家族譜		據劉以葵藏民國間寫本縮製	泉州府－安溪縣；臺北縣－石門鄉	劉以葵	13頁	
1436854 (24-19)	潘姓始祖族譜		據潘以乞藏民國七十一年（1982）寫本縮製	漳州府－詔安縣；臺北縣－石門鄉	潘以乞	1冊	
1436855 (29-23)	潘姓族譜		據潘洒本藏民國間寫本縮製	臺北縣－石門鄉	潘洒本	17頁	據石門地區受訪人潘扶鍾先生表示，潘氏族譜已有新編本。
1436854 (24-22)	榮陽潘氏一派宗譜		據潘扶賢藏民國間寫本縮製	漳州府－詔安縣；臺北縣－石門鄉	潘扶賢	8頁	
1436847 (36-33)	羅姓一系族譜		據羅春爐藏民國間寫本縮製	漳州府－詔安縣；臺北縣－石門鄉	羅春爐	1冊	羅氏散居在石門、金山，此二地區的羅氏皆曾因漳泉械鬥，搬遷至新竹關西地區，詳見邱彥貴《北客流：臺北客家故事》，2006年；與廖倫光，《臺北縣汀州客尋蹤》，2006年。
1436854 (24-3)	羅氏家譜		據羅啟明藏民國間寫本縮製	漳州府－詔安縣；臺北縣－金山鄉	羅啟明	5頁	

　　在校正與增補所得文獻資料後，對照清代至日治時期北淡區相關輿圖，即可知北淡區之客家家族之姓氏及其分佈地區，因文中所使用之古地圖，年代橫跨清代至日治時期，為便於閱讀者查找古地圖相關年代及出處等資料，製作下表1-8北淡區清代至日治相關古地圖列表（此表按製圖年代排列，次按地圖之間的相關程度），以供參考：

表格 1-8：北淡區清代至日治相關古地圖列表

檔案名稱	製圖年代	原件收藏機構	圖片出處
淡水與其附近村社暨基隆島略圖 Kaartje van Tamsuy en omleggende dorpen, zoo mede het eilandje Kelang	1654 年大臺北古地圖	原件尺寸：長 51cm，寬 40.5cm，荷蘭海牙國家檔案館藏	翁佳音，《大臺北古地圖考釋》，臺北：稻鄉出版社，2006 年，頁首。
大臺北古地圖局部－北投社圖	繪圖者：翁佳音、王興安、李純菁		出處同上，頁 76。
大臺北古地圖局部－十七世紀北部臺灣示意圖	繪圖者：翁佳音、王興安、蘇曉菁、林孟欣		出處同上，頁 78。
大臺北古地圖局部－淡水河口圖	繪圖者：翁佳音、王興安		出處同上，頁 84。
大臺北古地圖局部－金包里番社與漢人市區圖	繪圖者：翁佳音、王興安		出處同上，頁 104。
康熙輿圖－北部	康熙二十四至四十三年間（1685～1704）繪製	康熙臺灣輿圖原件尺寸：長 66cm，寬 536cm 彩繪絹本，國立歷史博物館收藏。洪英聖，《畫說康熙臺灣輿圖》，臺北：聯經出版社，2002 年。	日治時期臺灣地圖資料庫系統編號：jpli2007-pm-sxt_0798_13-0001 資料庫內此圖名稱標為：臺灣番社圖
福爾摩沙島與中華沿海部分圖 L'Isle Formosa et Partie des Costes de la Chine	耶穌會士馮秉正（J. de Mailla）等人 1714 年測繪	原件尺寸：長 28cm，寬 24.5cm 銅版彩色（後期著色）	呂理政、魏德文主編，《經緯福爾摩沙：十六至十九世紀西方繪製臺灣相關地圖》，臺北：南天出版社，2006 年。
諸羅縣圖	成書時間：康熙五十五至五十六年（1716～1717）		臺灣史料集成編輯委員會，《諸羅縣志》（臺灣史料集成清代臺灣方志彙刊第三冊），臺北：文建會，2005 年。
臺灣圖附澎湖群島圖（局部） Map of Taiwan in Yungcheng Era: The Surroundings of Taipei	雍正十二、三年以前繪製的臺灣彩繪古地圖，據馮明珠考證，極可能是繪於雍正一年至五年間（1723～1727）繪製	此圖亦稱之為「雍正臺灣輿圖：臺北一帶」原件尺寸：長 663.5cm，寬 62.5cm 紙本彩繪，原件由國立故宮博物院收藏	馮明珠、林天人主編，《筆畫千里：院藏古輿圖特展》，臺北：國立故宮博物院，2008 年。

乾隆輿圖－全圖	乾隆二十一至二十四年間（1756～1759）繪製	乾隆臺灣輿圖原件尺寸：長46cm，寬667cm紙本彩繪，故宮收藏	洪英聖，《畫說乾隆臺灣輿圖》，臺北：聯經出版社，2002年。
乾隆中葉臺灣番界圖	乾隆二十五年（1760）	又稱「臺灣民番界址圖」，紙本彩繪。紅、藍線爲漢、番分界，紅線爲舊定界、藍線爲乾隆二十五年（1760年）新定界。本圖現藏於中央研究院傅斯年圖書館。	黃富三，《海、河與臺灣聚落變遷：比較觀點》，臺北市：中央研究院臺灣歷史研究所，2009年，頁106。原出處：中央研究院歷史語言研究所。
臺灣番界圖	2001年，繪圖者：柯志明、陳兆勇，據〈清乾隆中葉臺灣番界圖〉重繪	原圖名稱爲「乾隆中葉臺灣番界圖」，由中央研究院歷史語言研究所藏，清乾隆二十五年（1760）彩繪紙本，一捲軸，條碼：186948，原件尺寸：長48cm，寬666cm。卷端題「圖內民番界址以紅線爲舊定界以藍線爲新定界臺鳳諸三屬用紅線源其舊也淡防屬向無通身畫界只山口設碑耳今依新定界用藍線彰屬則于藍界之外間置新界故紅藍線並用謹分別繪畫如左」四行	吳密察等撰文、國立臺灣博物館主編，《地圖臺灣：四百年來相關臺灣地圖》，臺北：南天出版社，2007年。
各省沿海口隘全圖	清乾隆五十二年至嘉慶十七年間（1787～1812）	原件尺寸：長31cm，寬773cm	陳枚繪「各省沿海口隘全圖」之描繪範圍與清雍正初年（1723～1730）陳倫炯繪製的「沿海全圖」大致相同，全圖旨在描繪各沿海行政區與地理概況，供行船及海防參考。
淡水廳志全圖	繪製時間約於：同治九年（1870）		〔清〕陳培桂，《淡水廳志》（臺灣文獻史料叢刊方志類，據民國五十二年臺灣銀行臺灣文獻叢刊本第172種影印），南投市：臺灣文獻委員會，1993年，頁16～17。
淡水廳沿海礁砂形勢圖			
全臺前後山小總圖	光緒六年，1880年夏獻綸審定《臺灣輿圖並說》	秋江紀念博物館籌備處收藏	〔清〕夏獻綸審定，《臺灣輿圖並說》，臺北市：成文出版社，1984年。（據清光緒六年刊本及民國四十八年臺灣文獻叢刊排印本影印）
全臺前後山輿圖臺北區域套疊行政界線圖	2005年，繪圖者：黃清琦	國立臺灣大學地理學系地圖與多媒體研究室提供	
臺灣輿圖並說－北部圖	光緒五年（1879）		〔清〕夏獻綸審定，《臺灣輿圖並說》，臺北市：成文出版社，1984年。（據清光緒六年刊本及民國四十八年臺灣文獻叢刊排印本影印）
臺灣輿圖並說－淡水分圖			

福爾摩沙北部圖（西班牙文）	清末光緒十至十一年（1884～1885）	原名：LE NORD DE FORM-OSE；原件尺寸：長 26.5cm，寬 32cm 彩色銅板印刷 此圖收入在《L'EXPEDITION FRANCAISE DE FORMOSE 1884～1885 ATLAS》（法軍侵臺始末）一書中的編號第二張。全圖用藍色代表水系，紅色代表沿各溪流流域畔之市街聚落、山地陵線，黑色代表文字註記等三大種顏色來表示該地域內之相關空間資訊。	行政院文化建設委員會國家文化資料庫 國家文化資料庫系統識別號：0005640860
福爾摩沙北部圖（英文）	同上	同上	高傳棋，《圖說枋橋城：尋找板橋的土地記憶》，臺北縣板橋市：臺北縣政府文化局林本源園邸，2005 年，頁 22。
舊淡水縣平埔蕃十九社分布地圖	伊能嘉矩 1895～1903 年在臺進行民族誌調查，1896 年 7～10 月進行平埔族的實地勘察	地圖原件存於臺灣大學圖書館伊能文庫，編號：M049；登錄號：160744；索書號：（原編號：T549.5）	伊能嘉矩著、楊南郡譯註，《平埔族調查旅行》，臺北：遠流出版社，1996 年，頁 69。
舊淡水縣平埔蕃十九社分布地圖－放大說明版			陸傳傑，《裨海紀遊新注》，臺北：大地出版社，2001 年，頁 122。
日本、臺灣北岸、淡水港	明治三十三年三月十六日（1900）／水路部	日治時期臺灣地圖資料庫 http://stfj.ntl.edu.tw/cgi-bin/gs32/gsweb.cgi/main?db=graph	日治時期臺灣地圖資料庫系統編號：jpli2007-pm-sxt_0798_13-0001
臺灣堡圖全圖	據 1904 年（明治三十七）調製圖複製，原由臺灣日日新報社出版	原件由國家圖書館臺灣分館收藏	臺灣總督府臨時臺灣土地調查局原圖調製，《臺灣堡圖》，臺北：遠流出版社，1996 年。
臺灣堡圖－富貴角			出處同上，頁 14。
臺灣堡圖－竹仔山			出處同上，頁 15。
臺灣堡圖－七星山			出處同上，頁 16。
臺灣堡圖－士林			出處同上，頁 17。
臺灣堡圖－番社後			出處同上，頁 19。
臺灣堡圖－埔頭			出處同上，頁 20。
臺灣堡圖－滬尾			出處同上，頁 21。
臺灣堡圖－北投			出處同上，頁 22。
滬尾圖	明治三十八年三月（1905）／臨時臺灣土地調查局	原件由國家圖書館臺灣分館收藏	日治時期臺灣地圖資料庫系統編號：jpli2007-pm-ccl_733_3_7643_v005

臺灣蕃地圖	大正二年（1913）	原件爲：臺灣總督府民政部蕃務本署，《臺灣蕃地圖》，臺北：大正二年（1913）	費德廉（Fix, Douglas Lane）、羅效德，（Lo, Charlotte），《看見十九世紀臺灣：十四位西方旅行者的福爾摩沙故事》，臺北市：如果出版；大雁文化發行，2006 年。此書所附地圖爲臺灣總督府民政部蕃務本署，《臺灣蕃地圖》重製。
淡水圖	大正十四年（1925）／大日本帝國陸地測量部	原件由國家圖書館臺灣分館收藏	日治時期臺灣地圖資料庫系統編號：jpli2007-pm-ccl_rt733_35_4322_2_v1_02
臺北西部圖	大正十四年（1925）／大日本帝國陸地測量部		日治時期臺灣地圖資料庫系統編號：jpli2007-pm-ccl_rt733_35_4322_2_v1_04
臺灣在籍漢民族鄉貫別分布圖	昭和三年（1928）	臺灣總督官房調查課，《臺灣在籍漢民族鄉貫別調查》，臺北市：臺灣時報，昭和三年（1928）原件藏於國立臺灣大學圖書館	高傳棋，《圖說枋橋城：尋找板橋的土地記憶》，臺北縣板橋市：臺北縣政府文化局林本源園邸，2005 年，頁 38。
淡水、臺北、板橋、新莊、北投、士林水道圖	昭和十六年（1941）／臺灣水道誌	原件由國家圖書館臺灣分館收藏	日治時期臺灣地圖資料庫系統編號：jpli2007-pm-sxt_0775_15-0010
臺灣全國－臺灣上水道分布圖	昭和十六年（1941）／臺灣水道誌		日治時期臺灣地圖資料庫系統編號：jpli2007-pm-sxt_0775_15-0001
大屯社位置示意圖（頁 169）	1998 年		劉還月，《尋訪凱達格蘭族：凱達格蘭族的文化與現況》，臺北縣板橋市：北縣文化，1998 年，頁 169。
小雞籠社舊址示意圖（頁 148）			出處同上，頁 148。
圭柔山社位置示意圖（頁 165）			出處同上，頁 165。
老梅舊址示意圖（頁 154）			出處同上，頁 154。

　　待資料分類完畢後，篩選出北淡區最具代表性，文獻史料亦最爲豐富之三芝江姓與石門潘姓，做爲本文論述之要角，試將上述各個研究步驟繪製成流程圖如下：

圖表 1-1：研究流程圖

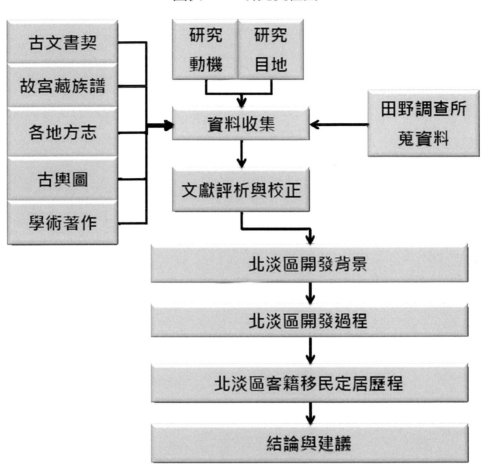

研究流程圖中「文獻評析與校正」相關內容在本文第二章；「北淡區開發背景」相關內容在本文第三章；「北淡區客籍移民定居歷程」相關內容在本文第四章；「結論與建議」相關內容在本文第五章。

第二章　北淡地區相關書契與 文獻評述

　　臺灣古契書地的收集、分類工作，從日治時期即已開始，但直至 1990 年代後才正式在學界熱絡起來，無論就數量或就流通性，臺灣在九十年代開始對契約文書的蒐集，都遠遠超過以往倚賴中央政府機構或是外國資金奧援的成果，2000 年以後，臺灣契約書的出版可謂蔚為大觀，幾乎每一年都有數本古契約書相關新書刊印發行〔註1〕，為集結臺灣各地所藏古契約書的數位化工作，不少政府單位花費多年時間建置整合相關資料庫，現今已有不少古文書資料可供查詢、檢索使用，其中最為浩大的資料庫為耗時六年（2002～2007）建置的「國家文化資料庫」，本文的基礎文獻資料多賴此資料庫提供，本章就相關文獻與文中所運用之原始資料，評析如下。

第一節　北淡地區相關文獻論述

　　此節文獻論述，分為時間與空間二類，其中北淡地區客家族群相關研究，以文章／書籍發表時間為主，依次詳述；而北淡地區空間聚落相關研究，則是以現今行政地理區域為主要劃分，分為淡水地區以及三芝石門地區。

一、北淡地區客家族群相關研究

　　北臺灣的客家研究，可粗分為概論式的介紹，以及區域型的專書，表格

〔註 1〕 資料參考：涂豐恩，〈混亂中的秩序：臺灣契約文書的蒐集與分類（1898～2008）〉，臺灣大學數位典藏研究發展中心──2009 年第一期獎助研究生計畫成果發表會論文，2010 年 1 月 27 日，頁 18。

2-1 中羅列出近年來相關的研究書籍與影片：

表格 2-1：1989 年迄今北縣客家研究相關書籍簡表〔註2〕

出版年	作　　者	書　　　名	出　　版　　項
1989	尹章義	《臺灣開發史研究》	臺北：聯經出版社
1997	臺北縣客家公共事務協會編	《臺北縣的客家人：落地生根好所在》	臺北縣新莊市：客家臺灣文史工作室
1998	戴寶村、溫振華合著	《大臺北都會圈客家史》	臺北：臺北市文獻委員會
1999	吳中杰	《臺灣福佬客分布及其語言研究》	國立臺灣師範大學華語文教學研究所碩士論文
2000	公共電視臺監製、威迪影視傳播公司製作	《臺灣福佬客》（VHS）	臺北：公共電視文化事業基金會
2001	邱彥貴、吳中杰	《臺灣客家地圖》	臺北：貓頭鷹出版
2003	尹章義	《臺灣客家史研究》	臺北：臺北市政府客家事務委員會
2003	柯玠安等執行製作	《臺北客家人文腳蹤》（DVD）	臺北：臺北市政府客家事務委員會
2004	潘朝陽等編纂	《臺灣客家風情：移墾、產業、文化》	臺北：臺北市政府客家事務委員會
2004	廖倫光	《大漢溪流域的三峽莊》	臺北：行政院客家委員會
2005	石育民	《臺北市古亭地區客家空間文化意象之研究——以南昌路、同安街一帶爲例》	中國文化大學市政暨環境規劃學系碩士論文
2005	中國文化大學市政暨環境規劃研究所	《臺北市北區之相關區域客家族群遷移史研究案訪談實錄》	計畫主持人：陳明竺，臺北市政府客家事務委員會委託
2005	國立師範大學地理系	《臺北地區客家族群遷移史調查研究》	計畫主持人：張美煜，臺北市政府客家事務委員會委託
2006	廖倫光	《臺北縣汀州客尋蹤》	臺北：臺北縣文化局
2007	邱彥貴	《雙和客家・古往今來》	臺北縣板橋市：臺北縣文化局出版
2008	陳宗仁、黃子堯	《行到新故鄉：新莊、泰山的客家人》	臺北縣板橋市：臺北縣客家事務局

〔註2〕此表不含學術論文集與非學術性的客家書籍，像是邱彥貴所著《北客流：臺北客家故事》（臺北縣板橋市：臺北縣政府文化局，2006年）是漫畫類書籍，便不予著錄。

由上表 2-1 可發現，北縣的客家研究至 2004 年開始，才開始漸有區域性的研究出版，下文將由三項不同的研究範圍與主題切入，評述表中相關著作。

（一）早期北臺灣客家移墾

早期北臺灣客家移民相關研究中，尹章義〈臺北平原拓墾史研究〉[註3]一文具相當重要的地位，其重新考定史料（含前人著述）的考信度，包含伊能嘉矩〈清領以前的臺北地方〉、《臺灣文化志》中史實與傳說之別，以及連橫《臺灣通史》中史料之實，承襲盛清沂《臺北縣志》運用古契與族譜研究拓墾史之法，廣蒐當時大臺北各區之諭示、墾照、契字、合同、鬮書、水利契照、訴訟書狀、案底等原件，比勘清朝古輿圖以及日治初期實測之〈臺灣堡圖〉，並實地採訪耆宿與拓墾者後裔後，分述清代臺北地區各知名大小墾號，如陳賴章、陳國起、戴天樞（此三墾號開墾範圍包含新莊平原、部分臺北平原，不包含士林平原）、鄧旋其、胡詔、陳和議、胡同隆（此四墾號開墾新莊與樹林部分地區）、胡林隆（開墾八里、與林口新莊交界處）、施茂（開墾八里、淡水）、林天成（開墾新莊）、林成祖（開墾板橋、新店安坑、內湖）、林三合（開墾內湖）、何周沈（開墾臺北市松山一帶）、鄭維謙（開墾士林區）、李餘周（開墾板橋）、劉和林（開墾新莊、五股地區，鑿萬安圳）、楊道弘（開墾新莊）、李成（開墾中和南勢角）、金順興、金合興（此二墾號開墾新店大坪林，鑿大坪林圳、青潭大圳）、張廣惠與張廣福（開墾南新莊平原，鑿永安圳）等，大小墾號的請墾、籌資（或合資）、招佃，及其企業化經營方式開墾水圳，完成臺北平原全區的水田化，完整呈現清代北臺灣各墾號挾資、合夥，而少有獨資的拓墾歷程。

尹氏在 2003 年出版的《臺灣客家史研究》，集結他多年在臺北縣市：新莊、五股、新店各區，及臺灣各區田野文獻資料與研究成果[註4]，在《臺灣

〔註3〕 尹章義，〈臺北平原拓墾史研究〉，《臺北文獻》第五十三～五十四期，1981年，頁1～190。

〔註4〕 尹章義新莊地區相關研究：〈臺北平原拓墾史研究〉一文，此文為增修《新莊志》中的卷首〈臺北（新莊）平原拓墾史新探（1697～1772）〉而來，尹氏在2001年亦出版《張士箱家族移民發展史：清初閩南士族移民臺灣之一個案研究（1702～1983）》一書，張士箱家族主要拓墾範圍，是在雲林與臺北新莊地區。鄭余鎮主修、尹章義等撰述，《新莊志》，臺北縣新莊市：新莊市公所，1981年。新店地區相關研究：王毓財監修、尹章義編纂，《新店市誌》，臺北

客家史研究》書中,〈臺灣移民開發史上與客家人相關的幾個謎題〉文中提及:

> 1982 年,我到臺灣中部彰化、雲林等地從事實地調查工作,發現彰、雲等地福佬人散布區中,雜居著一些既說客家話,也操腔口很重的福佬話的「詔安客」和「興化客」聚落。次年,在臺北縣淡水鎮也發現「汀州客」與「惠安客」,研究淡水最早的廟宇──福佑宮(嘉慶二年建、1797 年,主祀媽祖)時,史料顯示,福佑宮是由客家人和福佬人合作建立的,直到日治時期汀州客所奉獻的廟產還可收租百餘石,是福佑宮最大一筆收入。福佑宮祭祀時的順序是:汀州人、惠安人、安溪人、晉江人和同安人。淡水開發史的初步試探,也使我開始懷疑今天士林、大直、內湖一帶的大墾首──「何周沈墾號」的領袖──漳州府詔安縣人何士蘭,是否爲「詔安客」?而開墾瑠公圳的郭錫瑠是否「南靖客」?〔註5〕

尹氏在文中並沒有更進一步探討淡水區汀州客之謎,但由此可看出汀州客在淡水地區的開墾,亦佔有一席之地。

(二)福佬客議題與臺灣族群分布概況

1999 年《客家》月刊中,拋出不少「福佬客」議題,莊華堂在〈是福?是客?還是「是福也是客?」──臺灣的漳州客初探〉一文中〔註6〕,試著重新界定臺灣「客家人」的範疇〔註7〕,明確指出原籍漳州的早期移民,屬客語的山區生活較生活在漳州平原的福佬來得困苦,自漳州前往臺灣的移民們,多數是原住在漳州已忘記客語的福佬客,像是平和、詔安、南靖、雲霄等縣,

---

縣新店市:新店市誌編纂委員會,1994 年。五股地區相關研究:尹章義等著作,《五股志》,臺北縣五股鄉:五股鄉公所,1997 年。臺北縣市外各區研究,請見尹章義著,《臺灣開發史研究》,臺北:聯經出版社,1989 年。

〔註5〕 尹章義,《臺灣客家史研究》,臺北:臺北市政府客家事務委員會,2003 年,頁 2。

〔註6〕 莊華堂,〈是福?是客?還是「是福也是客?」──臺灣的漳州客初探〉,《客家》第一〇六期,1999 年,頁 24~27。

〔註7〕 福佬客的爭議一直存在於學界,自從 1970 年代「臺灣省濁水溪與大肚溪流域自然史與文化史科際研究計畫」(簡稱「濁大計畫」)開市進行後,「福佬客」一詞便開始大量出現,亦爲學者們關注,莊華堂在〈是福?是客?還是「是福也是客?」──臺灣的漳州客初探〉文中,認爲此爭議浮出檯面是在 1990 年《客家》月刊第三、四集中,李允斐與陳板在從事北部竹苗地區及南部六堆地區田野經驗時,發表在月刊中的論述,挑戰了過去以福佬籍研究者的主流意見,並引起建築、臺灣史以及人類學者們的爭論。

客民的比例極高（同期刊物中，李坤錦在〈漳州客家初步探討〉〔註8〕文中亦運用族譜回溯，指出閩西的客家人除了向粵東遷移之外也像閩西遷移，形成完整的漳州客語區），莊華堂提出自身田野經驗，舉證出臺灣詔安客移民，是以濁水溪以南的西螺、二崙、崙背三鄉為大本營其次是在蘭陽平原，推翻過去引用日治時期臺灣在籍漢民族鄉貫別調查，將非粵籍的移民均歸類於閩籍的缺失。羅肇錦在〈「漳泉鬥」的閩客情結〉文中〔註9〕，進一步說明漳州客語與漳洲、泉州語言不同外，亦與廣東四縣、海陸客語都不一樣，漳州客定居在臺經數代相傳後，因祖籍屬福佬區，以為自己說的是另一種漳洲話，所產生的誤會，臺灣總人口中，漳州府移民佔臺灣總人口35.2%左右，而漳州府屬各縣之中南靖縣是向臺灣移民最多的縣份，加上詔安、漳浦、雲霄等移民，約佔臺灣總人口13%～15%，但這些人一向被計算在閩南人口之中。

　　至2001年，邱彥貴、吳中杰所撰《臺灣客家地圖》〔註10〕，除完整介紹全臺各地客家族群分布地區外，在討論北海岸客家族群時，亦嘗試總結對「福佬客」的討論，重新省思「廣東＝客家？福建＝福佬？」，鼓勵由「誤解客家，認識客家」、到「發現客家」，並製作清代臺灣客家移民主要祖籍來源表，列出閩粵兩省中客家人可能分布的縣份供大眾參考，筆者將原書表格中未列入之主要福佬移入縣分，亦加入表中提供比較，表格重新整理、擴充後如下表格2-2：

表格 2-2：清代臺灣閩客移民主要祖籍來源表 〔註11〕

省　份	府　州	縣　　　　　　　　份	備　　註
福建省	泉州府	晉江、南安、惠安、同安、安溪（筆者註：清代臺灣北部的晉江、南安、惠安合稱三邑人或稱做「頂郊」）；同安人則稱為「廈郊」或「下郊」	俱為純粹福佬地區

〔註8〕 李坤錦，〈漳州客家初步探討〉，《客家》第一○六期，1999年，頁28～31。
〔註9〕 羅肇錦，〈「漳泉鬥」的閩客情結初探〉（下），《客家》第一○八期，1999年，頁53～54。
〔註10〕 邱彥貴、吳中杰，《臺灣客家地圖》（發現臺灣系列：圖文卷一），臺北：貓頭鷹出版：城邦文化發行，2001年。
〔註11〕 表格中「純粹福佬／客家地區」指為定居族群絕大多數福佬／客家人，而「部分客家地區」即為客家、福佬混居地區，兩族群人口在該區均無明顯占多數，括號內的名稱為現今地名。資料來源：邱彥貴、吳中杰，《臺灣客家地圖》，2001年，頁29。桃園縣政府文化局，《彰化縣客家族群分布調查》，2005年，頁18。

	永春州	永春、德化	俱爲純粹福佬地區
	龍岩州	龍岩、漳平	俱爲部分客家地區
	漳州府	南靖、詔安、雲霄、平和	俱爲部分客家地區
		龍溪、長泰、海澄、漳浦	俱爲純粹福佬地區
	汀州府	永定、武平、上杭、長汀、連城	俱爲純粹客家地區
廣東省	潮州府	大埔、豐順	俱爲純粹客家地區
		海陽（潮安）、潮陽、饒平、惠來、揭陽、普寧	俱爲部分客家地區
		澄海	純粹福佬地區
	嘉應州	嘉應（梅縣）、長樂（五華）、鎮平（蕉領）、興寧、平遠	俱爲純粹客家地區
	惠州府	海豐、陸豐	俱爲部分客家地區

　　書中指出汀州府所屬的客民與其他地區客民最大的差異在於，汀州府內的客語至少有六十多種方言，語言歧異性相當大，有的還可以互相聽懂，有的根本不能對話，在臺灣現存相當少數的汀州「永定客語」也並不統一，運用語言學討論福佬客語言議題的書籍請見：洪惟仁《臺灣方言之旅》〔註12〕，呂嵩雁〈石門鄉志語言志〉〔註13〕，張屏生〈臺北縣石門鄉的武平腔客家話的語音變化〉〔註14〕，梁玉青《臺北縣三芝鄉福佬客的閩南語語音研究》〔註15〕。

　　對福佬客語言議題持續關注的學者——吳中杰，他在1999年即陸續發表相關著研究：《臺灣福佬客分佈及其語言研究》〔註16〕、〈臺灣漳州客家與客語〉〔註17〕、〈大屯山彙南北兩側的詔安客家謝氏宗族淵源探究〉〔註18〕，其

〔註12〕洪惟仁，《臺灣方言之旅》，臺北：前衛出版，1992年。
〔註13〕呂嵩雁〈石門鄉志語言志〉，收於徐福全編纂，《石門鄉誌》，臺北縣石門鄉：石門鄉公所，1997年。
〔註14〕張屏生，〈臺北縣石門鄉的武平腔客家話的語音變化〉，《聲韻論叢》第十一期，2001年10月，頁217～241。（此文亦發表於《第七屆國際暨十九國聲韻學學術研討會論文集》，文章名爲〈從閩客方言的接觸談語音的變化——以臺北縣石門鄉的武平客家話爲例〉，頁327～341）
〔註15〕梁玉青，《臺北縣三芝鄉福佬客的閩南語語音研究》，國立彰化師範大學國文學系研究所碩士論文，2001年。
〔註16〕吳中杰，《臺灣福佬客分佈及其語言研究》，國立臺灣師範大學華語文教學研究所碩士論文，1999年。
〔註17〕吳中杰，〈臺灣漳州客家與客語〉，《客家方言研究》第四期，廣州：暨南大學出版社，2000年11月，頁475～488。
〔註18〕吳中杰，〈大屯山彙南北兩側的詔安客家謝氏宗族淵源探究〉，《福建省客家雜誌》，2008年3月。

中〈大屯山彙南北兩側的詔安客家謝氏宗族淵源探究〉一文，起源於文化大學市政暨環境規劃研究所同學，在採訪臺北市北投區石牌謝厝的宗親謝延龍先生時〔註19〕，發現該區謝氏爲詔安客屬，吳中杰發覺石牌謝氏祖籍竟與三芝地區謝氏相同，藉此從新整理了福建、臺灣各地詔安謝氏源流與分布，發現石牌主要家族爲漳州籍的賴、魏、謝三姓，此三姓皆有「客底」，故石牌區往昔應爲漳州客屬蔚集之處，但像詔安謝氏這類較少原鄉文化素質留存的福佬客，難免隱沒不彰，仍待研究者持續探詢。

（三）北淡地區汀州客專論

　　莊華堂與採茶文化工作室在 1998～1999 兩年中〔註20〕，以「臺灣福佬客」爲主題，拍攝全臺各地共十四集首部報導福佬客的紀錄片〔註21〕，片中探討福佬客地區的信仰圈，區域性文化圈，早期客家移民的歷史，以及各大福佬客家族的家族史與福佬化過程，其中第九集爲「三芝江家」，影片中的延伸探討與紀錄，刊登在《客家》月刊，名爲〈永定客與三芝江家〉〔註22〕，是繼 1988 年李乾朗《鄞山寺調查研究》〔註23〕後，更深入北海岸地區從事福佬客田野研究的成果。在 1996 年張建隆所著《尋找老淡水》書中〔註24〕，介紹淡水地區各大小寺廟沿革時，即已介紹鄞山寺，並詳細地附上耆老們相傳鄞山寺爲淡水風水上「蟾蜍穴」的民間傳說，紀錄清代淡水地區閩客族群之間的衝突與發展。李乾朗《鄞山寺調查研究》書中，藉由廟內落款與石碑來考證

〔註19〕中國文化大學市政暨環境規劃研究所，〈臺北市北區之相關區域客家族群遷移史研究案〉訪談實錄，臺北：臺北市政府客家事務委員會，2005 年。

〔註20〕採茶文化工作室成立於 1992 年（民國 81 年）初，是由莊華堂、劉慧眞、彭啓原等人組成。

〔註21〕《臺灣福佬客》紀錄片集，由威迪傳播公司製作，採茶文化工作室企劃執行，主要編導：莊華堂；製作人：瞿海良、葉媛妹；導演：鄧維順；顧問：鍾肇政、潘英海。《臺灣福佬客》紀錄片十四集片名分別爲：第一集：客家魂；第二集：太和街王爺與七大柱；第三集：三山國王與七十二庄；第四集：嘉義義民廟信仰圈；第五集：大粖崁漳州客；第六集：永靖潮州客；第七集：埔里盆地北部客；第八集：客庄的故事；第九集：三芝江家；第十集：八卦山下蕭家劉家；第十一集：家族物語；第十二集：臺灣的雙廖家族；第十三集：平陽古族巫家；第十四集：客家人客家妹客家話。資料來源：公共電視 http://www.pts.org.tw/。

〔註22〕莊華堂，〈永定客與三芝江家〉，《客家》第一一三期，1999 年，頁 51～54。

〔註23〕李乾朗研究主持，《鄞山寺調查研究》（臺北縣政府委託；行政院文化建設委員會補助），臺北：李乾朗古建築研究室，1988 年。

〔註24〕張建隆，《尋找老淡水》，臺北縣板橋市：臺北縣立文化中心，1996 年。

鄞山寺的沿革，以及清代臺灣汀州移民與定光佛信仰的連結，儘管書中多聚焦建築形制與結構，對廟史著墨有限，其仍爲記載北臺地區汀州客信仰的重要書籍。

　　2002 年三芝地區的文史工作者戴如峰、江彬如，出版了《三芝鄉埔頭老街商業開拓史初探》〔註 25〕，以三芝鄉埔頭老街（今三芝鄉中山路一段）一帶清代至日治時期的發展歷史，書中表列《大臺北都會區原住民歷史專輯》中與三芝相關的古書契〔註 26〕，對照《三芝鄉誌》的漢人入墾年表〔註 27〕，但沒有更進一步延伸與討論，全書重點仍在日治時期三芝商業區的發展及其歷史背景概述。2003 年郭啓瑞、周正義、張玟珍、洪英烈、蔡進隆（三芝資源資料工作室）所編纂《三芝：印象、回憶與傳說》〔註 28〕，分述三芝各村史事、景觀與傳說，多爲三芝資源資料工作室從事田野的成果，文中搭配各地區老照片，可說是《三芝鄉誌》的圖文版，相當豐富。

　　同在 2002 年，廖倫光在從事三峽地區客家田野調查之餘〔註 29〕，開始在北淡地區（特別著重在三芝地區）從事田野，以江氏家族爲主，廖氏運用其建築／設計學背景，從堂號、祖廳、會館、廟宇、民居建築等，追尋臺北各區汀州客的入墾歷程及發展，並發表了一系列調查結果〈芝蘭三堡汀州客家聚落與領域層次之聯繫〉（2002）〔註 30〕、〈臺北縣三芝、三峽客家庄的風俗與建築概述〉（2005）〔註 31〕、《臺北縣汀州客尋蹤》（2006）〔註 32〕、《北客居：發現臺北客家庄建築陶雕模型專刊》（2007）〔註 33〕，《臺北縣汀州客尋

〔註25〕戴如峰、江彬如，《三芝鄉埔頭老街商業開拓史初探》，臺北縣三芝鄉：三芝資源資料工作室，2002 年。

〔註26〕詹素娟、劉益昌，《大臺北都會圈原住民歷史專輯——凱達格蘭調查報告》，臺北：臺北市文獻委員會，1999 年。

〔註27〕臺北縣三芝鄉公所編，《三芝鄉志》，臺北縣三芝鄉：三芝鄉公所，1994 年。

〔註28〕郭啓瑞、周正義、張玟珍、洪英烈、蔡進隆，《三芝：印象、回憶與傳說》，臺北縣三芝鄉：三芝資源資料工作室，2003 年。

〔註29〕廖倫光從事三峽地區客家田野調查的成果，請見廖倫光著《大漢溪流域的三峽莊》，臺北：行政院客家委員會，2004 年。

〔註30〕廖倫光，〈芝蘭三堡汀州客家聚落與領域層次之聯繫〉，臺北盆地客家墾拓發展史學術研討會論文彙編，行政院客家委員會舉辦，2002 年。

〔註31〕陳思萍、廖倫光，〈臺北縣三芝、三峽客家庄的風俗與建築概述〉，《北縣文化》第八十五期，2005 年，頁 59～64。

〔註32〕廖倫光，《臺北縣汀州客尋蹤》（臺北縣客家志系列），臺北：臺北縣文化局，2006 年。

〔註33〕廖倫光計畫主持、賴駿傑主編，《北客居：發現臺北客家庄建築陶雕模型專

蹤》是概述大臺北地區汀州客的入墾背景，再聚焦於三芝汀州客（江氏）的家庭祭祀、信仰、風土習俗與產業，以及聚落意象等；〈臺北縣客家及其聚落的拓殖歷程〉是總結廖氏在臺北縣各區田野的成果，概論大臺北地區客家發展概述，內容以福佬客為主；《北客居》一書更深入尋覓北淡區客家庄山海聚落的建築風貌，並比較新莊、三峽、板橋、三芝、淡水等地區的客家廟祠、公廳、寮棚、土石建築形成緣由與型制、特色。

二、北淡地區空間聚落相關研究

（一）淡水區空間聚落研究

淡水區的聚落空間發展，揉合著港口功能、歷史背景與地理環境特質，藉由廟宇的分布表現在今日的地景空間中，以歷史發展為主幹探討淡水聚落的研究有：姜道章〈臺灣淡水之歷史與貿易〉〔註34〕、陳國棟〈淡水聚落的歷史發展〉〔註35〕、陳宗仁《雞籠山與淡水洋：東亞海域與臺灣早期史研究（1400～1700）》〔註36〕、戴寶村、溫振華合著《淡水河流域變遷史》〔註37〕、張建隆〈淡水史研究初探〉〔註38〕、張建隆〈十七世紀至十八世紀初，西荷及清人對淡水的記述與認知〉〔註39〕。立基在歷史歷程上，討論地景與空間變化的有：周守真《日據時期淡水之空間變遷》〔註40〕、程俊強《淡水大街店屋形態變遷之研究》〔註41〕、張志源《殖民與去殖民文本的文化想像——

刊》，臺北縣板橋市：臺北縣文化局出版；臺北縣政府發行，2007年。

〔註34〕姜道章，〈臺灣淡水之歷史與貿易〉，《臺灣銀行季刊》第十四卷第三期，1963年，頁254～278。

〔註35〕陳國棟，〈淡水聚落的歷史發展〉，《國立臺灣大學建築與城鄉研究學報》第二卷第一期，1983年，頁5～20。

〔註36〕陳宗仁，《雞籠山與淡水洋：東亞海域與臺灣早期史研究（1400～1700）》（臺灣研究叢刊），臺北：聯經出版事業股份有限公司，2005年。

〔註37〕戴寶村、溫振華合著，《淡水河流域變遷史》，臺北縣板橋市：臺北縣立文化中心，1998年。

〔註38〕張建隆，〈淡水史研究初探〉，《漢學研究通訊》第十九卷第二期，2000年，頁178～187。

〔註39〕張建隆，〈十七世紀至十八世紀初，西、荷及清人對淡水的記述與認知〉，《臺灣文獻》第五十三卷第三期，2002年，頁209～248。

〔註40〕周守真，《日據時期淡水之空間變遷》，淡江大學建築（工程）研究所碩士論文，1989年。

〔註41〕程俊強，《淡水大街店屋形態變遷之研究》，淡江大學建築（工程）研究所碩士論文，1996年。

重讀淡水埔頂之地景》〔註42〕，此三本論文是以建築學相關背景，重新解構了淡水的時空歷程，重新討論淡水地區的空間配置、移位要素、構成空間的社會作用，以及空間意識所反映的社會關係與互動。〔註43〕

相較於上述運用歷史脈絡討論聚落分布，另有部分學者選擇由廟埕與祭祀圈界域來入手：

> 廟宇是臺灣北部市街都市中最重要的關鍵，廟宇的位向直接影響了市街發展的方向，而廟宇的分佈更間接決定了都市市街組織結構的形式。〔註44〕

> 臺灣港埠城鎮（筆者案：文中所指港埠城鎮爲臺北新莊、艋舺與淡水）中的社區的逐漸發展，事實上建立在不同廟宇基礎上。換言之，廟宇導引著城鎮中不同社區的發展。也可以說是一段臺灣城鎮的發展史，事實上是烙印在社區中的不同廟宇中。……廟宇就像是臺灣的文化斷面，敘述著社區的功能、發展以及轉變，或是說廟宇所建構的象徵界域，反映著社區的功能、發展和轉變。〔註45〕

研究淡水地區廟宇的學者主要文獻有：張建隆的《尋找老淡水》，書中載錄了淡水地區大小神明祭典、田野紀錄，以及相關傳說；《鄞山寺調查研究》、《淡水福佑宮調查研究》、〈淡水河沿岸早期城鎮市街空間特質〉等，其皆爲李乾朗的著作〔註46〕，除調查、修復淡水地區廟宇外，他也對淡水諸多古蹟進

〔註42〕 張志源，《殖民與去殖民文本的文化想像：重讀淡水埔頂之地景》，淡江大學建築學系研究所碩士論文，1999年。

〔註43〕 張志源，《殖民與去殖民文本的文化想像：重讀淡水埔頂之地景》，淡江大學建築學系研究所碩士論文，1999年，頁285。

〔註44〕 孫全文計劃主持，《臺灣傳統都市空間之研究》（IHTA研究報告第九），臺北：詹氏書局，1992年，頁19。

〔註45〕 陳其澎，〈臺灣傳統社區中象徵界域之建構〉，《中原學報》第二十三卷第四期，1995年，頁41～55。

〔註46〕 李乾朗研究主持，《鄞山寺調查研究》（臺北縣政府委託：行政院文化建設委員會補助），臺北：李乾朗古建築研究室，1988年；《淡水福佑宮調查研究》，臺北：臺北縣政府，1996年；〈淡水河沿岸早期城鎮市街空間特質〉，《中華民國建築師雜誌》第十三卷第十期，1987年，頁58～60。近年大陸學者也投入鄞山寺的研究，楊彥杰，〈淡水鄞山寺與臺灣的汀州客家移民〉，《福建省社會主義學院學報》第三期，2001年。以及謝重光，〈閩西客家定光佛信仰的形成與傳播〉，《第四屆國際客家學術研討會論文集：宗教、語言與音樂》，徐正光編，臺北：中央研究院民族學研究所，2000年，頁119～148。

行研究；其餘尚有《臺北縣第三級古蹟淡水龍山寺調查研究及修護計畫》
〔註 47〕、《大道公：百年祭典巡禮：八庄大道公的世紀拜拜》〔註 48〕，以及滬
尾文史工作室的相關出版品〔註 49〕等。綜覽淡水區祠祀研究有《地緣與血
緣：清代淡水地區漢籍移民民間信仰之研究》〔註 50〕，討論不同組及移民來
淡後，所呈現的跨區信仰情形；綜觀臺北全區的有溫振華〈清代臺北盆地漢
人社會祭祀圈之演變〉〔註 51〕，溫氏首先提出中元輪祀組織概念，其認爲居
住在臺北地區的三邑人、安溪人、同安人、漳州人，利用中元普渡將各區小
祭祀圈整合成跨區並涵蓋整個臺北盆地獨大祭祀圈，在辜神徹的《社群、傳
說與神蹟：北臺灣落鼻祖師信仰之研究》文中〔註 52〕，將此概念整合文獻與
田野後，有更進一步的闡述。

（二）三芝石門地區空間聚落研究

相較於淡水地區，三芝與石門地區除該鄉志書外的相關著作，就顯得相

〔註 47〕 閻亞寧主持，《臺北縣第三級古蹟淡水龍山寺調查研究及修護計畫》，臺北：
中國工商專科學校，1999 年。另一研究龍山寺學者爲卓克華，與龍山寺相關
著作爲：〈寺廟興修與地方變遷──以淡水龍山寺爲例〉，收錄於國立臺灣師
範大學歷史學系、臺灣省文獻委員會合編《回顧老臺灣、展望新故鄉──臺
灣社會文化變遷學術研討會論文集》，國立臺灣師範大學歷史學系、臺灣省文
獻委員會合編，臺北：國立臺灣師範大學歷史學系，頁 85～111。

〔註 48〕 謝德錫，《大道公：百年祭典巡禮：八庄大道公的世紀拜拜》（淡水文化叢書
第一），臺北縣淡水鎮：淡水文化基金會，2005 年。另一位研究大道公的學者
爲戴寶村，〈淡水、三芝地區的大道公信仰〉（淡江大學歷史學系主辦；國史
館等協辦），《淡水學學術研討會：過去、現在、未來論文集》，臺北縣新店市：
國史館，1999 年。

〔註 49〕 滬尾文史工作室，〈臺灣現存最古老的地名──淡水〉、〈漸被遺忘的古老地名
──滬尾〉、〈鄧公廟傳奇〉，《滬尾街》第一期，1990 年 7 月，頁 4～6、7、
12～13；〈清水巖上落鼻祖〉、〈敗滬尾‧拜滬尾──四月十八犒軍拜門口〉、〈「忠
寮李」與「西仔反」〉，《滬尾街》第四期，1991 年 7 月，頁 12～19、20～21、
10～11；〈滬尾龍山寺〉，《滬尾街》第五期，1992 年 3 月，頁 24～29。蘇文
魁，〈福佑宮──往昔滬尾街的輻心〉，《滬尾街》第二期，1990 年 1 月，頁
10～12。近年淡水討論地方議題的刊物已由《滬尾街》轉爲淡水文化基金會
發行的《文化淡水》。

〔註 50〕 吳柏勳，《地緣與血緣：清代淡水地區漢籍移民民間信仰之研究》，淡江大學
漢語文化暨文獻資源研究所碩士論文，2009 年。

〔註 51〕 溫振華，〈清代臺北盆地漢人社會祭祀圈之演變〉，《臺北文獻直字》第八十八
期，1999 年，頁 1～42。

〔註 52〕 辜神徹，《社群、傳說與神蹟：北臺灣落鼻祖師信仰之研究》，國立臺灣師範
大學臺灣文化及語言文學研究所碩士論文，2007 年。

當有限，所幸近年三芝仍有社會工作者成立在不斷努力〔註53〕，除上述鑽研汀州客的學者——廖倫光外，尚有賈子慶《三芝鄉大坑與陳厝坑地景空間變遷之歷史社會分析》〔註54〕，討論三芝主要的農產區——大坑與陳厝坑，梯田地景形成背後的宗族力量（不分閩客），以及在早期頭人政治與宗族力量相結合所產生的生產關係，文中對頭人與地方信仰的部分著墨不多，本書最大的貢獻是以現今兩坑（大坑與陳厝坑）所呈現的農業地景空間，探討三芝地區的社會空間所反映出地方政治、社會、文化形形塑的背景因素，是由「宗族為集體的農業生產，而結合了宗族觀、空間領域以及宗教信仰的地方頭人政治，則為兩坑傳統社會結構之主體以及地方意識之主體」。〔註55〕

石門地區主要的研究集中在《臺北縣立文化中心季刊》第五十五期的「石門專輯」中，劉益昌〈古老的石門人〉、翁佳音〈荷蘭時代石門鄉的若干舊地名〉、溫振華〈清朝小雞籠社初探〉，此三項是討論石門地區早期原住民聚落的形成，林誠偉〈石門鄉的聚落發展〉則是討論該區漢人入墾後的聚落發展。〔註56〕

第二節　北淡地區古書契相關研究

以北淡區為主題的古書契研究相當有限，淡水河沿岸由臺北市士林至臺北縣淡水、三芝一帶以溫振華的研究為主，北海岸金山、萬里一帶以及陽明山地區是以翁佳音的研究為主〔註57〕，臺北縣新店與新莊、五股則是以尹章義的研究為主，王世慶〔註58〕、翁佳音〔註59〕對於北臺灣契書研究亦有著

〔註53〕三芝地區在民國88年即成立小雞籠文史工作室，以整理、保存三芝鄉內有關的文史資料為主。相關網頁 http://tw.myblog.yahoo.com/achou1957/。
〔註54〕賈子慶，《三芝鄉大坑與陳厝坑地景空間變遷之歷史社會分析》，臺灣大學建築與城鄉研究所碩士論文，1997年。
〔註55〕同上註，頁27～28。
〔註56〕以上幾篇文章皆收於《臺北縣立文化中心季刊》第五十五期，1998年。
〔註57〕翁佳音，《陽明山地區族群變遷與古文書研究》（林孟欣協同主持，內政部營建署陽明山國家公園管理處委託研究報告：受委託者：自由思想學術基金會），臺北：內政部營建署陽明山國家公園管理處，2006年。翁佳音，〈近代初期北部臺灣的商業交易與原住民〉，《臺灣商業傳統論文集》，黃富三、翁佳音主編，臺北：中央研究院臺灣史研究所籌備處，1999年，頁45～80。翁佳音，〈萬里鄉的地名特色與發展史〉，《萬里鄉志》，林丁國等編纂，臺北縣萬里鄉：臺北縣萬里鄉公所，1997年，頁21～47。
〔註58〕王世慶，〈清代海山庄之墾戶與公館〉，《臺灣風物》第三十六卷第三期，1986

墨，與本文最文密切的是溫振華自七十年代末以來的研究，其自學位論文《清代臺北盆地經濟社會的演變》〔註60〕根據契字提出同水圳居民形成「水緣地緣」關係，可強化祖籍地緣，亦可打破祖籍地緣意識觀念後〔註61〕，溫氏更進一步蒐羅運用各地區的古契，沿著大臺北地區水域，描繪出各地區地開發史〔註62〕。以下簡介溫振華近年相關研究與本文運用北淡區古書契的情形。

一、北淡地區古書契相關研究

　　溫振華在 1998 年〈清朝小雞籠社初探〉〔註63〕、1999 年〈清代淡水地區平埔族分佈與漢人移墾〉〔註64〕，與皆充分運用相關北淡地區古文書；〈清朝小雞籠社初探〉運用王行恭所藏古書契，考證出清代小雞籠社的領域範圍；〈清代淡水地區平埔族分佈與漢人移墾〉，討論淡水地區各個平埔族社分布，包含圭柔社、淡水社、奇獨龜崙社、外北投社、大屯社、小雞籠社、圭北屯社等社的發展，並實地訪查三芝地區五姓氏：華氏、江氏、翁姓、許姓、謝姓等來臺遷移、定居的過程，但因篇幅有限，僅有簡略的記載各姓的遷徙概要。2005 年時在〈清代臺灣淡北地區的拓墾〉〔註65〕，嘗試總結其研究，將今臺北縣市、基隆市分為三大開發區：

　　1. 沿海與毗鄰山丘地區：包含南崁溪口以北的蘆竹、林口、八里、淡水、

年 9 月，頁 47～55。

〔註59〕翁佳音，〈舊地名考證與歷史研究——兼論臺北舊興直、海山堡的地名起源〉，《臺北文獻直字》第九十六期，2007 年，頁 99～110。

〔註60〕溫振華，《清代臺北盆地經濟社會的演變》，國立臺灣師範大學歷史研究所碩士論文，1977 年。

〔註61〕李朝凱、吳升元、吳憶雯，〈臺灣契約文書研究的回顧與展望〉，《臺灣古文書與歷史研究學術研討會論文集》，臺中：逢甲大學歷史與文物管理研究所，2007 年，頁 17。

〔註62〕溫振華在 1998 年出版《淡水河流域變遷史》與《大臺北都會圈客家史》，2000 年出版《清代新店地區社會經濟之變遷》，2005 年編纂《續修臺北縣志·住民志》。

〔註63〕溫振華，〈清朝小雞籠社初探〉，《臺北縣立文化中心季刊》第五十五期，1998 年，頁 17～23。

〔註64〕溫振華，〈清代淡水地區平埔族分佈與漢人移墾〉，《淡水學學術研討會：過去、現在、未來論文集》，臺北：國史館，1999 年，頁 27～47。

〔註65〕溫振華在文中將臺北縣市與基隆市一體視為淡北地區，與本論文所謂「北淡地區」指涉範圍並不相同。溫振華，〈清代臺灣淡北地區的拓墾〉，《臺灣風物》第五十五卷第三期，2005 年，頁 15～41。

三芝，再從石門往東連接萬里、基隆、瑞芳到貢寮。此區地形特色是沿海平原狹小，故早期沒有什麼大墾號在此承墾，大部分是漢民各別向凱達格蘭族社承墾，連小墾號都少見。

2. 盆地地區：臺北盆地中心，平原廣闊，是早期墾戶的主要投資地區，包含臺北市士林至關渡，以及新莊地區，但因盆地區爲平原肥腴之地，侵墾之事多有所聞。

3. 東南近山地區：包含臺北縣土城、三峽，以及臺北市文山區，此區在進墾時期需與泰雅族爭地，故常有與生番衝突，過程中常借用大量武力，故靠單一資金有時是不夠的，此區發展出墾戶制與結首制的結合〔註66〕，以增強防衛武力。

其中「沿海與毗鄰山丘地區」關於三芝、石門的田野相關資料，載於其與戴寶村所合著的《大臺北都會圈客家史》書中〔註67〕。廖倫光在《臺北縣汀州客尋蹤》〔註68〕中大致承襲溫氏對北臺灣客家聚落分類，將「東南近山地區」一分爲二，改分爲四大板塊：(1)汀州客家庄的當代櫥窗：芝蘭三堡的北濱客家。(2)淡水河畔的清初都會區：興直堡的新莊客家。(3)大漢溪與新店溪之間的客家大族：擺接堡的漳汀客家。(4)日治入墾的林業聚落：大豹溪流域的三峽客家，廖氏的分類更明確點出「芝蘭三堡的北濱客家」是自成一

〔註66〕結首制是源自於噶瑪蘭（今宜蘭）地區，據〔清〕姚瑩所著《東槎紀略》云：「昔蘭（筆者案：噶瑪蘭）人之法，合數十佃爲一結，通力合作。以曉事而貲多者爲之首，名曰小結首。合數十小結中舉一富強有力、公正服眾者爲之首，名曰大結首。有事，官以問之大結首，大結首以問之小結首。然後有條不紊，視其人多寡授以地，墾成眾佃公分，人得地若干甲，而結首倍之或數倍之，視其資力。」結首制是一種武裝移民的方式，「結」是移民的組織單位，數十人爲一結，數十結爲一圍，形成嚴密而有系統的開墾方式，今宜蘭仍從有一結、二結等相關地名。資料參考：〔清〕姚瑩，《東槎紀略》（臺灣文獻叢刊第七種），臺北：臺灣銀行經濟研究室，1957年。王世慶，〈結首制與噶瑪蘭的開發：兼論結首制起自荷蘭人之說〉，收於湯熙勇主編，《中國海洋發展史論文集》（第七輯），臺北：中央研究院中山人文社會科學研究所，1999年。

〔註67〕戴寶村、溫振華合著，《大臺北都會圈客家史》，臺北：臺北市文獻委員會，1998年。探討臺北市地區近代客家遷移的有：徐勝一，94年度《臺北地區客家族群遷移史研究計畫案》，委託單位：臺北市客家事務委員會，受託單位：國立臺灣師範大學地理系，2005年。

〔註68〕廖倫光，《臺北縣汀州客尋蹤》（臺北縣客家志系列），臺北：臺北縣文化局，2006年，頁12～21。

完整聚落區塊。

二、本論文對古書契的運用

　　臺灣地區的古書契，至今已累積相當的出版量，不論是民間蒐藏或是數位典藏都已有相當的成果，以下概述各個搜羅北淡區契書之相關資料庫與相關文獻：

（一）臺灣歷史數位圖書館（THDL）

　　http://thdl.ntu.edu.tw/

　　此資料庫目前包含「明清臺灣行政檔案」與「古契書」兩文獻集，有全文資料約六萬多筆。其所收古書契與本文相關者有：《臺灣省文獻委員會典藏北部地區古文書專輯》〔註69〕、《十三行博物館館藏古文書》〔註70〕、《清代臺灣大租調查書》〔註71〕、《臺灣私法物權編》〔註72〕、《凱達格蘭古文書》〔註73〕、《凱達格蘭族古文書彙編》〔註74〕、《臺北州街庄誌彙編》〔註75〕、《臺北縣志‧開闢志》〔註76〕、《臺灣古書契》〔註77〕、《臺北文物》、《大臺北古契字集》〔註78〕、《平埔百社古文書專輯》〔註79〕、《臺灣總督府檔案平埔族

〔註69〕臺灣省文獻委員會編，《臺灣省文獻委員會北部地區古文書專輯》，南投：臺灣省文獻委員會，2000年。
〔註70〕林明美總編，《北路淡水：十三行博物館館藏古文書》（關懷淡水河系列叢書第三），臺北縣八里鄉：臺北縣十三行博物館，2005年。
〔註71〕臺灣銀行經濟研究室，《清代臺灣大租調查書》（據民國52年臺灣銀行臺灣文獻叢刊本第一五二種影印），南投：臺灣省文獻委員會，1994年。
〔註72〕臺灣銀行經濟研究室編輯，《臺灣私法物權編》（臺灣文獻叢刊第一四〇種），臺北：臺灣銀行，1963年。
〔註73〕謝繼昌主編，《凱達格蘭古文書》（國立臺灣大學人類學系藏品資料彙編第四），臺北：國立臺灣大學人類學系，1999年。
〔註74〕黃美英，《凱達格蘭族古文書彙編》，臺北縣板橋市：臺北縣文化中心，1996年。
〔註75〕古舜仁、陳存良譯，《臺北州街庄志彙編》，臺北縣板橋市：臺北縣立文化中心，1998年。
〔註76〕戴德發監修；林興仁等主修；盛清沂總纂，《臺北縣志》，臺北：臺北縣文獻委員會，1960年。
〔註77〕陳秋坤，《臺灣古書契（1717～1906）》，臺北：立虹出版社，1996年。
〔註78〕高賢治編著，《大臺北古契字集》、《大臺北古契字》（二集）、《大臺北古契字》（三集）、《大臺北古契字》（四集），臺北：臺北市文獻委員會，2002年、2003年、2005年、2007年。
〔註79〕劉澤民，《平埔百社古文書專輯》，南投縣南投市：國史館臺灣文獻館，2002年。

關係文獻選輯》與《臺灣總督府檔案平埔族關係文獻選輯續編》〔註 80〕等。
實際運用情形如下表 2-3 所示：

表格 2-3：THDL 資料庫運用表〔註 81〕

資　　料　　來　　源	THDL 中所藏件數	本文運用件數
臺灣省文獻委員會典藏北部地區古文書專輯	476	4
十三行博物館館藏古文書	67	30
清代臺灣大租調查書	795	3
臺灣私法物權編	994	3
凱達格蘭族古文書彙編	160	5
臺北文物	47	3
大臺北古契字集（一至四集）	1589	7
平埔百社古文書專輯	106	1
臺灣總督府檔案平埔族關係文獻選輯續編	162	5

　　文中實際所運用到的古文書詳細列表，請見文後附錄一的「北淡地區聚
落相關古文書列表」。

（二）文建會國家文化資料庫

　　　　http://nrch.cca.gov.tw/ccahome/about.jsp

　　此資料庫目前包含「老照片」、「古文書」、「古地圖」等資料，目前古文
書類已累積有四萬四千多筆，其中一萬六千筆是掃描原始書契的圖檔資料。
與北淡區主要相關古文書，爲國史館臺灣文獻館所典藏的「臺灣總督府檔案」
〔註 82〕，「臺灣總督府檔案」中「臨時臺灣土地調查局公文類纂」、「高等林野
調查委員會公文書類」，以及臺灣總督府公文類纂中「永久保存」和「十五年

〔註80〕劉澤民，《臺灣總督府檔案平埔族關係文獻選輯》，南投縣南投市：臺灣省文
　　　　獻委員會，2001 年。劉澤民，《臺灣總督府檔案平埔族關係文獻選輯續編》，
　　　　南投縣南投市：國史館臺灣文獻館，2004 年。
〔註81〕此表整理自附件一資料與臺灣歷史數位圖書館 http://thdl.ntu.edu.tw/所提供的
　　　　統計數據。
〔註82〕臺灣省文獻委員會編，《臺灣總督府檔案中譯本》（日據時期臺灣總督府公文
　　　　類纂），南投市：臺灣省文獻委員會，1992 年。

保存」檔案財務門土地類中，含有大量抄錄契約文書，此批抄錄契約文書分布的地點主要集中在臺灣北半部，且載錄時間多在明治年間〔註83〕，其中與本文最主要相關的是「臨時臺灣土地調查局公文類纂」，「臨時臺灣土地調查局公文類纂」是 1898 年 9 月由臺灣總督府所設立臨時臺灣土地調查局，由該局存續期間（明治三十一至三十八年，1898～1905）的往來公文書經彙整、編纂而成，並收錄在臺灣總督府檔案中，此批檔案由臺灣省文獻委員會保存迄今。〔註84〕

　　國家文化資料庫所含臺灣總督府檔案共 8519 件，本文所使用相關資料共 93 筆（部分資料有原始影像掃描檔），並在資料來源標明「臺灣總督府檔案，國家文化資料庫」，並註明原始編號，原始編號為 od-ta_數字五碼_數字六碼，od 意為古文書（old documents）首字字母縮寫，ta 意為臺灣總督府，數字五碼為原始檔案的「卷宗檔號」，數字六碼中的前五碼為原始檔案的「件號」，最後一碼為原始檔案的流水頁碼，例如編號 od-ta_01820_000051，意為此編號中的資料，是在臺灣總督府檔案中，卷 01820，第 00005 件中的第 1 頁。

（三）中央研究院臺灣史研究所——臺灣史檔案資源系統

http://ithda.ith.sinica.edu.tw/zh-resources（全文影像限館內使用）

　　臺灣史檔案資源系統所收臺灣北部地區土地文書，臺北三芝小圭籠庄地區有十件，契約所涵時間範圍自道光十七年七月二十一日至光緒十六年十一月（1837～1891），臺北金山金包里土地文書有十九件，契約所涵時間範圍自嘉慶十三年十二月至大正二年十月二十九日（1809～1913），本文所運用僅一件（文中契約編號：1837-07-00），此文書於附錄五的北淡地區聚落相關古文書列表中有附上臺灣史檔案資源系統的原始標號，以便研究者查找。

〔註83〕資料參考：李朝凱、吳升元、吳憶雯，〈《臺灣總督府檔案抄錄契約文書》之運用——以竹南一堡鬮約字為例〉，《臺灣古文書與歷史研究學術研討會論文集》，臺中：逢甲大學歷史與文物管理研究所，2007 年，頁 6。上述抄錄契約文書已由臺灣史料集成編輯委員會編輯，2005 年行政院文化建設委員會出版，名為《臺灣總督府檔案抄錄契約文書》，共二輯三十五冊。

〔註84〕目前臺灣總督府公文類纂資料庫，已由中央研究院與國史館臺灣文獻館合作，已經初步完成數位化工作，相關網址請見 https://sotokufu.sinica.edu.tw/sotokufu/query.php。

（四）傅斯年圖書館館藏臺灣公私藏古文書影本資料庫

http://lib.ihp.sinica.edu.tw/（共 5655 筆資料，限館内使用）

《臺灣公私藏古文書彙編》〔註85〕是緣自於王世慶向美國亞洲學會臺灣史研究小組（Committee for Taiwan Historical Studies）召集人——馬若孟（Ramon H. Myers）提議，自 1976 年開始展開系統性的蒐集臺灣民間古文書，蒐集地域以臺灣西部爲主，沒有及於臺灣東部與外島地區，1981 年時將成果彙集成《臺灣公私藏古文書彙編》，共印製五套，每套十輯，每輯十二大冊，分別收藏於中央研究院歷史語言研究所、美國史丹佛大學（Stanford University）、美國哈佛大學（Harvard university）、美國國會圖書館（Library of Congress）與日本東洋文庫（The Oriental Library）。〔註86〕

《臺灣公私藏古文書彙編》中與北淡區相關古文書共有六件，請見以下 2-4 簡表：

表格 2-4：《臺灣公私藏古文書彙編》北淡區相關契字列表

書　名	分類編號	總編號	契約名稱	年　代	契約張數	契約原收藏者	收藏者地址
《臺灣公私藏古文書彙編》第一輯	59	74	給地基墾及杜賣盡根茅店契（河道生等）	咸豐九年十二月（1859〜1860）	1	游曉昊	臺北縣淡水鎮
《臺灣公私藏古文書彙編》第一輯	78	93	杜賣盡根店契（蔡錦來）	同治十二年十月（1873）	1	周明德	臺北縣淡水鎮
《臺灣公私藏古文書彙編》第四輯	6	157	換田業合約字（滬尾林仔街庄長房恭記等）	同治三年四月（1864）	1	陳國章	臺北市
《臺灣公私藏古文書彙編》第八輯	4	143	開墾合約（上淡水大佳臘陳天章等）	康熙四十八年十一月（1709）	1	張澄河	臺北縣新莊市

〔註85〕王世慶，《臺灣公私藏古文書彙編》，臺北：美國亞洲學會臺灣研究小組，1981年。

〔註86〕資料參考：涂豐恩，〈混亂中的秩序：臺灣契約文書的蒐集與分類（1898〜2008）〉，臺灣大學數位典藏研究發展中心——2009 年第一期獎助研究生計畫成果發表會論文，2010 年 1 月 27 日，頁 15〜17。與許雪姬，《王世慶先生訪問紀錄》（央研究院近代史研究所口述歷史叢書第八十一），臺北：中央研究院近代史研究所，2003 年，頁 147〜154。

| 《臺灣公私藏古文書彙編》第十輯 | 91 | 96 | 杜賣盡根茅厝契字（滬尾崎仔頂尾何景其） | 同治一年四月（1862） | 1 | 尹章義 | 臺北縣新店市 |
| 《臺灣公私藏古文書彙編》第十輯 | 96 | 101 | 杜賣盡根絕厝地併帶撵頭小瓦厝契字（滬尾街白鳥獅） | 同治八年二月（1869） | 1 | 尹章義 | 臺北縣新店市 |

但因本文以研究客家為主，書中所收資料經筆者初步判斷與北淡區客家族群無直接相關，此文中沒有運用書中之原始資料，但《臺灣公私藏古文書彙編》第八輯中，張澄河所收藏「開墾合約（上淡水大佳臘陳天章等）」與本文第三章第一節所引用〈張廣福文件〉有緊密的關聯，可供研究者參考，故將此份契約原件影本置於附錄四。

（五）私人收藏

筆者於北淡區從事田野工作時，獲三芝鄉謝江素愼小姐提供其所收藏的十七件謝氏家族相關古書契，以及石門鄉練寶絨小姐提供《練氏族譜》中的練氏相關書契，文中主要使用謝氏相關書契，以下表格 2-5 為其書契簡表：

表格 2-5：三芝鄉謝氏相關書契列表

編號	時　間	案　名	承受人／承買人	相關地點	立契人	相關人物
1824-11-01	1824 年／道光 4.11	道光四年立杜賣斷根田園埔地契	鄧振伯	小圭籠陳厝坑庄	謝繼善 邱天慶 邱天浩	代筆人：何鳳騰；為中人：陳宗祿、邱詩進；在場知見：姪 阿後、姪孫 門先
1831-08-00	1831 年／道光 11.8	道光十一年立杜賣盡斷根田契字	謝　先	土名小圭籠新庄仔陳厝坑	鄧振伯	秉筆人：應圭；中人：邱天慶、簡永發；在場人：田宗權；知見：姪 應宗、應朝
1850-11-00	1850 年／道光 30.11	道光三十年立質借銀契字	顏禮觀	小圭籠新庄仔蘇竹坑	謝朝承	代筆人：江松園字；為中人：江添顯；知見保認：李宗朔；在堂母 □ 氏
1859-05-00	1859 年／咸豐 9.5	咸豐九年立遜讓餘剩水尾字	謝朝承		簡金文	代筆人：江松園；在場中見人：陳阿四
1864-02-00	1864 年／同治 3.2	同治三年遵斷定界歸管字	謝朝承	陳厝坑庄	江春喜 江松德	代筆人：劉安邦；業憐公親：簡金文；斷說公親：簡秉乾

1872-11-02	1872年/同治11.11	同治十一年立杜賣盡根田契字	謝朝承	小圭籠陳屋坑庄	謝傳興	代筆人：胞弟 謹興；爲中人：堂姪 孫成安；知見人：堂弟 乾興；在場人：媽親 江氏、母親 江氏
1880-02-00	1880年/光緒6.2	光緒六年遵處定界許諾施給憑信字	謝朝承	陳厝坑庄	江有泰 江順能	代筆人：戴棟；理斷公親總理：簡秉乾；認保人：江順居；在場人：江阿根
1883-11-03	1883年/光緒9.11	光緒九年立鬮書字		圭籠仔陳厝坑庄	謝朝承	代筆人：江錦波；公親族姪：阿寨、元昌
1888-11-00	1888年/光緒14.11	光緒十四年立抽出田業字	洪公媽子孫	陳厝坑田業	謝文朋、謝文親、謝文居、謝文才等	代筆人：江波錦；在場知見人：謝元樞
1894-11-00	1894年/光緒20.11	光緒二十年立鬮書			德旺、永旺、溪旺、再旺兄弟	代筆人：鄭盈科；知見人胞叔：文親、文枝；在場人母親：江氏
1894-11-01	1894年/光緒20.11	光緒二十年仝立歸就盡根水田山埔契字		小圭籠陳厝坑庄	謝文清、仝侄德旺、永旺、溪旺、再旺等兩房	代筆人：鄭盈科；爲中人：紀求生、胞弟 文才；在場并知見人：男 義旺、胞嫂 江氏
1899-11-00	1899年/明治32.11	明治三十二年仝立合約字		小基隆陳厝坑庄	江瑞珠 謝有才	代筆人：謝天相；公親知見人：謝傳興；公親在場人：江起昇
1903-11-01	1903年/明治36.11	明治三十六年借銀對佃納利字	謝文枝		謝傳興	代書：黃見龍；佃人：胡阿養；爲中：族親 謝老龜；在場見：□男 謝明秋
1903-12-00	1903年/明治36.12	明治三十六年十二月歸就杜賣盡根業契字	謝文枝	蘭三堡小基隆新庄，土名陳厝坑	謝文才	代書：黃見龍；爲中：李□生；知見人：長男 謝田旺；在場人：從侄 謝德旺
1907-12-00	1907年/明治40.12	明治四十年立杜賣盡根業契字	謝文枝	芝蘭三堡小基隆新庄，土名陳厝坑	江瑞珠	代筆人：黃見龍；爲中人：謝木吉；場見人：男 江輝來
1908-01-00	1908年/明治41	明治四十一年立胎借金字	黃楊田 謝文枝	小基隆新庄土名陳厝坑	謝金漢	立胎借字人：謝金漢；場見人：兄 謝老龜

| 1908-12-00 | 1908 年／明治 41.12 | 明治四十年立杜賣盡根業契字 | 謝文枝 | 芝蘭三堡小基隆新庄、土名陳厝坑 | 江瑞珠 | 代筆人：黃見龍；為中人：謝木吉；場見人：男 江輝來 |
| 1973-12-00 | 1973 年／大正 2.12 | 大正二年持分杜賣盡根業契字 | 謝文枝 | 芝蘭三堡小基隆新庄、陳厝坑 | 翁　權 | 為中兼代筆人：黃見龍 |

　　據謝江素慎小姐表示，此批書契原件現由臺北縣政府客家事務局所屬臺北縣客家文化園區所收藏，但因該園區所藏文書尚未數位化，亦尚未將相關藏品出版，較難以取得相關資訊，故筆者將謝氏提供之契書影本置於文後附錄二中。練氏的相關契書沒有運用在此文中，但其仍為研究北淡區客家家族重要的一手資料，故仍將練氏提供之契書原件影本置於文後附錄三中，供研究者參閱。

（六）體例說明

　　本文所運用古書契除上述五大類外，尚有散見於各相關書籍之中，包含平山勳《臺灣社會經濟史全集》、溫振華〈清朝小雞籠社初探〉、許文堂《大基隆古文書選輯》等共七件，因為數不多不另加說明。文中所用契書來源紛雜，為便於閱讀時查找，筆者將 232 筆資料重新編號排列〔註87〕，編列體例相關說明如下：

1. 本文收集之古契書是以「土地相關契約書」為主，人身關係之契約書不予收錄。「土地相關契約書」是指下表格 2-6 中「私文書中財產關係」類。

表格 2-6：古契約分類簡表〔註88〕

契約分類／名稱			契約種類				
公文書			示諭	札諭	丈單	契尾	
私文書	人身關係	賣身字	收養子字	過嗣		過房	繼書字
		分居	離婚	招婚字	入贅字	招婿	
	財產關係	賣契	杜賣斷根字	交換字	杜賣斷根歸就字	退股歸管字	退戶字
			永退耕字	讓地字	遜讓字	付管字	

〔註87〕232 筆資料收錄於附錄一。
〔註88〕分類資料參考：國家圖書館特藏組，《認識臺灣古書契》，臺北：國家圖書館，2007 年。

給　字	給墾批	給佃批	給地基字	招佃字	招墾字
贌稅字	贌字	招耕字	招畑字	認耕字	畑出地基字
	永佃批				
	稅字	永稅地基約	招稅地基字	稅地基合約字	稅店字
典契	典字	當字	起耕典契	添典字	轉典字
	繳典字	典贌字			
胎典	胎借銀字	質借字	起耕胎借字	對佃胎借字	按田生銀字
雜契	鬮分約字	囑字	定界分管合約字	甘愿字	撮結字
	找洗字	越行找洗字	合約字		
收據及其他契約	完單	執照	薪水單		

　　與本文相關之古代土地契約書，據表格 2-6 的分類，附上簡易說明，請見表格 2-7：

表格 2-7：古土地文書簡易說明〔註 89〕

契約分類	契約名稱	解　釋	契約名稱	解　釋	契約名稱	解　釋
公文書	丈單	劉銘傳於清光緒十二年（1886）至清光緒十五年（1889）全面清丈臺灣田園，要求業主出面登記產權，繳納地稅。丈單相當於今日之所有權狀。	契尾	百姓向政府登記並完稅後，黏貼於契字末尾之證書。民間向政府登記土地權利，官方發給之證明。		

〔註 89〕資料參考自陳金田《臨時臺灣舊慣調查會第一部調查第三回報告書臺灣司法第一卷》，南投：臺灣文獻委員會，民國 79 年，頁 104～114。陳友民、徐惠敏〈國家圖書館館藏臺灣古文書編目要點〉，《國家圖書館館刊》，93 年第二期（93 年 12 月），頁 181。國家圖書館特藏組《認識臺灣古書契》，國家圖書館，民國 96 年 3 月，頁 24。陳哲三《古文書與臺灣史研究：陳哲三教授榮退論文集》，文史哲出版社，民國 97 年 12 月，頁 403。古文書常用重要術語——臺灣中部平埔族古文書數位典藏 http://www.tchcc.gov.tw/pingpu/pn6.htm。洪麗完，《臺灣社會文書專輯》，臺北：中研院臺灣史研究所籌備處，2002 年，頁 82。劉澤民，《臺灣古文書常見字詞集》，南投：臺灣古文書學會，2007 年。

私文書	賣契	杜賣斷根字	又稱杜賣盡契、杜賣禁根字、杜賣絕根字。賣主只有一人時爲「立杜賣斷／絕／盡根」，二人以上則載爲「仝立杜賣盡／斷／絕根」，全部都是賣斷的契字。在杜賣之後加上盡／斷／絕根、盡絕根等詞，表示賣方親族子孫不得以任何理由要求增求贖。	交換字	交換土地、店舖或厝地，而且有以灌溉水交換土地。	杜賣斷／禁根歸就字	又稱永遠歸就掌管字、轉遜完就字、歸就字等，即在共有人或親族間將自己的不動產持分賣給其他用人或族親，或以收盡工本銀名義歸就收田，歸就與歸管意義相同。
		永退耕字	讓渡土地權的契字，通常在讓渡抄封田的小租權立之。	讓地字	贈與土地的契字，大多在委託幼子或某種事項時立之。	遜讓字	即爲答應他人委託、願望或以惠贈之意，無償讓渡土地
		退戶字	大租戶將大租權讓給他人的契字。	付管字	即附帶條件移轉土地權利的契字，亦有無條件讓渡的永遠掌管字，或收銀承坐付管字，甘願永付字。	退股歸管字	又稱歸館字。即擁有不動產的合股組織、股東中的一人將自己股份賣給其他股東，退出該組織的契字。
		倒約字	通常是在債務人典借之後，無法償還銀主債務所訂立之契字。				
	給字	給墾批	大多是給出埔地開墾時，保留租權而移轉土地業主權的契字。	給地基字	給出土地充爲房屋地基，發生地基租權的契字。		
		給佃批	給出田園的契字。				
	贌稅字	贌字	贌，即租耕土地。清代臺灣墾戶、佃戶間因給墾行爲所訂約字，民間一般稱爲「贌」，其間關係僅屬普通租賃關係，合約期滿，關係隨之結束	畑／贌出地基字	贌出土地充爲房子地基的契字，表面上是貸借地基字，實質是給地基字，大多移轉業主權。		
		招耕／贌字	又稱招贌耕字或許贌耕字、招贌字，即業主交給佃人有年限佃耕契字。	贌耕字	或稱認耕字，由佃人交給業主的有年限佃耕契字。	永佃批	依照早期墾戶制度的慣習，佃人自行出資開田闢地，通常享有永久佃作的權利（即開墾永佃）。
	稅字	稅店字	又稱稅厝字、租店字、認稅字。租賃店舖時由承租人交付厝主的契字。	永稅地基約	永遠租賃地基的契字。		

典契	典字	出典不動產或不動產權的契字。	當字	臺灣大多用於典當動產。	起耕典契	即約定承典人得以自由更換所典物體（田園），佃人的契字。起耕是解除耕佃關係之意。	
	繳典字	又稱退典字或替典字，大多用以讓渡股權而繳典人脫離典關係。	典瞨字	出典兼瞨的契字。	添典字	又稱加典字、增典字、找典字、附典字或加借字，出典後增收典價的契字。	
	轉典字	承典人將所典物體典給第三者的契字。					
胎典	胎借銀字	又稱胎借字，有關胎權的契字，最常見的是以大租爲胎實物抵利，亦有以田園、地基爲胎的借銀。	起耕胎借字	承胎人以起耕所承物體（田園）的佃人的契字。			
	按田生銀字	又稱按字，以田地爲擔保的借款契字。	對佃胎借字	承胎人得向耕作物體（田園）的佃人收取利息穀的契字。			
雜契	鬮分約字、鬮書	鬮書是兄弟叔姪間的分產契約，有的是父祖在世時預立，有些是父祖輩不在時立的，如母親在時，會先抽出一部分供老母養贍，百年後再行鬮分。立鬮書時通常將家業的債權債務加以清理，也使產業的繼承人與各佃的祖佃關係重新釐清。	囑字	即遺言書，用以分配財產。	定界分管合約字	即立石於田原界址，預防將來發生糾紛的合約字。	
	找洗字	即增收代價的契字，用以買賣或出典。	越行找洗字	即買主轉賣時，當時的賣主向現有人要求增加代價的契字。	合約字	即數人共同契約時所立的契字，以每人執一份爲原則，是一種內容甚廣的契約證書。包括開墾、借貸、招佃、建屋、種茶、祭土安墳、分管土地（陂塘水份、產業）等雙方關係人所訂契字，及土地買賣、土地使用區分不明的字據等。	

	甘愿窨堆字	即墓地賣渡字。	給風水山批字	即給出埔地充爲墓地的契字。	摹結字	即和解書
	甘愿字	又稱甘諾字或甘結字，此種契字的範圍很廣，大多證明事情著落，亦有約定新發生義務者。				
收據及其他契約	完單	業主收到佃戶繳納的租谷後，開立給佃戶收執以爲證明的收據。	執照	凡捐納之人員，戶部收捐後發給執照，以爲憑證，佃農向地主納稅亦領有執照。	薪水單	日據時期，公司發給傭人或公務人員的薪水單。

筆者在表格 2-6 中僅說明與文中所收相關契書形式，表格 2-5 中稅地基合約字、招稅地基字、質借字等筆者未有收錄，故略其說明，表格 2-6 中的「公文書」類，以及私文書中的「收據及其他契約」，筆者沒有收集到此兩類書契，但其與下文仍有所關連，故在表格 2-6 仍附上說明。

2. 古契約書以年代排列，編號方式爲：西元年代數字四碼－月份數字兩碼－編號數字兩碼，例如明治四十二年（1909）12 月的契約表示爲 1909-12-00，月份不足 2 位數者，以零補齊，例如明治四十三年（1910）1 月的契約表示爲 1910-01-00，編號數字以 00 爲起始，該年度同月份若有一份以上契約，將依序編碼爲 01、02、03……。

3. 本文收集之古契書地域是以今臺灣新北市淡水區、三芝區、石門區境內資料爲主，八里區與金山區的資料次之，臺北市的資料再次之。收錄資料時間由清代至日治時期（1735～1913）。

4. 文中爲秉持忠於原文的原則，盡量以原契字的字體、編排爲主，但因民間契出多有別字叢出的問題，故一般別字或俗字直接用〔 〕的方式，將現今正楷字體或通同字標明在旁，例如契約編號：1902-11-00 文中，「烝嘗祀業，應作八大房照序輪流辨理祭祀。」辨字爲別字，直接在辨字旁附上〔辦〕加以註明；由筆者運用書契上下文自行判別的別字（表示仍有可議之處），在字旁用（筆者案：）加以註明，例如契約編號：1864-12-00 文中的芉藜林，便在芉字旁註明（筆者案：應爲「竿」字）

5. 原契書因汙漬、破損所造成的缺漏字、無法判別的字，皆以□表示，

文中所引用古文書所加的底線或反黑字，皆是筆者為便於讀者閱讀而自行加入，原文中的字體皆無底線與反黑。

本文所收契約，在時間分布上多集中在清代道光年間：

表格 2-8：北淡地區相關古契約年代分布表 〔註90〕

朝代（西元年代）		古書契數量	佔古書契總量比例
清　代	雍正朝（1723～1735）	1	0.4%
	乾隆朝（1736～1795）	28	12.6%
	嘉慶朝（1796～1820）	21	9.42%
	道光朝（1821～1850）	51	22.9%
	咸豐朝（1851～1861）	12	5.39%
	同治朝（1862～1874）	29	13%
	光緒朝（1875～1895）	37	16.6%
小　　計		179	80.31%
日　治	明　治（1896～1911）	43	19.28%
	大　正（1912～1925）	1	0.4%
小　　計		44	19.69%

顯示道光年間為北淡區漢人田土權力轉移最為興盛之時間，而數量最多的是「買賣類」契約書：

表格 2-9：北淡區賣契數量表

朝代（西元年代）		書契數量	佔賣契總數比例
賣　契	雍正朝（1723～1735）	1	0.78%
	乾隆朝（1736～1795）	16	12.5%
	嘉慶朝（1796～1820）	12	9.38%
	道光朝（1821～1850）	33	25.79%

〔註90〕表中光緒朝與明治時期之分界為1894年中日甲午戰爭，臺灣民間契書至1896年始在契書中使用日治紀年。

咸豐朝（1851～1861）	11	8.59%
同治朝（1862～1874）	19	14.84%
光緒朝（1875～1895）	13	10.15%
明　治（1896～1911）	22	17.19%
大　正（1912～1925）	1	0.78%

進一步分析賣契佔整體書契之比例表示如下：

圖表 2-1：北淡區賣契比例分析圖

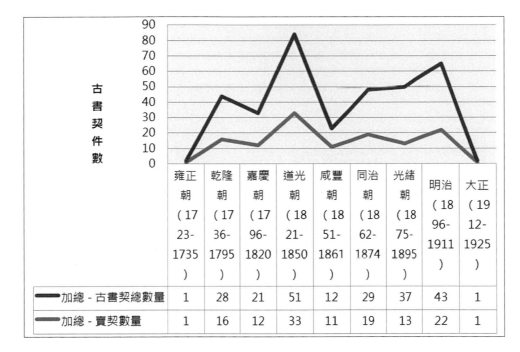

古書契件數	雍正朝（1723-1735）	乾隆朝（1736-1795）	嘉慶朝（1796-1820）	道光朝（1821-1850）	咸豐朝（1851-1861）	同治朝（1862-1874）	光緒朝（1875-1895）	明治（1896-1911）	大正（1912-1925）
加總－古書契總數量	1	28	21	51	12	29	37	43	1
加總－賣契數量	1	16	12	33	11	19	13	22	1

　　由表格 2-8 可知本文所收書契清代部分佔八成，日治時期佔二成；其中賣契佔古書契總量之比例，可見圖表 2-1，顯示賣契在各年代的總量與整體書契的走向是相當接近的，僅有同治至光緒年間走向成反比，表示十九世紀中至十九世紀末，北淡區的發展已相當成熟，該年代主要之契書不以買賣土地為主，而是以鬮分家業為主。

第三章 北淡地區的開發與番漢聚落的形成

有明一代，民間農業技術大爲進步，技術的進步即生產力的提高，亦即人口扶養力的增加，加以占城稻〔註1〕的普及，十五世紀開始中國人口數持續增加，到了十八世紀，人口達一億五千萬，在當時農業技術下人口已達飽和點〔註2〕。乾隆初年後，人口與糧食失調問題越益嚴重，形成一股人口外移推力〔註3〕，再加上當時臺灣是個新開發地區，充滿發展可能性〔註4〕，地理位置近便，自然形成一股吸引移民的拉力〔註5〕，吸引大批閩粵人士向臺灣遷徙，並逐漸形成庄街與聚落。

本章擬由歷史背景入手，探究北淡地區的開發過程，再運用此區古書契資料，描繪出北淡地區清代時期番漢墾拓的情形。

第一節 漢人入墾的背景

十七世紀初期，日本分別在明萬曆二十六年（1598年），以及萬曆四十四年（1616年）二度企圖侵略臺灣〔註6〕，此時也正是荷蘭與英國正謀求東亞市

〔註1〕 占城稻是出產於印支半島的高產、早熟、耐旱的稻種。是由占城一地傳入中國，故名爲占城稻。
〔註2〕 陳紹馨著，《臺灣的人口變遷與歷史變遷》，頁11～12。
〔註3〕 羅爾綱，〈太平天國革命前的人口壓迫問題〉，《中國近代史論叢》。
〔註4〕 尹章義，《張士箱家族移民發展史：清初閩南士族移民臺灣之一個案研究（1702～1983）》，頁22。
〔註5〕 陳亦榮，《清代漢人在臺灣地區遷徙之研究》，頁17。
〔註6〕 豐臣秀吉於1590年（明萬曆十八年）統一日本後，1591年（明萬曆十九

場之時，臺灣早已是走私商販——「海寇商人」的交易基地〔註7〕，由於臺灣正位於南中國與日本間絲綢貿易的海路之上，才因此成爲中日商人在中國官府禁止下，違法秘密交易的場所，也因此爲世人所留意。對荷蘭而言，這裡正是能同時與中國、日本交易的好地方〔註8〕。臺灣先經歷荷蘭、西班牙政權的商業經營以及計畫性移墾，後有鄭氏「寓兵於農」的屯墾，在清領之前臺灣已奠定爲一個由農業爲主的漢人移民區。〔註9〕

一、十七至十八世紀北臺灣的開發

　　十七至十八世紀的北臺灣，在被納入清朝版圖之前，前後歷經了西班牙、荷蘭與鄭成功三個政權的墾殖，北臺灣的淡水與基隆二地始終爲各個政權的主要軍事與商業貿易重地，淡水除軍貿之外亦爲當時北臺主要產良米之區〔註10〕，北淡由商盜出沒、獵首橫行之地轉爲漢人移民之區〔註11〕，是自1628年西班牙殖民臺灣開始。

年，日本天正十九年），遣使招諭菲律賓，1592 年（明萬曆二十年，日本文錄元年）派兵侵略朝鮮，翌年又有襲臺之議，他致書招諭臺灣，要求其入貢。明廷獲知日本眞正意圖無疑是假道朝鮮或臺灣而侵略中國，乃派兵前往救援朝鮮，並加強沿海防倭。其後日本德川家康代豐臣氏而興，於日本慶長十四年（明萬曆三十七年，1609）有馬晴信曾派兵來臺窺探，稍後於日本元和二年（明萬曆四十四年，1616）長崎代官村山等安又遣兵來臺企圖佔據，兩度日本侵略皆失敗。詳見曹永和，《臺灣早期歷史研究續集》，2000 年，頁 50～51。以及岩生成一先生相關著作：〈豐臣秀吉の臺灣征代計畫〉，《史學雜誌》第三十八卷第三期，1927 年，頁 4～37；岩生成一，〈豐臣秀吉の臺灣島招諭計畫〉《臺北帝國大學文政學部史學科研究年報史第六》，1941 年，頁 75～113（中譯版：何鳳嬌譯，《臺北文獻直字》第一四三期，2003 年）；岩生成一，〈有馬晴信の臺灣島視察船派遣〉，阪上福一編，《臺灣總督府博物館創立三十年記念論文集》，1939 年，頁 287～295。臺北：臺灣總督府博物館。

〔註 7〕 明代東南沿海的活動者，需兼具海道與商人雙重性格，才有生存的空間，在政府海禁政策弛禁時經商，在海禁政策嚴格實施時，轉商爲盜。翁佳音先生認爲「海盜」與「海商」是一體的二面，海商不妨可說是「海寇商人」的縮寫；參閱翁佳音，〈十七世紀的福佬海商〉，《中國海洋發展史論文集》（第七輯），湯熙勇編。臺北：中央研究院中山人文社會科學研究所，1999 年，頁 60～61。

〔註 8〕 歐陽泰（Tonio Andrade），《福爾摩沙如何變成臺灣府？》，頁 44～45。

〔註 9〕 陳其南，《清代臺灣漢人社會的建立與其結構》，頁 9。

〔註 10〕 江樹生譯註，《熱蘭遮城日誌》（一），臺南：臺南市政府，2000 年，頁 238。

〔註 11〕 歐陽泰（Tonio Andrade），《福爾摩沙如何變成臺灣府？》，頁 21。

（一）荷、西治臺時期（1624～1662）

中國沿海一帶的漁夫，在嘉靖、隆慶、萬曆之際，來臺業漁者漸多，且與土著民族建立的極友好的關係，爲漢番交易之始。陳第《東番記》：「始通中國，今則日盛。漳、泉之惠民、充龍、烈嶼諸澳〔註 12〕，往往譯其語，與貿易；以瑪瑙、磁器、布、鹽、銅簪環之類，易其鹿脯、皮角。」〔註 13〕早期的荷蘭史料《巴達維亞城日誌》也記載了：「在這村裡面的房舍……，很少沒有一兩個，或三個，甚至五、六個漢人居住。」且村人的語言裡面夾雜了不少漢語「……可以說是一種混雜不清、漏洞百出的語言」〔註 14〕由此可看出，漢番貿易到了明末可說是越來越熱絡。

1624 年荷蘭攻下大員（今日的臺南安平）後，即築「奧倫治城」（Orange），1927 年改建命名爲「熱蘭遮城」（Zeelandia），做爲統治臺灣及對外貿易的總樞紐，創立了贌社制度〔註 15〕以控管番產交易，亦積極獎勵漢人移居來臺，從事稻米與砂糖的開墾與耕作，多數漢人仍屬季節性移民——春季自大陸來臺耕作，秋收後再返回大陸，尚未成爲農業定居人口，未形成獨立的村落。〔註 16〕

1626 年西班牙人佔據雞籠，但因金包里和大雞籠社人逃到內陸，拒絕出售米糧等補給品給西班牙人，並試圖阻止西班牙人與其他人交易〔註 17〕，1627年發現「居民稠密……稻穀盈倉，如此豐饒之地」〔註 18〕——淡水，立即在1628 年攻佔淡水地區〔註 19〕，並築聖多明哥城（Santo Domingo），淡水轉而

〔註 12〕惠民、充龍皆是漳州、泉州的地名。烈嶼是指金門。

〔註 13〕〔明〕陳第，〈東番記〉收於〔明〕沈有容《閩海贈言》，頁 24～27。《閩海贈言》成書約於明萬曆年間。

〔註 14〕J. A. van der Chijs ed., 《Dagh-register gehouden int Casteel Batavia vant passerende daer ter plaetse als over geheel Nederlandts-India》 Anno 1624~1629, Batavia: Landsdrukkerijk, Den Haag, Martinus Nijhoff, 1887, p.23～24。歐陽泰（Tonio Andrade），《福爾摩沙如何變成臺灣府？》，頁 80。引文是由《福爾摩沙如何變成臺灣府？》一書的譯者鄭維中先生翻譯。

〔註 15〕贌社制度詳見本章第一節之二。

〔註 16〕曹永和，《臺灣早期歷史研究》，頁 10～13。

〔註 17〕歐陽泰（Tonio Andrade），《福爾摩沙如何變成臺灣府？》，頁 170。

〔註 18〕José Eugenio Borao Mateo et al. eds., Spaniards in Taiwan, p.131~132。轉引自張建隆，〈十七世紀至十八世紀初，西、荷及清人對淡水的記述與認知〉，《臺灣文獻》第五十三卷第三期，2002 年，頁 215。

〔註 19〕西班牙人所指涉的淡水（Tamchui），應是淡水河系所及的臺北盆地和淡水河口，詳細論述請見詹素娟、張素玢撰稿，《臺灣原住民史・平埔族史篇（北：

成爲中國人、西班牙人，日本人與本地住民的貿易場域。

　　當時來自中國的漢人，大致可分爲跨海貿易的商人與行走住民聚落的商人二類。跨海貿易的商人：他們經營福州與雞籠之間的貿易，但同時也有人經營雞籠到日本、雞籠到馬尼拉〔註20〕的貿易，甚至有中國商人的船從雞籠航往荷蘭人的大員，因此雞籠、淡水只是中國商人在東亞海域貿易網絡的一個環節而已。而行走住民聚落的中國商人，除了從事跨海貿易，供應雞籠、淡水西班牙駐軍各項物資外，亦與當地原住民交易〔註21〕。臺灣北部淡水與雞籠之間的交通，是在西班牙人據臺時期開闢的，一條是迂迴北方海岸而成，另一條是水路，溯淡水河而上，經過臺北盆地。漢人和原住民交易多是走水路，故以後者效用較大。〔註22〕

　　在臺的西班牙人，不論是商人或軍人均參與商業交易：海域間的轉口貿易，例如向雞籠、馬尼拉的商人訂貨，然後轉賣到日本。日本人則是到雞籠、淡水兩地收購鹿皮賣回日本，經營日本與雞籠間的貿易，另有日本人是來淡水開墾農地。淡水的原住民主要是出售米糧、硫磺、藤、鹿皮與作爲染料的植物給西班牙人與中國人。可藉由西班牙道明會傳教士愛斯基威爾（Jacint Esquivel）神父，1631～1633 年在淡水傳教的記錄來約略了解當時淡水原住民的情形：

> 淡水地區距離 Santo Domingo 城大約半西里（張建隆先生案：約 2.55～2.79 公里）的地方，有一個由八到九個小村莊所組成的 Senar 部落〔註23〕。那裡是一處涼爽宜人的山區，有許多桃子和橘子的果樹，並有溪流和清澈的泉水，以及秀麗、寧靜的草原，而且那裡的地勢和果樹也足以抵擋冬天強勁的寒風，庇護他們的茅屋和牲舍；他們在那裏從事農作。但西班牙人佔領淡水後（1628），他們因爲害怕而逃往內山，重新建造房屋畜舍，開墾耕地；因此西班牙人正設法要

北臺灣平埔族群史》，南投：臺灣省文獻委員會，2001 年，頁 95。

〔註20〕1564 年西班牙人 Miguel Lopez de Legaspi 率領的探險船隊來到菲律賓群島，1571 年宣布成立馬尼拉市，馬尼拉市是呂宋海域的主要商業中心，而後成爲西班牙人在東亞海域擴張政經勢力的主要據點。資料參考自陳宗仁，《雞籠山與淡水洋：東亞海域與臺灣早期史研究（1400～1700）》，頁 95。

〔註21〕資料出處同上註，頁 250～251。

〔註22〕林熊祥、李騰嶽同監修：林平祥纂修，《臺灣省通志稿》，卷四〈經濟志・交通篇〉，頁 25。

〔註23〕Senar 部落位置請見圖表 3-2。

將他們遷徙回來，並合成一個村莊。Senar 人並不懂得使用畜力耕
作。當稻子開始結穗時，他們日夜看守著農地，以防作物遭野豬踩
蹦，直到收成為止。由於農作如此費力。他們只種植三餐所需之穀
物，因此沒有人有大量的稻米可供出售。那裡也十分適宜種植小麥，
惟他們並未栽種。此外，淡水的漁獲也相當豐富。Senar 當地出產一
種塊根植物，被用作漁網或其他東西的染料。在中國，這塊根植物
一擔可賣到四到五兩的價錢，但中國生意人卻拿一些不值錢的小石
頭、小鈴鐺、黃銅手鐲或其他東西來和 Senar 人交易。除此之外，
Senar 人也以藤及鹿皮和外界交易。〔註 24〕

1637 年西班牙人因貿易衰退與缺糧問題而退出淡水〔註 25〕，至 1641 年轉由荷
蘭人控制淡水貿易這段時間裡，雞籠、淡水都逐漸自國際貿易中淡出，不再
扮演國際貿易轉運站的角色，但淡水的土產交易（硫磺、鹿皮、稻米與魚）
並未因政權轉變而中斷。〔註 26〕

　　雞籠及淡水兩地為重要港灣，但是吃水稍深之也哈多船〔註 27〕進出

〔註 24〕José Eugenio Borao Mateo et al. eds., Spaniards in Taiwan, p.166~184。張建隆，
　　　　〈十七世紀至十八世紀初，西、荷及清人對淡水的記述與認知〉，頁 216～
　　　　217。

〔註 25〕郭輝譯，《巴達維亞城日記》第二冊，頁 204。《巴達維亞城》（全名：巴達維
　　　　亞城所保存有關巴達維亞城及荷屬東印度各地所發生的事件日記）巴達維亞
　　　　城是今印尼首府雅加達，《巴達維亞城》一書記載了荷屬東印度公司十七～十
　　　　九世紀，各個商館長官寄給巴達維亞城的書信，與各地營業發展事項的報
　　　　告，《巴達維亞城》即是將這些文書彙整並編纂成官方正式記錄的總集。日本
　　　　村上直次郎先生從荷蘭海牙國立總檔案館（Algemeen Rijksarchief）所出版
　　　　《東印度事務報告》（記載涵蓋時間 1624～1662 年）中，將 1619～1660 年與
　　　　臺灣和日本有關的部分節譯，題為《巴達維亞城日記》，中村孝志作校注，
　　　　《巴達維亞城日記》書中記載涵蓋時間 1627～1682 年，出版於 1887～1931
　　　　年之間。

〔註 26〕陳宗仁，《雞籠山與淡水洋：東亞海域與臺灣早期史研究（1400～1700）》，頁
　　　　208～209。

〔註 27〕十七世紀荷人船艦分為：也哈多船（亞哈特）、士希布船、芙羅伊特船（又譯
　　　　弗萊特船 Fluijtschip）、加利歐特船、導航船、三板船、短艇、小艇等。其中
　　　　「也哈多船」、「士希布船」於《巴達維亞城日記》早期記載，為運輸及戰時
　　　　兵艦。資料來源：鄭水萍，〈臺灣荷蘭時期：荷蘭船舶海洋文化〉，2007 年 7
　　　　月 26 日修訂，福爾摩沙海洋百科知識庫 http://www.marine-formosa.org.tw/。
　　　　中國文獻中也哈多船相關記載：「舟旁各列大銃三十餘，銃中鐵彈四五具，重
　　　　三四十斤，舟遇之立粉」出自《閩海贈言・卷二・諭西夷記陳學伊》〔清〕
　　　　沈有容。「舟長三十丈、廣六丈、厚二丈餘，號曰「夾板」。樹五桅，桅如接

頗不便，由其淡水更甚。但仍爲中國人及其他外國人所開放之兩個港口。是故長官爲保證臺灣島（因可能有更大之利益）之公司勢力起見，認有其守備之必要。……兩地病友可獲利益之硫磺礦，此物爲北方各地（除日本）所必需。〔註28〕

1646 年荷蘭人爲吸引中國人移居雞籠、淡水〔註29〕，從事農漁業以及其他各項行業發展，以便供給荷蘭人缺乏的生活必需品。

> 鑑於糧食與其他需用品，在淡水，特別是雞籠，相當缺乏，因此決議，將於近日通知所有中國人，以後任何人有意遷居淡水或雞籠的，無論是要在那裏從事農業、漁業或其他行業的，其住在淡水的人（除了人頭稅以外）每人各按行業將有數年免繳全部的稅負，而住在雞籠的人，除了上述的免稅以外，還可三年免繳人頭稅。而且，（爲要增加上述地區的進口以及增加公司的收入）也要自由開放從中國所有地區航往淡水與雞籠的航運，任何人都可以自由往來，就像在大員那樣，可以把各種中國商品和雜貨運來，也可以把那裏的貨物運出去，但要向公司繳納稅負，就像在此地一直（循例）繳納那樣。〔註30〕

1646 年 5 月荷人頒佈有關雞籠淡水中國帆船自由航行和農業種植的規定時，淡水有十五名，雞籠有十四名中國人居住。大員商館長官 Nicolas Verburg（任期 1649～1653 年）於 1650 年 10 月 31 日致巴達維亞總督的信中提到：

> 我們已經試圖用各種方法及好的待遇，拉攏這些人到我們這裡，舒適的在我們的統治下定居。因此，他們不僅現在，當中國有麻煩且幾乎無法過生活的時候，他們希望來我們這裡，甚至在中國恢復平靜以後，他們亦情願留在這裡而不願回去。〔註31〕

簡，可高低。帆以布爲之，盤旋如蛛網，八面受風，無往不順，後爲三層樓，旁設小窗，置大小銅砲。桅下有巨鐵砲，長二丈餘，發之可洞裂石城，震數十里。柁後置照海鏡，徑數尺，能照數百里」出自《臺灣鄭氏始末・卷五》〔清〕沈雲，《臺灣鄭氏始末》成書於康熙二十二年十一月，1683 年。

〔註28〕 郭輝譯，《巴達維亞城日記》第二冊，頁 420。

〔註29〕 荷蘭人所指涉的淡水，與西班牙人相同，皆爲淡水河系所及的臺北盆地和淡水河口，請見圖表 3-1：1654 年荷蘭人所繪製淡水與其附近村社暨基隆島略圖。

〔註30〕 據《熱蘭遮城日誌》記載，淡水在 1646 年 5 月 23 日時已確定有十五人定居。引文引自《熱蘭遮城日誌》1646 年 3 月 27 日日誌，引文括弧中的註解皆爲江樹生先生譯註；江樹生譯註，《熱蘭遮城日誌》第二冊，頁 509、539。

〔註31〕 參閱 Johnners Huber 著（1990）；林偉盛譯（2002），〈中國移民對抗荷蘭東印

儘管 Verburg 的說法似乎部分有誇大之嫌〔註32〕，但我們仍可從中瞭解商館對於招徠漢人之企圖心〔註33〕。藉由 1654 年荷蘭人所繪製淡水與其附近村社暨基隆島略圖（見圖表 3-1）〔註34〕，現通稱為大臺北古地圖中，據翁佳音

圖表 3-1：淡水與其附近村社暨基隆島略圖

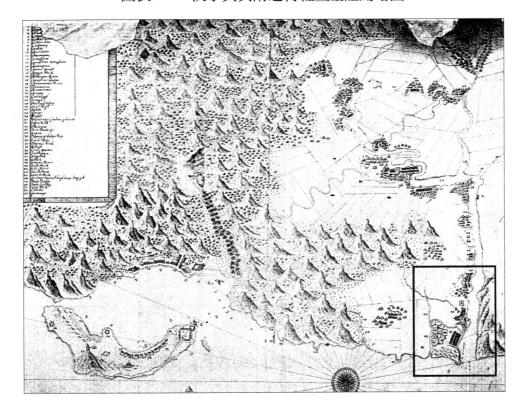

度公司：1652 年臺灣的郭懷一事件〉，《臺灣文獻》第五十三卷第三期，頁103。引文原文來自荷蘭東印度公司（Vereenigde Oost-Indische Compagnie）第十任在臺長官 Nicolas Verburg，於 1650 年 10 月 31 日寫給印度總督和議員的信，林偉盛先生翻譯。

〔註32〕 參閱江樹生，〈荷據時期臺灣的漢人人口變遷〉，《媽祖信仰國際學術研討會論文集》，雲林：財團法人北港朝天宮董事會；臺灣省文獻委員會，1997 年，頁18～19。

〔註33〕 陳立人，《荷據時期臺灣赤崁一帶土地墾佃制度之研究》，國立政治大學地政研究所碩士論文，2005 年，頁 77～78。

〔註34〕 1654 年荷蘭人繪製的大臺北古地圖——《淡水與其附近村社暨雞籠島略圖》（荷蘭語：《Kaartje van Tamsuy en omleggende dorpen, zoo mede het eilandje Kelang》）圖片來自陳漢光、賴永祥編，《北臺古輿圖集》，臺北：臺北市文獻會，1957 年。

先生考訂，現今的淡水鎮中心地帶〔註35〕在西班牙時代，除沙巴里原住民外〔註36〕，已有少數的漢人與日本人居住，至荷蘭時期，沙巴里人仍是淡水鎮中心地帶主要的人口，沙巴里原住民的分布區見圖表3-2：

圖表3-2：十七世紀北部臺灣示意圖〔註37〕

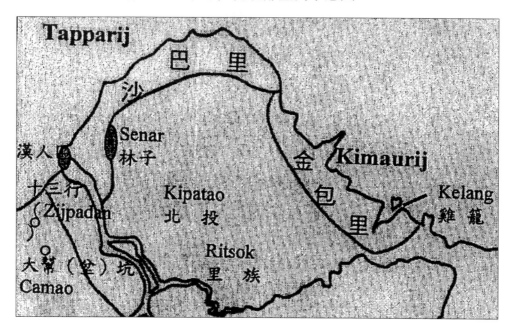

　　圖表3-3裡，編號37爲今日之觀音山；編號38處爲今日之紅毛城；編號39 三排整齊的房舍可能爲荷據時期淡水漢人居住區，位在今日淡水鎮油車口一帶，房舍後方（編號40）如細胞狀之圖，據學者推斷其代表已開墾的水田，大致是位在今日淡水鎮大庄里一帶〔註38〕。淡水鎮大庄里所在位置請見圖表3-4 淡水鎮行政區域圖。

〔註35〕今日淡水鎮大田寮一帶，此地點考證詳見翁佳音《大臺北古地圖考釋》，2006年，頁77。

〔註36〕沙巴里即爲清代文獻中的淡／滬水社，相關考證詳見翁佳音《大臺北古地圖考釋》，2006年，頁80。

〔註37〕此圖摘自翁佳音《大臺北古地圖考釋》，2006年，頁78；繪圖者：翁佳音、王興安、蘇曉菁、林孟欣。

〔註38〕此段對於淡水與其附近村社暨基隆島略圖的推斷，是根據翁佳音學者的《大臺北古地圖考釋》，2006年，頁77～83，此說尚未成定論。

圖表 3-3：淡水河口圖

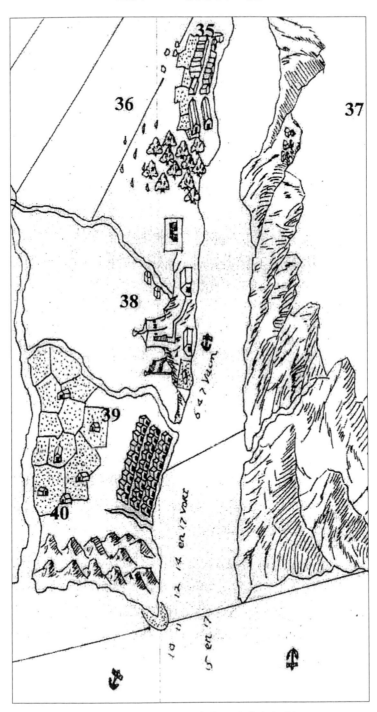

（此圖為圖表 3-1 右下角方框區的放大圖）

圖表 3-4：淡水鎮行政區域圖

1662 年在荷蘭人退出北臺灣時，除留下傾頹的安東尼堡（Fort Antonio）
〔註39〕外，亦遺留了影響臺灣稅制深遠的「贌社制度」。〔註40〕

（二）明鄭時期（1662～1683）

鄭氏理台是自 1662 年開始，歷經三世至 1683 年降清（明永曆十六至三
十七年；清康熙元年至二十二年），前後共二十二年。鄭成功率其部屬選擇臺灣
為匡復中原根據地，軍隊用糧問題為其一大主因，故鄭氏來臺後，採行了寓兵
於農輔以招納流亡的農業政策，奠定了一個純粹以農業為主的漢人移民區的

〔註39〕荷蘭人攻佔北臺灣後，於 1644 年春天從臺南運來建材和匠人，在聖多明哥城
　　　　的原址附近重新築城，命名為安東尼堡（Fort Antonio）。
〔註40〕關於贌社制度的討論，詳見本節標題二「十七至十八世紀臺灣稅制的形成」。

基礎〔註41〕。據《臺灣外記》所描述明鄭時期的雞籠、淡水的人文與環境：

> 土地饒沃，溪澗深遠，是未闢荒之膏腴，暫爲鳥獸之藏窟。其土番
> 種類繁多，無相統屬，性甚健勇。且山之頂黃金結纍，人欲取而無
> 路可達；惟溪之內流下金沙可取。但金寒水冷，極雄壯之人，入水
> 一、二次而已。況硫磺所產，最盛於夏秋，故五穀不生，難以聚
> 眾。〔註42〕

爲了「五穀不生，難以聚眾」的補給問題，鄭氏曾一度下令毀雞籠山城，最終爲了軍事部屬的考量，仍舊「調撥船兵，分布守禦」〔註43〕，當時全臺拓墾範圍爲

> 始之以承天一府、安平一鎮，而以南北附近的……等二十四里爲中
> 心，漸次向外開展，南至鳳山、恆春，北至嘉義、雲林、彰化、埔
> 里社、苗栗、新竹、淡水、基隆各地。〔註44〕

可見鄭氏據臺時期各個墾區呈現點狀分佈的型態。北臺灣雖有金包里〔註45〕與洪士昌、洪士恩及楊明卿和他們的眷屬百餘人至淡水雞籠兩則紀錄〔註46〕，但人數極少，主要農墾區承繼荷蘭人以臺南爲中心，很少超越今臺南縣界，

〔註41〕陳其南，《臺灣的傳統中國社會》，頁58～59。

〔註42〕引自江日昇，《臺灣外記》卷八，頁375～376。《臺灣外記》約成書於清康熙年間。陳宗仁認爲，此文中的雞籠山可能兼含淡水，否則雞籠港的景觀不可能讓當時的人認爲是「未闢荒之膏腴」，此說法來自陳宗仁，《雞籠山與淡水洋：東亞海域與臺灣早期史研究（1400～1700）》，頁329～330。另《熱蘭遮城日誌》亦記載：「淡水……那附近的土地很好而且相當平坦，到處用於農耕，……但是雞籠的土地，相反地，大部分是山區，土質也不怎麼好」，《熱蘭遮城日誌》，1646年5月23日 fol.339，江樹生譯註，《熱蘭遮城日誌》第二冊，頁539。

〔註43〕江日昇，《臺灣外記》卷十，頁433。

〔註44〕伊能嘉矩，《臺灣文化志（中譯本）下卷》，頁274。《臺灣文化志》於日本昭和三年（1928），東京刀江書院印行：四十年，刀江書院重印出版。《稗海紀遊》記載：「蓋淡火者臺灣西北隅盡處也。高山嵯峨。俯瞰大海。與閩之福州府閩安鎮。東西相望。隔海遙峙。計水程七八更。山下臨江陷陷。爲淡水城。亦前紅毛爲守港口設者。鄭氏既有臺灣。以淡水近內地。仍設重兵戍守。」由清初郁永河的記載可推知，鄭氏領臺時派兵戍守的淡水，很有可能與荷西時期相去不遠，仍是以淡水河系所及的臺北盆地和淡水河口爲主。

〔註45〕「金包里」一名係爲凱達格蘭 Kimauri 社的音譯，稱爲基巴里或金包里，在西荷時期範圍約自石門洞到萬里一帶。清朝中葉始設「金包里堡」。

〔註46〕永曆二十八年（1674）鄭經部將何佑，奉令將降清洪承疇之姪洪士昌、洪士恩和明朝癸未翰林泉州晉江人楊明琅，及其家眷二百餘口，放逐於雞籠、淡水兩城。

往南也不逾越今高雄縣界，且據曹永和先生推測，當時的淡水與基隆是被用作流放罪人之處，北臺灣在明鄭時期顯然並未繼續開拓。〔註47〕

（三）清領初期（康熙、雍正及乾隆時期）

1683年（康熙二十二年），施琅率軍攻下臺灣，鄭克塽投降，正式納入清朝版圖，設府一縣三：臺灣府隸屬於福建省，下統臺灣、鳳山、諸羅三縣，北臺灣皆在諸羅縣範圍之內，相較荷西時期對北臺的駐軍、屯墾與貿易，明鄭時期的北臺灣僅用以防汛備戰與屯糧之用，二十一年來未深入經營，開發甚少，臺灣首任總兵楊文魁在〈臺灣紀略碑文〉即言：

> 雞籠、淡水，迺臺郡北隅要區，緣窵隔郡治千有餘里，夏秋水漲，陸路難通：冬春風厲，舟航莫及，兼之其地有番無民，虞輓運之維艱。〔註48〕

清廷初轄臺灣，東南海洋面已經平靜，爲期開海貿易，清廷解除海禁，未限制移民入臺。清初治臺官守甚至鼓勵移民臺灣，移民入臺逐漸形成風氣。〈番境補遺〉云：

> 哆囉滿產金，淘沙出之，與瓜子金相似。土番鎔成條，藏巨竹中，客至每開竹自炫，然不知所用。近歲始有攜至雞籠、淡水易布者。〔註49〕

> 當康熙時，彰化、淡水未曾設官，政令巡防，北至斗六門而止，或至半線牛罵頭，要不越諸羅轄內二百餘里之地。自半線以北，至於雞籠，七八百里悉荒棄之，亦委於番。〔註50〕

據郁永河與謝金鑾所記，淡水在康熙中葉即十七世紀末年，仍少開闢，惟已有漢人在此從事漁耕，也有簡單貿易。康熙四十九年至五十七年（1710～

〔註47〕此推測源自於《臺灣通史》卷三十一列傳三記載：『連橫曰：今之臺北，古之所謂荒土也，鄭氏以投罪人。』曹永和先生所指之淡水應爲現今大臺北縣市地區之泛稱。曹永和，《臺灣早期歷史研究》，頁282；宋增璋，《臺灣撫墾志》，1980年，頁43～47。

〔註48〕楊文魁，〈臺灣紀略碑文〉，見〔清〕高拱乾，《臺灣府志》，南投：臺灣省文獻委員會，1993年，頁265～267。高拱乾《臺灣府志》刊行於康熙三十五年（1696）。

〔註49〕郁永河，《裨海紀遊》，頁30。（書中記錄郁永河康熙三十六年，1697年來臺所見）

〔註50〕謝金鑾，〈蛤仔難紀略〉，收入丁曰健編，《治臺必告錄》，頁95。《治臺必告錄》約成書於同治六年，1867年。

1718）陳璸任臺廈道和福建巡撫的時代，是臺灣拓墾工作進行得如火如荼的時代，也正是漢人在臺北平原進行有組織、有規模的拓墾工作全面展開的時代〔註51〕。現今所知文獻紀錄中，最早的北臺拓墾文件——陳賴章墾號請得的〈大佳臘墾荒告示〉也正是出現在此時（康熙四十八年，1709）：

> 臺灣府鳳山縣正堂紀錄八次署諸羅縣事宋，爲懇給單示以便墾荒裕課事、據陳賴章稟稱，竊照，臺灣荒地現奉
>
> 憲行勸墾，章查上淡水大佳臘地方，有荒埔壹所，東至雷厘、秀朗，西至八里分、干脰外，南至興直山腳內，此至大浪泵溝，四至竝無妨礙民番地界，現在招佃開墾，合情稟叩金批給單示，以便報墾陞科等情，業經批准行查票著該社社商通事土官查勘確覆去後，兹據社商楊永祚、夥長許聰、林周、土官尾怢斗謹等覆稱：祚等遵依會同夥長土官，踏勘陳賴章所請四至內高下不等，約開有田園五十餘甲，並無妨礙。合就據實具覆各等情到縣，據此，合給單示付墾。爲此示給墾戶陳賴章，即便招佃前往上淡水大佳臘地方，照四至內開荒墾耕，報課陞科，不許社棍閒雜人等騷擾混爭。如有此等故違，許該墾戶指名具稟赴縣，以憑拿就。該墾戶務須力行募佃開墾，毋得開多報少，致干未便，各宜凜遵毋忽！特示。
>
> 康熙肆拾捌年柒月　　日給　　發淡水社大佳臘地方張掛〔註52〕

大加臘墾荒告示的「東界」爲永和市的新店溪段，「北界」爲臺北市大同區的大浪泵溝。「西界」的「八里分干豆外」，即今淡水、八里一帶。「南至興直山腳內」，興直山腳，是指原八里坌堡境內今泰山鄉的山腳庄，不包括三重與新莊。雖然在清代的「大加臘堡」行政區包括的範圍相當廣，但這是臺灣舊地名慣習中，以一小塊地方指大範圍之例子。故清代的「大加臘」是指一特定的地點，也就是指今天大同區、萬華區一帶〔註53〕。目前現存最早墾荒告示，是由尹章義先生民國六十九年，撰述〈新莊志〉從事田野蒐羅而得，他稱之爲〈張廣福文件〉，編號爲〈1-A1-1〉的一份合約：

〔註51〕尹章義，〈臺北平原拓墾史研究〉，頁34～35、57。

〔註52〕臺灣銀行經濟研究室編，《清代臺灣大租調查書第一冊》，臺北：臺灣銀行，1963年，頁2～3。告示文中標點與文字考據、校正，以尹章義，〈臺北平原拓墾史研究〉，頁58、76爲依據。

〔註53〕參見：薛化元、翁佳音編纂，《萬里鄉志》，頁29。「以一小塊地方指大範圍」之說是引自翁佳音《大臺北古地圖考釋》，第三章，2006年。

同立合約戴岐伯、陳逢春、賴永和、陳天章，因請墾上淡水大佳臘
地方荒埔壹所：東至雷匣、秀朗，西至八里坌、干脰外，南至興直
山腳內，北至大浪泵溝，立陳賴章名字。又請墾淡水港荒埔壹所：
東至干豆口，西至長頸溪南，南至山，北至滬尾，立陳國起名字。
又請墾北路蘇少翁社東勢荒埔壹所：東至大山、西至港、南至大浪
泵溝，北至蘇少翁溪，立戴天樞名字。以上參宗草地，俱於本年柒
月內請給墾單參紙，告示三道，茲相商既已通同請墾，應共合夥招
耕，議作五股公業實爲友五人起見，而千斯倉萬斯箱爲吉兆矣。則
凡募佃以及創置農器等項，照股勻出，所謂通力合作。至于收成粟
石納科之外，又當計得均分，毋容紊亂，一有涉私以及遇事推諉不
共相爲力者則擯而逐之，各無後悔。總以同心協力共享美舉、相期
永遠于無替耳。所有墾單告示陸紙，各收壹紙，開列于後，今欲有
憑，公立合約、各執爲炤。

今開

　　戴岐伯收蘇少翁墾單壹紙

　　陳憲伯收上淡水港南墾單壹紙告示壹紙

　　陳逢春收大佳臘告示壹紙

　　陳天章收大佳臘墾單壹紙

　　賴永和收蘇少翁告示壹紙

康熙肆拾捌年拾壹月　　日　　　　　　同立合約陳逢春

　　　　　　　　　　　　　　　　　　　　　　賴永和

　　　　　　　　　　　　　　　　　　　　　　陳憲伯

　　　　　　　　　　　　　　　　　　　　　　戴天樞〔註54〕

由此份文件可知一、〈大佳臘墾荒告示〉是可信的，爲此合約中所著錄的六份
文件之一；二、康熙四十八年（1079）七月有三宗或三宗以上的請墾案，而
這三宗請墾案原來可能造成激烈競爭，衡量情勢後決定合夥〔註55〕；三、在
康熙四十八年時的臺北，已有不少漢人劃地耕墾。

　　康熙五十一年（1712年）開始，爲管制社會秩序而擬定嚴禁私渡臺灣的
各項辦法，至乾隆五十一年（1786年），在不到七十年的時間內，全臺人口仍

〔註54〕尹章義，〈臺北平原拓墾史研究〉，頁61～62。

〔註55〕尹章義，〈臺北平原拓墾史研究〉，頁63。

增至百萬人之多。

> 閩、廣之梯航日眾，綜稽簿籍，每歲以十數萬計 〔註56〕

> 國家初設郡縣，管轄不過百里，距今未四十年，而開墾流移之眾，
> 延袤二千餘里，糖穀之利甲天下。過此再四、五十年，連內山山後
> 野番不到之境，皆將為良田美宅，萬萬不可遏抑。……今北至淡水、
> 雞籠，南盡沙馬磯頭，皆欣然樂郊，爭趨若鶩，雖欲限之，惡得而
> 限之。〔註57〕

在這批移民開墾浪潮之中，今淡水在乾隆五年（1740年）年即有街庄的成立，
包含滬尾、八里坌仔、竿蓁林、大屯，至於今淡水以北的三芝、石門、金山、
萬里、基隆、瑞芳、貢寮，此時尚未有街庄之設立，要到同治十年（1871年）
陳培桂纂輯的《淡水廳志》時，這些地區才有街庄成立的記載，這也說明三
芝、石門一帶其大規模拓墾是在這中間一百年間進行的。〔註58〕

第二節　十七至十八世紀臺灣稅制的形成

臺灣的稅制因歷史背景與大陸殊異，加以地理位置之遠隔，臺灣稅課
與內地不盡相同，稅課約可粗分為田賦、丁賦與雜賦三項〔註59〕，下文討論
重點將著重於清代番漢地契，故先概述田賦以及與番政相關之賦稅，暫不
論及丁賦與雜賦。明鄭至清初的田賦與「包社之法」〔註60〕大體都是沿用荷
蘭治臺時期所訂下的制度，而臺灣特殊的稅制慣習也影響了清代的理番政
策。

（一）荷、西治臺時期（1624～1662）

荷蘭人的土地制度被稱為王田制，先將土地所有權歸為荷蘭聯合東印度

〔註56〕 周元文，《重修臺灣府志・申請嚴禁偷販米穀詳稿》，卷十藝文志（公移），南
　　　　投：臺灣省文獻委員會，1993年，頁323。本書曾經增補，其問世的時期，
　　　　當在康熙五十七年以後。
〔註57〕 藍鼎元，《東征集》，臺灣銀行經濟研究室編輯，南投：臺灣省文獻委員會，
　　　　1997年。成書於康熙六十一年。
〔註58〕 溫振華，〈清代臺灣淡北地區的拓墾〉，《臺灣風物》第五十五卷第三期，頁16
　　　　～18。
〔註59〕 林洋港、李登輝、邱創煥監修《重修臺灣省通志》卷四經濟志財稅篇，臺中：
　　　　臺灣省文獻委員會，1989年，頁407。
〔註60〕 「包社之法」即贌社制度。郁永河，《裨海紀遊》，頁36。

公司,再轉租借給漢籍移民,向佃農徵收百分之五到百分之十的田租。土地開發方式大致分爲兩類:一爲漢人自行開發番人村社土地,向大員商館繳納地租;二爲大員商館將未開發地區土地,以頒授土地所有權狀的方式,授與漢人或公司職員來開墾,並提供修築陂塘堤圳之費用,以及耕牛、農具、種子等,收取稻米作什一稅。〔註61〕

「贌社」〔註62〕的發端,源起於荷蘭時代的 1644 年,並一直實施到荷蘭人離開臺灣爲止。贌社,荷蘭文爲 Verpachtingender Dorpen 或 Pacht der Formosaense dorpen,中文譯作「村落承包」。大員商館是以標售各式商業活動「獨占經營權」的包稅方式(稅收承包制,即「贌」)課徵間接稅〔註63〕。公司是以「區域」作爲招標單位,商人則於得標後承包該區域所有買賣交易。承包商得以低價的衣料、鹽、鐵鍋及各種玉石雜細,和番社交易市價極高的鹿皮、鹿肉等鹿製品,再將收購到的鹿製品轉賣給公司或自行出口販售,以賺取利潤。大部分地區的原住民只能與特定的承包商交易,而承包商也被嚴格限制在標得村落內從事貿易〔註64〕。承包商與番社之間,因此形成緊密的供需關係〔註65〕,贌社制度的成功也因此種下日後清代通事、社商甚至地方官員剝削番人的遠因。

(二)明鄭時期(1662~1683)

鄭成功入臺時,臺灣人口以土著爲多數,但其耕種技術甚爲落後,其生

〔註61〕 王泰升、薛化元、黃世杰編著,《追尋臺灣法律的足跡:事件百選與法律史研究》,頁 22。韓家寶,《荷蘭時代臺灣的經濟、土地與稅務》,頁 62。

〔註62〕 以番爲主的居住單位一律稱爲「社」,《淡水廳志》:「稱社者,番居也;稱堡者,民居也」,資料見陳培桂,《淡水廳志》,頁 83,《淡水廳志》成書於 1870 年。臺灣北部多爲散居型村落,「社」事實上是數個自然村的集稱。資料見詹素娟、劉益昌,《大臺北都會圈原住民歷史專輯——凱達格蘭調查報告》,頁 114~119。

〔註63〕 韓家寶先生將荷人的稅權分爲四種:一,獨占收購權;二,獨占公司劃定區域內的交易權;三,獨占徵收某些稅項的徵稅權;四,獨占某些天然資源的使用權。見韓家寶,《荷蘭時代臺灣的經濟、土地與稅務》,頁 149~150。

〔註64〕 此制度的成功完全倚賴壟斷的程度,只要贌商可以壟斷生意,出贌就會有賺頭。保證壟斷鄭氏公司利益之所趨,公司遂盡力爲之。首次招贌八個月後,公司官員頒布禁止任何贌商以外的生意人於村落中交易的公告。甚至嚴格懲罰那些未經授權從事交易的漢人。資料轉引自歐陽泰(Tonio Andrade),《福爾摩沙如何變成臺灣府?》,頁 308。

〔註65〕 詹素娟,〈贌社、地域與平埔社群的成立〉,頁 124~125。韓家寶,《荷蘭時代臺灣的經濟、土地與稅務》,頁 155~172。

產對鄭氏軍隊很少補益，故鄭氏一登陸臺灣，就立即令軍兵屯墾：〔註66〕

> （永曆十五年，1661 年，清順治十八年）四月初七日，藩督師移札崑身山，傳諭候令進攻臺灣城。……二十四日，藩以臺灣孤城無援，攻打未免殺傷，圍困俟其自降。<u>隨將各鎮分派汛地屯墾</u>。……五月初二日，藩駕駐臺灣，……行府尹查報田園冊籍，徵納□銀。五月十八日，本藩令諭云：「……本藩已手闢草昧，與爾文武各官及各鎮大小將領官兵家眷□來胥，總必創建田宅等項，以遺子孫。……計但一勞永逸，當以己力經營，不准混侵土民及百姓現耕物業。茲將條款開列於後，咸使遵依。如有違越，法在必究。著戶官刻板頒行。特諭。……各處地方，或田或地，文武官員隨意選擇創置莊屋，盡其力量，永為世業。」〔註67〕

至於鄭氏開土地制度，可見黃叔璥《臺海使槎錄》所引〈諸羅雜識〉：

> 蓋自紅夷至臺，就中土遺民，令其耕田輸租以受種，十畝之地，名為一甲，分別上中下則徵粟，其陂塘堤圳修築之費，耕牛農具籽種，皆紅夷資給，故名王田。亦猶中土之人，受田耕種，而納租於田主之義，非民自世真義，而按畝輸稅也。

> 及鄭氏攻取其地，向之王田皆為官田，耕田之人皆為官佃，輸租之法一如其舊，即偽冊所謂官佃田園也。鄭氏宗黨及文武偽官與士庶之有力者，招佃耕墾，自收其租而納課於官，名曰私田，即偽冊所謂文武官田也。其法亦分上、中、下則。所用官斗，較中土倉斛每斗僅八升。且土性浮鬆，三年後即力薄收少，人多棄其舊業，另耕他地；故三年一丈量，蠲其所棄而增其新墾，以為定法。其餘鎮營之兵，就所駐之地自耕自給，名曰營盤。〔註68〕

可知鄭氏當時的土地可分為三種類型：承接荷蘭時代王田為國有耕地的稱為官田；官員、有力人士招佃開墾的稱為私田；營兵屯田的稱營盤，納租之法與荷蘭時期相同。瞨社制度大致上亦「概依荷蘭舊制」延續下來〔註69〕，但

〔註66〕曹永和，〈鄭氏時代之臺灣墾殖〉，《臺灣早期歷史研究》，頁 262～271。

〔註67〕楊英，《從征實錄》，頁 152。書中記述年代起於 1649（永曆三年）11 月 4 日，終於 1662 年 6 月 23 日；成書年代約在 1664～1666 年（康熙三至五年）之間。

〔註68〕黃叔璥，《臺海使槎錄》卷一，頁 19～20。本書成稿於雍正二年，乾隆元年刊行。

〔註69〕「概依荷蘭舊制」一句，出自於伊能嘉矩著，溫吉譯，《臺灣番政志》，頁

包含現今淡水在內的北臺諸羅三十四社〔註70〕在實行細則上，有所更動：

> 當時定例，於每年五月叫贌，聽人承認，其銀皆歸商人完納。僞冊
> 所云：「贌，則得；不贌則不得」……其法每年五月所叫贌，……年
> 無定額，亦無定商。〔註71〕

由以上說明可知，明鄭諸羅三十四社之贌金仍承襲荷時舊制公開招標，每年
贌金不同，並非定額〔註72〕。下表格 3-1 爲荷治至清初贌金與原住民人口，由
表可看出北部淡水、雞籠是在明鄭時期才新加入的出贌單位。〔註73〕

表格 3-1：荷治至清初贌金與原住民人口

	1655 年贌金（里耳）	1682 年贌金（明鄭銀兩）	1685 年贌金（清銀兩）	1655 年人口（人）	1682 年人口（丁）	1682 年人口（人）
淡水		46.08	22.5792	474	579	1136
雞籠		46.08	22.5792			
清治初期，淡水社包含有北投、麻少翁、武勞灣、大浪泵、擺接、雞柔；雞籠社包含金包裡社。						

1655 年贌金資料來源：中村孝志，〈荷蘭統治下的臺灣內地諸稅〉，頁 281～292、319。
1682 年贌金與丁口數資料來源：范咸，《重修臺灣府志》，頁 287～302。
1685 年贌金資料來源：周鐘瑄，《諸羅縣志》，頁 175。
1655 年人口數資料來源：中村孝志，〈荷蘭時代臺灣番社戶口表〉，頁 11～37。
1682 年人口數資料來源：由〈贌社制度之演變及其影響（1644～1737）〉一文作者，吳聰敏先生自行推估。
表格中空白之處，表示無此年代之相關數據與資料。
此表格整理自吳聰敏，〈贌社制度之演變及其影響（1644～1737）〉，頁 12、14。

51。《臺灣番政志》成書約於 1904 年。翁佳音先生在〈地方會議・贌社與王田——臺灣近代初期史研究筆記〉（一）文中指出，明鄭時期鳳山八社的贌社制，已改爲「丁稅」，其說法源自於蔣毓英，《臺灣府志》：「鳳山之下淡水等八社，不捕禽獸，專以耕種爲務，計丁輸米於官」。

〔註70〕據蔣毓英，《臺灣府志》，1685 年（康熙二十四年），諸羅縣下轄里四、社三十四：蕭壠社、麻豆社、新港社、大武壠社、目加溜灣社、倒咯嘓社、打貓社、諸羅山社、阿里山社、奇冷岸社、大居佛社、他里霧社、猴悶社、沙轆牛罵社、柴裡斗六社、東螺社、西螺社、南北投社、蔴務揀社、崩山社、大傑顛社、新港仔社、竹塹社、南嵌社、雞籠社、上淡水社、蔴芝干社、南社、二林社、馬之遴社、大突社、亞束社、半線大肚社、大武郡牛社。《臺灣府志》約在康熙二十八（1689）年左右刊行。

〔註71〕季麒光，《蓉洲詩文稿選輯・東寧政事集》，頁 155～161。本書刊行於康熙三十三年。

〔註72〕吳聰敏，〈贌社制度之演變及其影響（1644～1737）〉，頁 7。

〔註73〕吳聰敏，〈贌社制度之演變及其影響（1644～1737）〉，頁 13。

第四章　從古書契看北淡地區的開發

　　清朝取代明鄭之後，取消各種王田與官田，將田業轉由民間經營，按畝徵賦，確立私有土地所有權制度。臺灣的墾殖有移民私墾與墾戶招墾兩種形式，私墾是大陸移民們成群結隊，據《戶部則例》「各直省實在可耕墾荒地，無論土著流離，俱准報墾」〔註1〕紛紛來臺自墾，或合夥開墾無主閑曠之地，建立起落腳點，再招引親族同鄉前來佃耕，形成聚落〔註2〕。同時清廷也鼓勵地方官招攬民間「有力之家，視其勢高而進溪澗淡水者，赴縣呈明四至，請給墾單，召佃開墾」〔註3〕，墾戶有些是獨資進行開墾事業，大部分則採合夥股份經營方式，同立墾戶名號，再行招佃開墾〔註4〕。儘管資金來源不一，多數墾戶申請開墾地塊的範圍大都相當遼闊，無法自行開發。其次，官方規定墾戶必須在一定的期限內（一般以三至六年為準）將草埔墾闢成為成熟的田園，否則需放棄開墾的權利。在這些條件的限制下，墾戶通常都會從原鄉召請親友和鄰近村莊農戶前來充當佃農，並簽訂租佃生產交換關係。這些租佃契約，民間稱為「贌耕字」、「墾批字」或「佃批」〔註5〕，除此之外，墾戶們的「開墾執照」、「墾號合約」、「番墾字」和其他土地權移轉文件都是研究拓墾史的重要史料。〔註6〕

〔註1〕承啓等纂，《欽定戶部則例》。
〔註2〕楊國楨，《明清土地契約文書研究》（修訂版），頁243。
〔註3〕尹秦，〈臺灣田糧利弊疏〉（雍正五年），《淡水廳志》卷十五，頁372。
〔註4〕陳秋坤，《清代臺灣土著地權：官僚、漢佃與岸裡社人的土地變遷（1700～1895）》，頁3～4。
〔註5〕陳秋坤，《臺灣古書契（1717～1906）》，頁10。
〔註6〕尹章義，〈臺北平原拓墾史研究〉，《臺北文獻》，1981年，頁52。

第一節　從漢番契約看漢人拓墾與熟番地的流失

《清會典事例》：

> 凡民人偷越定界私入臺灣番境者，杖一百；如近番處所偷越深山抽
> 籐、吊鹿、伐木、採樵等項，杖一百、徒三年。〔註7〕

清廷在領臺初期，對移民至臺開拓土地的漢民約束甚嚴，但來臺漢人逐年漸增，漢人拓墾勢需侵占番人土地，清廷雖屢次頒布禁令〔註8〕，但仍然無法遏阻侵墾番地〔註9〕。在探討清代漢人移墾情形之前，需先對北淡地區各個平埔族地權領域有所了解，再究察此區番漢契約裡，各部落地權的流失與轉移。

一、北淡地區凱達格蘭族各社位置與分布

　　日據之前，平埔族缺乏有系統的分類，清代文獻中僅有黃叔璥在《臺海使槎錄・北路諸羅番》第十篇裡，將北臺灣的凱達格蘭族做了較明確的分類：

> 南嵌、坑仔、霄里、龜崙、澹水、內北投、麻少翁、武嘮灣、大浪泵、擺接、雞柔、大雞籠、山朝、金包裏、蛤仔難、哆囉滿、八里分、外北投、大屯、里末、峰仔嶼、雷裏、八芝連、大加臘、木喜巴壠、奇武辛、秀朗、里族、答答攸、麻里即吼、奇里岸、眩眩、小雞籠。〔註10〕

以上共三十三社。1859年日人據臺後，日本學者們將北部平埔族群通稱為「凱達格蘭族」，其中伊能嘉矩於1895～1903年在全臺進行民族誌調查，1896年7～10月進行平埔族的實地勘察後，將北臺灣平埔族記錄為十九社：三貂社、金包里社、小雞籠社、圭北屯社（圭柔山社、外北投社、大屯社的合併）、八

〔註 7〕〔清〕崑岡等奉敕撰，《欽定大清會典事例（光緒朝）》第十九冊，卷七七五，刑部兵律關津，私出外境及違境下海，清光緒二十五年（1899）內府石印本，新文豐出版公司影印，1976年，頁833上b。

〔註 8〕清代在康熙六十一年（1772）、雍正七年（1729）、乾隆四年（1739）、乾隆十一年（1746）、乾隆十七年（1752），皆有頒發劃分漢番界線命令。

〔註 9〕王雲洲，《清代臺灣北路理番同知研究（1766～1888）》，國立政治大學歷史研究所碩士論文，2003年，頁20、29。

〔註10〕〔清〕黃叔璥，《臺海使槎錄・北路諸羅番》，臺北：臺灣銀行經濟研究室，1996年。本書成書時間：雍正二年。

里坌社、房仔嶼社、武勝灣社、擺接社、雷朗社（秀朗、雷里社的合併）、挖仔社（秀朗社）、毛少翁社、（內）北投社、南嵌社、龜崙社、大雞籠社、里族社、錫口社、搭搭攸社、圭泵社（圭母卒社、大浪泵社的合併）〔註 11〕。各社位置請見圖表 4-1；與本論文較相關淡水河流域各平埔社，對照今日地圖後，詳細地點標明與說明請見圖表 4-2。

　　為更進一步釐清凱達格蘭各社對照現今行政區域的位置，本文試著將十七世紀以來方志的記載，以及多位學者的紀錄、研究與調查羅列比對，試著找出北淡各個凱達格蘭社舊社的社名與社址，其將作為下一段北淡各區古文書之分類討論之依據。（下列表格 4-1 中空白處，表示無此年代之相關資料）

圖表 4-1：舊淡水縣平埔蕃十九社分布地圖〔註 12〕

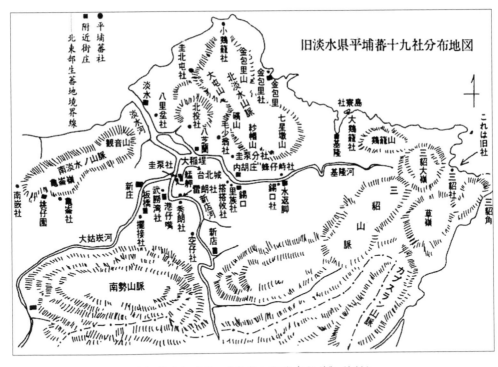

（伊能嘉矩手稿，《東京人類學會雜誌》製制）

〔註 11〕伊能嘉矩著、楊南郡譯註，《平埔族調查旅行》，臺北：遠流出版，1996 年，頁 116～118。

〔註 12〕圖片出自伊能嘉矩著、楊南郡譯註，《平埔族調查旅行》，臺北：遠流出版，1996 年，頁 69。地圖原件存於臺灣大學圖書館伊能文庫，編號：M049；登錄號：160744；索書號：（原編號：T549.5）。

圖表 4-2：凱達格蘭各社分布圖〔註13〕

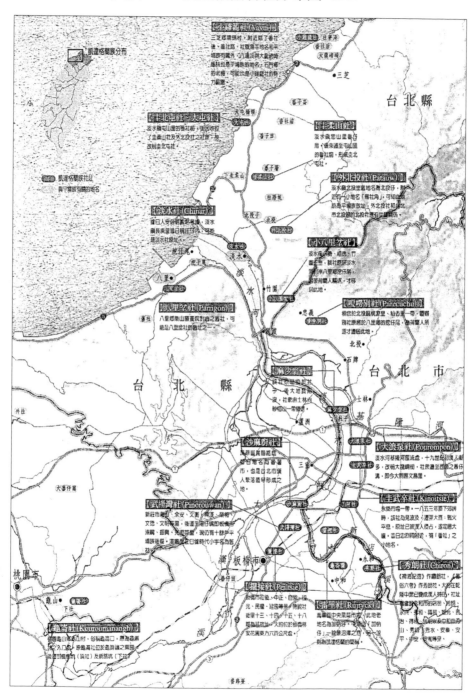

表格 4-1：北淡凱達格蘭族舊社社名紀錄 [註14]

資料來源與時間＼村落名	康熙三十三年（1694）高拱乾《臺灣府志》	康熙三十六年（1697）郁永河《裨海紀遊》	康熙五十六年（1717）周鍾瑄、陳夢林《諸羅縣志》	康熙五十九年（1720）陳文達《臺灣縣志》	雍正二年（1724）黃叔璥《臺海使槎錄》	乾隆二十九年（1745）余文儀《續修臺灣府志》	同治十年（1871）陳培桂《淡水廳志》	中村孝志〈荷蘭時代的臺灣番社戶口表〉（1644～1656）
（外）北投社	外北投社	外北投社		外北投社	外北投社	外北投社	外北投社	Kipatou Kipatouw
淡水社		淡水社	上淡水社		澹水社			
大屯社／大洞山社／圭北屯社		大洞山社		圭北屯社	大屯社			
雞柔社／林子社／圭柔社	雞柔社	雞洲山社	雞柔社	雞柔社	雞柔社	雞柔社	雞柔社	Chinar Chinaer Senaer Chettaer Cginaar
小雞籠社		小雞籠社		小雞籠社	小雞籠社			Caeherlack
金包里社	金包裏社	金包里社	金包裡社	金包裏社	金包裡社	金包裏社	金包裏社	Cajpary Tappare Tapparij
八里坌社		八里分社		八里坌社	八里分社	八里坌社	八里坌社	Parrigon Parigon

〔註14〕 表格參考資料：
中村孝志，〈荷蘭時代的臺灣番社戶口表〉，收於中村孝志著，吳密察、翁佳音、許賢瑤編，《荷蘭時代臺灣史研究下卷社會‧文化》，1997 年。原文發表於 1993 年 11 月《南方文化》第二十期，此處拼音學者們尚有爭議，未成定案，此文暫保留此拼音供研究者參考。
高拱乾《臺灣府志》，成書於 1694 年，臺灣銀行經濟研究室 1993 年出版。
郁永河《裨海紀遊》，成書於 1697 年，臺灣銀行經濟研究室 1959 年出版。
周鍾瑄、陳夢林《諸羅縣志》，成書於 1717 年，臺灣銀行經濟研究室 1958 年出版。
陳文達《臺灣縣志》，成書於 1720 年，臺灣銀行經濟研究室 1958 年出版。
黃叔璥《臺海使槎錄》，成書於 1724 年，臺灣銀行經濟研究室 1996 年出版。
余文儀《續修臺灣府志》，成書於 1760～1764 年，臺灣銀行經濟研究室 1993 年出版。
陳培桂《淡水廳志》，成書於 1870 年，臺灣銀行經濟研究室 1993 年出版。
詹素娟、張素玢撰稿，《臺灣原住民史‧平埔族史篇（北）：北臺灣平埔族群史》，臺灣省文獻委員會，2001 年出版。

　　表格 4-1 裡未收入劉良璧所纂《重修福建臺灣府志》〔註 15〕，以及范咸所撰《重修臺灣府志》〔註 16〕，因二本中所記載北淡地區舊社社名，與黃叔璥《臺海使槎錄》差異不大，僅有二處稍有更動：一、劉志中將滬水社更名爲淡水社，二、范志中未記錄八里坌社，故二書未列於表格中。在表格 4-1 裡可觀察出，在十八世紀中葉余文儀所修纂《續修臺灣府志》開始，淡水社、圭北屯社與小雞籠社就未列入官方記載，表示此三社所在之處，可能是在十八世紀中期漢人的人口數開始超越該區的土番，並逐步建立以漢人爲主的街庄。

表格 4-2：北淡凱達格蘭族舊社社址位置 〔註 17〕

資料來源與時間＼村落名	伊能嘉矩（1896～1898）	安倍明義（1938）	盛清沂（1960）	洪敏麟（1984）	潘英海（1995）	翁佳音（1998）	溫振華（2005）
（外）北投社	在伊考察時，北投社已不存在，伊推測北投社過去是位在淡水港口（現位置在滬尾街西北的北投仔庄）	淡水郡淡水街北投子	淡水鎮北投里	淡水鎮北投里	臺北縣淡水鎮北投里	淡水鎮北投里	淡水鎮北投里至坪頂一帶

〔註 15〕〔清〕劉良璧，《《重修福建臺灣府志》》，成書時間於 1740～1741 年，臺灣銀行經濟研究室 1961 年出版。

〔註 16〕〔清〕范咸，《重修臺灣府志》，成書時間於 1744～1746 年，臺灣銀行經濟研究室 1961 年出版。

〔註 17〕表格參考資料：

伊能嘉矩，〈清領以前的臺北地方〉，《臺灣慣習記事》第六卷第七期，1906 年，頁 22（伊能嘉矩來臺踏查時間爲 1896～1898）。伊能嘉矩著、楊南郡譯註，《平埔族調查旅行》，臺北：遠流出版，1996 年。

安倍明義，《臺灣地名研究》，蕃語研究會，昭和十三年（1938）出版。

盛清沂，〈開闢志〉，《臺北縣志》，臺北縣文獻委員會，1960 年出版。

洪敏麟，《臺灣地名沿革》，臺灣省政府新聞處，1984 年出版。

潘英海，《平埔研究論文集》，中研院，1995 年出版。

翁佳音，《大臺北古地圖考釋》，北縣文化，1998 年出版。

溫振華，〈清代臺灣淡北地區的拓墾〉，《臺灣風物》第五十五卷第三期，2005 年 9 月，頁 15～41。

劉還月等著，《尋訪凱達格蘭族：凱達格蘭族的文化與現況》，北縣文化，1998 年出版。

詹素娟、張素玢撰稿，《臺灣原住民史·平埔族史篇（北）：北臺灣平埔族群史》，臺灣省文獻委員會，2001 年出版。

淡水社					淡水鎮中心地帶	淡水圭柔山以南至淡水河
大屯社／大洞山社／圭北屯社	大屯山下的大屯社	淡水郡淡水街大屯山西麓的大屯番社前	淡水鎮屯山里	今淡水屯山里，位於大屯火山群西麓，西距臺灣海峽約 850 公尺的大屯溪下游南方，海拔約 60 至 80 公尺間。大屯社因容納從雞柔山、北投仔遷來的人，故改稱「圭北屯社」	臺北縣淡水鎮屯山里	位於貴仔坑溪、高厝坑溪間的淡水竹圍及其附近之地區	淡水屯山里往東至山
雞柔社／林子社／圭柔社	滬尾街北方的雞柔山庄附近（現位置與大屯社合併）	淡水郡淡水街圭柔山	淡水鎮忠山里	淡水鎮義山、忠山二里，位於大屯火山群西麓，海拔約 10～160 公尺的緩坡斜面上	臺北縣淡水鎮忠山里、義山里	淡水公司田溪左側之林子地區	淡水屯山里以南至圭柔山一帶
小雞籠社	位於淡水的北方五日里處的海岸	淡水郡三芝庄小基隆	三芝鄉八賢村	臺北縣三芝鄉八賢、埔頭、古庄、新庄、埔坪、茂長、大坑、橫山各村及二坪村之一部分	臺北縣三芝鄉	三芝鄉舊地名錫板一帶，即今海尾、小坑二村	三芝阿里磅以西至八連溪
金包里社	金包里街附近（現在的位置在金包里街外的社寮庄和沙崙庄）	原址在金山附近的社寮及沙崙地區，即基隆郡金山庄下中股字社寮一帶	金山鄉磺港村	原社址為舊地名社寮、沙崙地方，即金山鄉豐漁村之部分地區	臺北縣金山鄉三和村	原社址在基隆市仁愛區一帶	萬里、金山、三芝部分（阿里磅以東）
小八里坌社		淡水郡八里庄八里坌。由八里坌遷至淡水郡淡水街小八里坌仔	淡水鎮竹圍里	八里鄉龍源、米倉、大崁等村。地當觀音山東北山麓，淡水河口南岸。今八里鄉坪頭、頂罟、舊城、汎塘、荖阡等村	臺北縣淡水鎮竹圍里、八勢里		淡水竹圍

各個社址皆有可能因時代演變而遷徙或消失，故此處所羅列社址為可能的位置並非絕對。上列表格中空白處，表示無此年代之相關資料。

　　表格 4-2 裡未列入張耀錡所編《平埔族社名對照表》〔註18〕，以及臺灣常民文化學會於 1996 年的調查結果，因《平埔族社名對照表》支持安倍明義《臺灣地名研究》書中的的記載，故二書在記載北淡凱達格蘭族舊社社址的部分，完全相同，故不增列於表中；臺灣常民文化學會由劉還月、黃提銘、李順仁

〔註18〕張耀錡，《平埔族社名對照表》，臺灣省文獻委員會 1951 年出版。

所整理的結果〔註 19〕，主要仍延續潘英海《平埔研究論文集》的說法，並將各社可能所在位置範圍擴大，與前人研究推論並無二致，故亦無羅列於表中。表4-2 中所在地區為該社清朝時於北淡區（對照今日地名）的所在地，下文將先由各番社原住民與漢人互動開始談起。

二、小雞籠社、圭柔社與圭北屯社的發展

在早期西班牙人佔領臺灣北部時，為了便於統治及擴大勢力範圍，曾於1629 年開闢了一條淡水與基隆間的陸路交通，途中經過基馬里（Kimari）〔註 20〕、金包里〔註 21〕外，在淡水與金包里間有三、四個小型土著村落，分散於平地與多山的區域，附近茂林蒼鬱，道路險阻。這幾個土著村落很有可能就是小雞籠社族群，但到了荷蘭占領時期，卻沒有對小雞籠社更進一步的記載〔註 22〕，請見圖表 3-1 及圖表 3-3 淡水河口左方，僅有山脈、海岬與溪流，沒有特別標示任何聚落。但據翁佳音對「淡水與其附近村社暨基隆島略圖」（即圖表 3-1）的考訂可知，清代文獻中所指「圭柔社」與「小雞籠社」都是同一個族群系統〔註 23〕，故下文便將小雞籠社／圭柔社／小圭籠社一併混合討論。圭柔社發展至乾隆三十二年後，便無獨立契約存在，嘉慶十年時，尚有出現圭柔社與北投社共同具名訂定的契約，但從嘉慶十年後至明治三十五年契書中，圭柔社皆與北投、大屯合稱為圭北屯社註記於各式文書中，是故由圭柔社轉化成的圭北屯社亦納入此段討論中。《裨海紀遊》文記載：

> 各社土官悉至：曰八里分、麻少翁、內北頭、外北頭、雞洲山、大洞山、小雞籠、大雞籠、金包里、南港、瓦烈、擺折、里末、武溜灣、雷里、荖厘、繡朗、巴琅泵、奇武卒、答答攸、里族、房仔嶼、麻里折口等二十三社，皆淡水總社統之。

這是小雞籠社一詞最早見於文獻上的記載，乾隆二十一至二十四年間（1756

〔註 19〕劉還月等著，《尋訪凱達格蘭族：凱達格蘭族的文化與現況》，北縣文化，1998年出版，頁 95～103。

〔註 20〕基馬里即今日基隆七堵的馬陵坑地區。

〔註 21〕荷西時期的金包里是用以指稱大範圍的地名，大約包含今日臺北縣金山鄉、萬里鄉，與基隆地區（不含基隆和平島）。

〔註 22〕劉還月等著，《尋訪凱達格蘭族：凱達格蘭族的文化與現況》，北縣文化，1998年，頁 149。

〔註 23〕翁佳音《大臺北古地圖考釋》，2006 年，頁 86～87。

～1759）繪製的《乾隆輿圖》中就有明確標出其所在位置，請見圖表 4-3。

圖表 4-3：乾隆輿圖（部分）

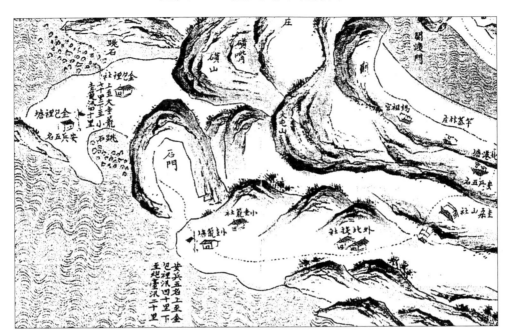

　　目前所見與北淡相關最早的古文書是雍正十三年（1735）圭柔社的賣地
契：

契約編號：1735-08-00

立賣契人圭柔社土官達傑、著加萬、貓勞眉、加里嗼，番眾龜劉、
打里媽、其柬罕、大頭萬等。緣本社界內有荒地一所，土名大屯仔
山腳。東至雞柔山腳，西至海，南至滬尾與施茂交界，北至小圭籠
八連溪為界，四至界限明白。乃係得無礙荒埔，番眾耕作不及。今
因本社乏艮（筆者案：應為「銀」）完餉，眾番公議，願此埔地一所，
托中引賣與王啓林、廖楊世。即日收過價銀貳拾兩番廣，其地有高
崙之處，併舊水圳，係番修理耕種營業，其餘平埔山坑，照依四至
界址公同踏明，聽銀主前去招佃墾耕，立戶報課，永為己業。每年
議貼納本社餉銀貳拾兩番廣。此係兩願，日後社番不敢言貼言贖；
今欲有憑，立賣契。為照。

即日收過契內銀貳拾兩番廣，存照。

合契　貳照

代筆人吳昭　　知見人通事林合　　爲中人何恩

雍正十三年八月

日立賣契人　達傑、著加萬、貓勞眉、加里口奚番眾　龜劉、打里媽、其束罕、大頭萬〔註24〕

契約書裡，將小圭籠與八連溪合併連稱，說明三芝鄉的八連溪與小雞籠社有相當的關係。王啓林和廖楊世是早期進入三芝開墾的漢人之一，所開墾的土地「東至雞柔山腳，西至海，南至滬尾與施茂交界，北至小圭籠八連溪爲界」此範圍廣闊橫跨現今淡水北邊與三芝鄉南邊大片的區域〔註25〕，因沒有其他更進一步的資料可以確定，爲何圭柔社是否眞因爲無礙荒埔、番眾耕作不及，以及乏銀完餉而將此地賣出，可以確定的是三芝鄉境內八連溪以西的土地除了「其地有高崙之地處，併舊水圳，係番修理耕種營業」屬於圭柔社已開墾之外，「其餘平埔山坑」都是屬於圭柔社賣給王啓林和廖楊世的土地。八連溪源自大屯山系，位在今日三芝鄉境內，至今仍延用此名稱亦爲農業灌溉用的重要溪流，所在位置請見圖表4-4。墾耕滬尾地區的「施茂」墾戶，由以下給佃批〔註26〕中可知其更進一步的訊息：

特授臺灣北路淡防分府、加三級紀錄五次宋，爲給發佃批事。照得
長道坑（筆者案：今日八里鄉長坑村）、滬尾、八里坌等莊田園，係
監生郭宗嘏自置，施茂戶郭林莊業。乾隆三十四年十二月內，據該
生赴前道憲蔣呈請，願將自己田園內除出一百零一甲一分八釐零、
園四甲三分，共徵租六百二十石，內番租二十石，餘租穀六百石留
爲自己養瞻外，所有長道坑、八里坌等莊計田一百六十一甲六分零，
計園二十九甲二分，每甲田徵租六石，每甲園徵租三石，共徵租穀
一千五十七石二斗九升九合六勺，悉充學租，業經檄飭，詳蒙各憲
批在案。所有各佃承耕田園，合行給發佃批。爲此，批仰該佃戶陳

〔註24〕平山勳《臺灣社會經濟史全集》第六輯，臺北：臺灣經濟史學會，1934年，頁95。

〔註25〕劉還月等著，《尋訪凱達格蘭族：凱達格蘭族的文化與現況》，北縣文化，1998年，頁164。

〔註26〕給佃批即給出田園、埔地或地基的契字，大多發生在大租權，在此是給出田園。岡松參太郎著，陳金田譯，《臨時臺灣舊慣調查會第一部調查第三回報告書臺灣私法》，南投：臺灣省文獻委員會，1990年，頁105。

圖表 4-4：淡水、三芝地區日治時期五萬分一〔註27〕

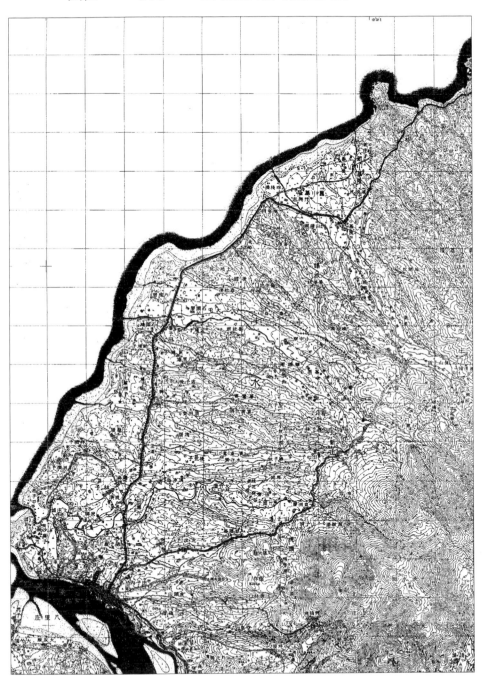

〔註27〕 地圖資料來源：大日本帝國陸地測量部，《日治時期五萬分一臺灣地形圖新解》，臺北縣汐止市：上河文化，2007 年，頁 1。

－75－

闆名下承耕旱園六分三釐三毛三絲二忽,每年應納穀□□石九斗□
升,限六月早季全完,赴倉投納,務須乾圓淨潔,重風搧過,不得
瘟濕不堪之穀濕有交收。仍須按期投納,領單執憑;如有延欠,除
照數比追外,另行起佃招耕,各宜凜遵,特此給照。

右批給佃戶陳闆准此。〔註28〕

由書契中的敘述可知「施茂」是郭宗嘏與林姓的墾號,郭宗嘏是郭光天〔註29〕
的第四子,主要開墾八里、淡水、五股、新莊一帶農地,他捐出今八里鄉大
量田租充作學租,「學」指的是乾隆年間初建在興直堡新莊山腳的明志書院,
在《新竹縣志初稿》卷三〈學校志・明志書院租息〉中亦有相關記載:

乾隆三十四年,監生郭宗嘏復捐長道坑、八里坌二處水田一百六十
一甲六分一釐六毫六絲,應徵租穀九百六十九石六斗九升六合;園
二十九甲二分,應徵租穀八十七石六斗。統計田、園一百九十甲零
八分一釐六毫六絲,共徵租穀一千零五十七石二斗九升六合。三十
五年冊報:除開銷六百四十二石七斗九升外,存穀四百一十四石五
斗、又銀八分一釐。四十八年,馬鳴鑣牒將郭宗嘏捐額年應收實穀
四百一十石零,亦爲膏伙。〔此項捐穀〕,初議充建學宮經費;因設
學未成,同知宋學灝請將租穀積貯廳庫。四十三年,成履泰撥出積
穀變價開銷,移建書院經費。〔註30〕

由上述記載可知施茂至乾隆中葉是八里、淡水一帶田業雄厚的墾戶,其在滬
尾的墾地僅知位在淡水河以北,更確切的位置將藉由以下相關契書(契約編
號:1879-11-00)推知。

契約編號:1879-11-00

立出典庄業大租契人楊千記即楊邱氏,仝男廷彬。緣氏等係屬第三
房,有應份承祖仰峰名字,與林紹賢合置郭龍圖、宗嘏等,坌滬庄
業大租壹仟餘石,每年向佃收納編號爲林賢峰圖記印蓋完單,溯厥

〔註28〕 臺灣銀行經濟研究室編,《臺灣私法物權編第八冊》,臺北:臺灣銀行,1963
年,頁 1412～1413。

〔註29〕 郭光天(1680～1749)又名郭光昊,字峻民,號朴齊,福建漳州龍溪縣人,
生有五子,主要開墾大坵園埔地區(今桃園縣大園鄉一帶)。環球郭氏宗譜編
纂委員會,《環球郭氏宗譜》,1981 年。

〔註30〕 〔清〕鄭鵬雲、曾逢辰同輯,《新竹縣志初稿》(臺灣文獻叢刊第六十一種),
臺北:臺灣銀行經濟研究室,1959 年。成書於光緒十九年,1893 年。

舊章：二比輪收，一值連三載，俱早季完清，照管無異。光緒四年四月，氏等房親集議，將仰峰公應得大租額，輪著作七房收管，設立鬮約，載明除抽備完公等項外，每房值年可收平斗大租實谷壹佰壹拾柒石四斗壹升零。本年己卯起，乃係輪收年額，此早季經照鬮約向諸佃戶收納掣單明白。此下兩年可連值接收，氏等因急圖別創乏項，願將此應份第參房額，早冬完大租計八佃，年實收平斗谷壹佰壹拾柒石四斗壹升零，就今算起，概欲出典於人。除問房親等，不承受外，託中引就與林弼益，出首承典。三面議定，依時值與價銀伍佰陸拾大元正，其銀即交氏等全中親收訖。隨將應份名下八佃大租實額平斗谷壹佰壹拾柒石四斗壹升零，概行面對，付承典主弼益記前去掌管，並繳過收租信憑之圖記，任從照份額值年，向佃收納。該佃戶逐名額租列明於後，即可掣給完串，付佃執炤。至於值年開發完公等項，已有抽起輪辦，亦載明在鬮簿內。典限十年為滿，以本年己卯十一月起至己丑十一月止。屆期，聽氏備齊銀項贖回，惟須八月半內，先送定銀陸拾元為準。如屆年乏項取贖，依舊付銀主照應份佃租，收抵利息，不敢異言；並不得取巧遇值收年要贖，非值年不贖。保此庄業大租輪收佃租，委係氏承夫翁遺下應份第三房之額，與別房內外親疏人等無涉；並無重張掛借他家財物，以及來歷不明等弊。如有此等情，氏出首抵當，不勞承典主之事。此實現銀明典，出自誠愿；今欲有憑，合立出典大租契壹紙，並繳鬮約簿壹本，付執為炤。

即日全中親收過，典字內佛銀伍佰陸拾大元足訖，再炤。

批明、此庄業上手郭家，原係抽作贍租，故免帶正供錢糧，此鬮簿內有註明，抽出開費者，乃係社課、緣金、辛工房費等項，合再批炤。

批明、收租信憑之圖記，原係用第六房是記舊刻之章，今是記應份大租，已於前月先行典過弼益館，連圖記繳付收執，可以兼用，氏雖字內有言繳記，實無可繳，合再聲明，炤行。

分滬二庄業主林賢峰即楊是記憑

代筆人　林逢泰

為中人　楊維香

知見人　房親楊錫福　六房楊是記

仝在場人　男廷彬

在見仝收銀人　長媳陳氏、次媳張氏

光緒五年十一月　日立出典庄業大租契人楊千記即楊邱氏　千記

茲將千記應份第三房管下大租佃名逐戶列左：

一、滬尾庄佃戶高德興，年該納大租斗谷參拾參石壹斗四升，應亢四申。

一、滬尾庄佃戶王振幾，年該納大租斗谷參拾四石零參升八合五勺，應亢四申。

一、滬尾庄佃戶蔡質，年該納大租斗谷陸斗，應亢四申。

一、滬尾庄佃戶陳建年，年該納大租斗谷壹石八斗八升，應亢四申。

一、八里坌佃戶李喜然，年該納大租斗谷四石零八升，應加四申。

一、八里坌佃戶林文敏，年該納大租斗谷四石參斗八升六合，應加壹四申。

一、八里坌佃戶柯萬貴，年該納大租斗谷壹石參斗，應加壹四申。

一、八里坌佃戶蕭團圓，年該納大租斗谷貳拾石零五斗六升，應加壹四申。

以上計八佃，共該收大租早谷壹佰零玖石玖斗八升四合五勺。

又該收兩平斗早谷，柒石四斗參升壹合五勺。

統共應收平斗大租早谷壹佰壹拾柒石四斗壹升六合。〔註31〕

由此大租契可知楊千記之祖爲楊仰峰，楊仰峰曾與林紹賢一起合夥買下郭龍圖與郭宗嘏八里淡水一帶田業，爲收租印單之便合名爲林賢峰。儘管大租契中沒有明指出其田業所在地，但林賢峰在滬尾庄的佃戶高德興，在其鬮約〔註32〕中有提及：

契約編號：1840-01-00

仝立鬮約人合成號、成記號、春記號等。蓋聞穎川韓元長，漢末卿佐兄弟共居，七十無猜嫌；濟北氾稚春，晉朝名賢七世同財，家人

〔註31〕高賢治，《大臺北古契字三集》，臺北：臺北市文獻會，2005年，頁 167〜168。

〔註32〕鬮約是分配遺產或家產的合約。

乏怨色。昔人處家庭樂事，於今競相流傳，狗皺休哉！何其盛也。
曩者成等承祖父信記應份分得生記號置買田產、店屋，前已經請族
親等議算，將生記號田產、店屋及內地田園、厝宅經已均分明白。
當日家長、族親議免立鬮約，照三房均分，就契字各管，永爲己業
無異。又應份分得德興號（高德興）置買田業，在八芝蘭林、滬尾、
嘎嘮別、大龜崙等處，尚未照份分管。茲成等將德興號應份所有兄
弟侄商議，生齒日繁，家費增多，欲分去各房自爲生殖，以供口食
動費，各皆許允樂從。爰是，公議族親人等，到處參酌，將德興號
產業契卷，一切作三房均分，禱神抽鬮爲定，各業各管，照字所行，
不敢有厚薄、多寡之差。日後繼長增高，添丁進財，如芝蘭之馨，
松柏之茂，皆吾兄弟分財無猜、和氣生祥所由來也。自此當族親、
場見拈鬮，租額與銀聲相符，各照約內庄名，遺址管收，一定不易，
不得糊混，歷久變換，生端等情。恐口無憑，合將所分段數、石聲
批明於后，倂全立鬮約參紙，各執壹紙，存炤。

計開

一批明、壹鬮合成號分得：八芝蘭林洲尾庄水田壹段，年收小租谷
玖拾陸石陸斗陸升陸合；又，嘎嘮別石頭厝庄水田壹段，年收小租
谷肆拾石，合共壹佰參拾陸石陸斗陸升陸合。

一批明、貳鬮成記號分得：八芝蘭林洲尾庄水田壹段，年收小租谷
肆拾陸石陸斗陸升六合；又，滬尾崁頂庄水田壹段，年收小租谷伍
拾伍石；又，大龜崙庄水田壹段，年收小租谷參拾伍石。合共谷壹
佰參拾陸石陸斗陸升陸合。

一批明、參鬮春記號分得：八芝蘭林洲尾庄水田壹段，年收小租谷
肆拾陸石陸斗陸升陸合；又，滬尾崁頂庄水田壹段，年收小租谷伍
拾伍石；又大龜崙庄水田壹段，年收小租谷參拾伍石。合共壹佰參
拾陸石陸斗陸升陸合。

一批明、大龜崙庄歷年園底銀捌元，公議踏貼成記、春記、與何家
管事費用，不論銀項多寡，係二房支理，要與何家管事調處明白。
大龜崙庄園底銀捌元，永付成記、春記收去均分，與合成號無涉，
不得爭執。

一批明、成記、春記八芝蘭林田契，均交合成號收貯，要用向他取

出。嗄嘮別庄田契連在敏記契內難以分拆，要用向他取出。大龜崙
庄、二龜崙庄契卷相連，繳在廳署，尚未領回。

派字輩　標字輩

因　　兆裕

苗　　江漢

知見高光渺　派井　派狀

在場族長高培比　家長高鍾嗣

代筆　新庄街總理戳記印

道光貳拾年正月　日仝立鬮約人

成記號即神庇等、合成號即標銳等、春記號即三丕等〔註33〕

由鬮書內容可知，高德興所佃墾林賢峰之地在滬尾崁頂庄與大龜崙庄。由下
則賣契可見，林賢峰另一位佃戶所開墾的位置在滬尾沙崙庄，故可約略得知
清代「施茂」在淡水的田業，應至少包含此三庄。崁頂庄、大龜崙庄與沙崙
庄的所在位置詳見圖表 4-5。

圖表 4-5：臺灣堡圖——滬尾（部分）

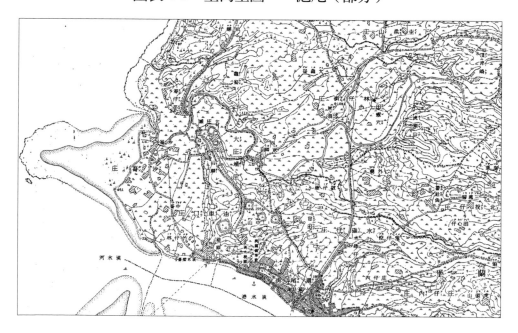

〔註33〕高賢治，《大臺北古契字集》，臺北：臺北市文獻會，2000 年，頁 277～278。

契約編號：1890-11-00

立杜賣盡根永斷絕契字人　張士萬等。有自己明買高奢水田連山埔園一所，址在滬尾沙崙庄，土名八竹篙，原食大圳汴水通流灌溉田內充足，帶水租八斗，業經丈過下則壹甲四分玖厘伍毫陸絲壹忽貳微，年配大租粟捌石貳斗零五合，抽起四分交業主完納錢糧，餘者六分（六成）應納業戶林賢峰。其厝地連埔園一段：東至高開田岸合界，西至水溝合界，南至高開田岸合界，北至高石溪合界。又帶早稻塍田一坵，東西南三面與高開田岸合界，北至本園岸合界。又帶田貳坵連一段：東至石溪田岸直透轉過中路乃毗連、直透浮崙高開田岸合界，西至□路合界，南至陳家田岸合界，北至高石溪田岸合界。又帶田拾貳坵連一段，東至石溪田岸直透路下高開田岸合界，西至陳家園合界，南至陳家田為界，北至石溪園合界；東西南北界址，俱各明白。又帶埤一口，併田蓁、稻埕、菜園、牛路、竹木等件，一切在內。今因乏銀別置，夫妻相議，情願將水田、埔園、盡根變賣；先盡問房親人等，不欲承受，外托中引向與陳承源、陳土成觀兄弟，出首承買。全中三面議定，時值田價銀柒佰捌拾大員正；其銀，即日全中保親收足訖。業盡價敷，遂將水田、埔園踏明界址，交付買主陳承源、陳土成觀，前來掌管，業佃收租納課，永為己業。一賣千休，寸土無留；日後萬及子孫，永不敢言及找洗、貼贖，生端滋事。保此業，係是萬自己明買，與親疏人等無干，並無重張典掛，交加來歷不明為礙。如有此情，萬出首一力抵當，不干買主之事。此係，仁義交關，二比甘愿，各無迫勒；口恐無憑，合立杜賣盡根契字一帋，並繳明買高奢契字一帋，司單連印契一紙，抽出分管約一帋，又上手司單連印契一帋，鬮分約字一紙，翁國珍分管約一帋，丈單一帋，合共捌帋，付執為炤。

即日全中保萬親收過，盡根契字內佛銀七佰八十大元正，足訖批明炤。

再批明、內分字本破腔，外愛字寫濃墨，炤。

代筆人　紀占鰲

為中保　王瑞祥

在場知見　弟張愛、孫張祿　妻林氏　子登木

　　光緒庚寅十六年拾壹月　日立杜賣盡根永斷絕契字人張萬〔註34〕

圭柔社在雍正十三年的契約中，將大片的土地賣給了廖楊世與王啓林，廖楊世與王啓林是墾號而非人名，廖楊世在乾隆五年時，因定居在原鄉，鮮少至臺灣管業，故將股份賣給何氏：

　　契約編號：1740-11-00

　　立賣契人　廖楊世。有前年同王啓林承買得<u>圭柔山社番埔地一所</u>，<u>土名大龜仔</u>。經立番契，投稅司印契請給示單，<u>公立戶名王啓林、廖楊世</u>，報課在案。當日將此埔地議作二股，廖楊世得一股，王啓林得一股，經立合約，照股管業。茲因<u>廖楊世住居內地，難以渡海管業</u>。今願將此庄地應得一股田業，托中引賣<u>與何宅</u>；三面言議，時價銀陸拾兩，其銀即日收訖。隨將廖楊世一股佃業，盡聽自<u>何宅與王啓林合夥管掌</u>，照股收租納糧，永為己業。此係絕賣，日後不敢言找、言贖。保此庄業，並無來歷不明；如有不明，賣主抵當，不干買主之事。今欲有憑，立賣契為炤。

　　茲繳印契壹紙，原合約壹紙。

　　代書　黃啓宿

　　中人　周啓有

　　乾隆五年十一月　日立賣契人　廖楊世〔註35〕

大龜仔在今淡水或三芝鄉內，並無相同的地名，據溫振華的推論，較相似的地名為今淡水埤島里附近的大龜崙〔註36〕，若大龜仔即為大龜崙，則大龜崙很有可能是清代初期圭柔社與漢墾戶的交界處。圭柔社在雍正十三年將「其餘平埔山坑」賣出後，到了乾隆十一年時，將該社「所有現耕零碎之田」也一併賣出：

　　契約編號：1746-10-00

　　立合約人雞柔山社番土目那里氏、柯老，同白番打那淵擺得等，因雞柔山社番差搖繁多，丁餉無徵，是以眾番相議，願將所有現耕零碎之田，盡皆付業戶招墾耕割入庄內，年約再貼社番粟壹百石，以

〔註34〕高賢治，《大臺北古契字二集》，臺北：臺北市文獻會，2002年，頁198。

〔註35〕平山勳《臺灣社會經濟史全集》第六輯，臺北：臺灣經濟史學會，1935年，頁97。

〔註36〕溫振華，〈清代淡水地區平埔族分佈與漢人移墾〉，《淡水學學術研討會：過去、現在、未來論文集》，臺北縣新店市：國史館，1999年，頁29。

爲丁餉，免其勞苦，眾番樂從，日後番等子孫，不敢生端，業戶亦
不得短貼。口恐無憑，立合約，付執存照。

合約：何長興記。

乾隆拾壹年拾月　日立合約人土目那里氏老。〔註37〕

此約有「合約何長興」的戳記，可知此約中的業戶指的是何長興，因何長興
在乾隆五年時已買廖楊世一股之地，故約中才有將零碎之田割入庄內之用
語。這個合約字，使得圭柔社社民原本親耕之田，皆付漢人招佃墾耕，土地
漸漸掌握在漢人手中。或許壹百石僅夠繳納丁餉，而無其他的收入，似有賣斷
之舉，故於一個月後又重訂「賣斷契」，僅多得地價銀十兩，重訂賣地契約後，
圭柔社的土地大概盡由漢人招墾，該社與土地的關係日益疏遠。〔註38〕

契約編號：1746-11-00

立賣斷契雞柔山社番土目那里氏、柯老，同白番打那淵、擺得等，
有本社荒埔壹所，緣先年本社番眾乏銀完餉，憑通事林合，土目達
傑、貓勞眉等公同踏勘四至明白，賣與業戶王啓林、廖楊世報墾，
剩有高低零碎之地，原欲留番自耕，茲因近年差從浩繁，其地那里
氏等耕種不及，且又丁餉無出，會眾公議願將所有高低零碎之地，
賣歸業戶何長興招佃耕作割入庄內收租，議定地價銀壹拾兩正，付
番眾均分。約□□□貼納地租粟壹百石，付那里氏等代完丁餉，此
係公議心願，並無抑勒。即日同中見收過契內銀完定足。荒地聽□
□戶前去掌管，永爲己業。日後那里氏等子孫不得生端言贖、言找，
其言約貼納地租粟石（筆者案：應爲「十石」），業戶亦不得短少升
合，致累拖欠丁餉，今欲有憑，立賣契壹紙，付執存照。

內註番字壹紙批照

中人　陳壽老　代筆　黃達行　淡水等社通事何長興圖記　圭柔山
社圖記乾隆拾壹年拾壹月　日立賣契社番土目　那里氏　柯老

土目　柯老（含手印）　　老大打那（含手印）

土目　那里氏（含手印）　老大擺得（含手印）

〔註37〕平山勳《臺灣社會經濟史全集》第六輯，臺北：臺灣經濟史學會，1935年，
　　　　頁99。

〔註38〕溫振華，〈清代淡水地區平埔族分佈與漢人移墾〉，《淡水學學術研討會：過去、
　　　　現在、未來論文集》，臺北縣新店市：國史館，1999年，頁29～30。

虎必　打那淵　斗扡　巴魯準　龜律子　嘛老縛　沙查　八連　孝
立　堆仔　沙須美　馬蘭　達傑　牌逸　居籬　下且　刪仔呢　貓
老眉　檳榔老　突突〔註39〕

在乾隆十一年後，以圭柔社之名所存之契約書，僅有乾隆三十二年的賣契：

契約編號：1767-03-00

立賣契人王俊榮。有承墾圭柔社土目馬蘭、那里氏、大豆鼓碌等田
園一塊，坐落土名圭柔山社邊東勢。東至何家田，西至社寮邊樹連
小崙腳，南至何家田邊菜園外樹，北至舊圳路，四至明白爲界。今
因乏銀別置，托中引就與何安生出首承買：三面言議，照時價值貳
拾大員正，其銀即日全中收訖。隨將田園照界踏交銀主前去管耕，
永爲己業，年納大租應聽業主抽的。保此田園，果係俊自置物業，
與房親叔兄弟姪無干，亦無掛欠大租，以及來歷交加不明；如有不
明，係田主出頭，一力抵當，不干銀主之事。今恐口無憑，立賣契
一紙，併繳上手契一紙，共二紙付執，爲炤。

即日收過契內銀貳拾大員正，完足再炤。

中見　圭北屯社等庄業戶那抵戳記

乾隆參拾貳年三月　日立賣契人王俊榮〔註40〕

但爲何圭柔社田業的中間人會是「圭北屯社等庄業戶那抵」，或許可由乾隆十
八年的招批契看出些許端倪：

契約編號：1753-07-00

立招批契　番土目那抵、白番禮物氏、那厘氏、大龜立等。有承租
（筆者案：應爲「祖」字）遺下樹林埔地山崗壹帶，坐落土名圭柔
山水澗頭。東至坑尾大屯山尖，西至庄田，北至李家田，南至山蓁
口大泉孔，四至踏明爲界。今因番人無力，不能自己開墾成田，情
願托中招得漢人何安甫向前承領，自備工本前去開墾，其築坡鑿
圳，係漢人自理。當日憑中三面言議，出時值埔底價銀壹佰大員
正，其艮契即日全中兩交足訖。中間並無短少，其埔地委係抵等承
祖物業，不曾包賣別社別番，埔地亦無重復典贌他人。倘有上手來

〔註39〕平山勳《臺灣社會經濟史全集》第六輯，臺北：臺灣經濟史學會，1935年，頁99～101。
〔註40〕黃美英等編，《凱達格蘭族古文書彙編》，臺北：臺北縣立文化中心，1996年，頁129。

歷不明情弊，抵等一力抵當，不干漢人之事。自招墾之後，任從何
安甫照契內四至界址墾耕田園，永爲己業。抵等亦不敢另行再贌他
人，及開成水田清丈，照例按甲納租，其租坐庄交納，番自收運，
不得少欠。此係二比甘願，各無抑勒；今欲有憑，立招批契壹紙，
付執爲炤。

即日收過契內銀完足，批照。

內添田壹字，再炤。

清賦驗訖

在場知見人　圭北社等庄業戶那抵記（筆者案：應爲「圭北屯社」）

爲中代筆　何鴻澤　圭柔山社圖記

白番　那厘氏　禮物氏　大龜立　各有指印

乾隆十八年七月　日立招批契圭北社番土目那抵〔註41〕

那里氏原爲圭柔社土目，至乾隆十八年轉爲圭北屯社的白番〔註42〕，很有可能是圭柔社在乾隆年間漸漸衰微，圭柔社的的地權後由圭北屯社繼承，或是圭北屯社形成另一管理土地產業的組織〔註43〕。乾隆五十三年，清廷經林爽文之役後，經將軍福安康等人建議，決定仿照四川屯練之例，在臺灣實施番屯制，挑選健壯的熟番作爲屯丁，並將未經開墾的荒埔撥給屯丁耕種，全臺熟番九十三社四千人共設十二屯。福安康等所奏「屯丁養贍埔業清冊」〔註44〕中便有記載圭北屯社屯丁爲十一人，圭北屯社若眞爲「圭（雞）柔社」、「北投仔社」、「大屯社」之統稱〔註45〕，三社屯兵僅十一人，可見其三社內的番丁人數有限。就下面三張圭北屯社所存地契來看（契約編號：1803-02-00、1822-10-00、1864-12-00），圭北屯社在嘉慶年間仍由番人收租掌管，交由漢佃

〔註41〕高賢治，《大臺北古契字集》，臺北：臺北市文獻會，2000年，頁353。

〔註42〕白番是指未任部落村社社務公職之土著。參考自：臺中縣立文化中心，臺灣中部平埔族古文書數位典藏——古文書常用重要術語 http://www.tchcc.gov.tw/pingpu/index.htm。

〔註43〕溫振華，〈清代淡水地區平埔族分佈與漢人移墾〉，《淡水學學術研討會：過去、現在、未來論文集》，臺北縣新店市：國史館，1999年，頁30～31。

〔註44〕臺灣銀行經濟研究室，《臺灣私法物權編》，臺北：臺灣銀行，1963年，頁425～426。

〔註45〕圭北屯社的來源主要有二種論述，一是主張大屯社容納了從圭柔山、北投仔遷來的平埔族人，改稱爲圭北屯社；另一主張爲圭北屯社爲圭柔社、北投仔社與大屯社之統稱，爲屯丁造冊時的方便用語。此處採後者翁佳音先生的說法，參見翁佳音《大臺北古地圖考釋》，2006年，頁72～73。

墾耕：

　　契約編號：1803-02-00

　　芝蘭三堡水梘頭庄土名山仔邊五○之五、五一之一、五一之三、五
　　一之四、五一之五、五五之三

　　立再換墾批永佃字圭北屯社業戶進生，先年故父招佃墾耕時，有漢
　　人楊地觀前來承給水梘頭山林埔地一所。當日備出埔底釦銀拾柒大
　　元收記，但界址不明，墾批字樣湖混。茲楊君觀再墾托中人林都觀
　　到社，懇求再換墾批，再備佛銀拾參大元之數前來三面言議。逐年
　　貼納大租佛銀壹大元，早季收成完納，不得玩〔頑〕抗，到地踏明
　　界址，東至白崩石內有犁頭，湖中在外爲界；西至泉空崁頭爲界；
　　南至郭家坑爲界；北至盧家坑爲界，東西四至界址踏看分明。保此
　　山埔林地係進生承父物業，與別番親並無干涉，亦無重張典掛他人
　　來歷不明爲礙。如有不明等情，係進生一力抵擋，不干佃人之事。
　　自此再換墾字，以後子孫再永不敢生端等情，而佃人務必照界掌管，
　　不得混爭隔鄰別佃。合再換立墾批字一紙，付執爲照。

　　即日，收過犁頭單銀完足。再照。

　　場見人　周嘉伍　爲中人　林都　代書人　吳盧珍　嘉慶捌年貳月

　　日　立再換墾批永佃字圭北屯社業戶　潘進生〔註46〕

但到了道光、同治年間已漸漸開始形成「一田二主」甚至「一田三主」〔註47〕
的形式。此與雍正二年福建水路提督藍鼎，爲解決臺灣財政以及漢民私入番
地問題，提出開放熟番地的政策有關：

　　臺北、彰化縣地多荒蕪，宜令民開墾爲田，勿致閒曠。前此皆以番

〔註46〕國立臺中圖書館整理，《臺灣總督府檔案抄錄契約文書·永久保存公文類纂》，
　　　　收入國家文化資料庫，編號 ta_01821_000388-0001。

〔註47〕「一田三主」指的是清朝臺灣臺特有三階層土地所有關係。在同一塊的土地
　　　　上，同時有大租戶、小租戶以及現耕佃人三種租稅與三類型的土地所有人，
　　　　墾首會先向清朝政府申請開墾大片荒地的執照，將荒地分割成各區塊交給墾
　　　　戶耕作，但至清代後期，隨著來臺移墾人數漸增，在可耕地有限及各早期荒
　　　　埔漸漸「水田化」的情形下，小租戶再將原有土地分割再次轉租。大租戶（墾
　　　　首）對小租戶（墾戶）徵收永久性的一定租額，就稱爲「大租」。而小租戶（墾
　　　　戶）會向「現耕佃人」就是實際上從事於開荒和農業生產的現耕佃人收取小
　　　　租粟，現耕佃人常須繳納大租、小租，以及上繳政府的田賦三層租粟。在小
　　　　租戶未再次將土地轉租給現耕佃人時，是爲「一田二主」。顏愛靜、楊國柱，
　　　　《原住民土地制度與經濟發展》，臺北縣板橋市：稻香出版社，1994 年。

地盡民侵耕，今已設縣治，無仍拋荒之理。若云番地，則全臺皆取
之番，欲還不勝還也。宜先出示令各土番自行墾闢，限一年之內盡
成田園，不墾者聽民墾耕。照依部例，即為業主。或另民貼番納餉，
易地開墾，亦兩便之道也。〔註48〕

藍氏認為臺灣北路閒曠之地仍多，與其任由漢民侵墾，不如納地陞科以資財
政的主因在於，清初的理番制度是使用消極的隔離政策，但在康熙六十年爆
發民變——朱一貴事件後，察覺臺灣漢人擅入番界私墾問題嚴重〔註49〕，故
於康熙六十一年開始由南至北，在沿山一帶五十四處立石劃界，禁止漢人私
入番地，但收效不大。

前此大山之麓，人莫敢近，以為生番嗜殺；今則群入深山，雜耕番
地，雖殺不畏，甚至傀儡內山、臺灣山後、蛤仔難、崇爻、卑南覓
等社，亦有漢人敢至其地，與之貿易。生聚日繁，漸廓漸遠，雖屬
禁不能使止也。〔註50〕

藍氏為顧全漢佃需求，乃奏准朝廷，允許土著在保留土地所有權的前提下，
招請漢佃前來投資開墾。這種「番為主，民為佃」的租佃生產關係（俗稱「番
產漢佃」），既合乎清廷禁止買賣番產的規定，解決土著業主土地利用與社餉
負擔，同時亦滿足漢民從事農業投資與就業問題，因此廣為通行。番產漢佃
的主要影響在於，承認土著業主的私有地權，使其逐漸倚賴租粟度日，且土
著業主在租佃過程中，漸漸接受漢人既有的「一田二主」地權觀念，致使土
地所有權逐漸分裂為業主（收租）權和田主（管理）權〔註51〕。由下面契約
可看出，道光年間圭北屯社已習於番戶收租，漢人耕種，也就是「一田二主」
的模式，接受小租戶買賣其永佃權利，但按清朝的規定，番業戶應是「轉讓」
給漢戶陳涼，而無法「賣出」，約中寫明仍須繳納「山租銀」。

〔註48〕〔清〕藍鼎元，〈與吳觀察論治臺事宜書〉，收入〔清〕丁日健，《治臺必告錄》
（臺灣文獻叢刊第十七種），臺北：臺灣銀行經濟研究室，1959 年，頁 61～
62。

〔註49〕除漢民私越番人地界外，亦擔心生番地界成為治安死角的考量。〈朱一貴供
詞〉，見《明清史料》戊編第一本，臺北：中央研究院歷史語言研究所，1953
年，頁 21。

〔註50〕〔清〕藍鼎元撰；〔清〕王者輔評，《平臺紀略》（臺灣文獻叢刊第十四種），
臺北：臺灣銀行經濟研究室，1958 年。成書時間：約在雍正元年，1723 年。

〔註51〕陳秋坤，《清代臺灣土著地權：官僚、漢佃與岸裡社人的土地變遷（1700～
1895）》，二版，臺北：中央研究院近代史研究所，1997 年，頁 6～9。

契約編號：1822-10-00

立盡根契字人　圭北屯社業戶潘銳卿遺下物業，楊帶出賣山埔地一所。（筆者案：「帶」應改爲「代」）分五段：坐落芝蘭堡土地公埔庄，土名員山頂粟寮三板橋。東至水井爲界，西至山豬坪爲界，南至無尾崙小坑爲界，北至楊家爲界；東西四至界址在內明白，托中引就明買山埔地，契內銀陸大員正，每年應納山租銀壹錢正。先問房親叔兄弟姪，不欲承受，托中引就向賣陳涼，明買山埔地一所五段。言議，契面銀陸大員正，交收足訖，明白。立甘願字壹紙，各無反悔；恐口無憑，今欲有憑，立盡根契字壹紙，付執存炤。

即日仝中親收過，契面銀陸大員正交收足訖，再炤。

一批明、一段：北至楊家爲界，西至楊家爲界，東至李家爲界，南至楊家爲界。

一批明、一段：北至楊家爲界，東至楊家爲界，西至崙爲界，南至楊家爲界。

一批明、一段：東至楊家爲界，西至山豬坪爲界，南至楊家爲界，北至楊家爲界。

一批明、一段：東至楊家爲界，西至山豬坪爲界，南至小坑爲界，北至楊家爲界。

一批明、無尾崙一段：北至楊家爲界，西至山豬坪爲界，南至小坑爲界，東至小坑爲界；帶泉水通流灌溉完足，再炤。

<u>業主過戶：土目潘銳卿印記</u>

代筆人　劉波先

爲中人　林皇觀

知見人　楊古觀

道光貳年拾月　日立盡根契字人楊帶觀 [註52]

至同治年間，圭北屯社的田業便明顯由「一田二主」轉爲發展成「一田三主」的型態：番業主爲圭北屯社番，小租戶爲漢人翁裕壽，實際墾耕的佃人實爲張姓兄弟與李氏。

契約編號：1864-12-00

仝立杜賣盡根山田契字人　張文育、張天懷、張風來、張泰山兄弟。

〔註52〕高賢治，《大臺北古契字三集》，臺北：臺北市文獻會，2005 年，頁 220。

有明買大屯山下山園、水田共壹所，大小坵數不計。併帶三叱泉應
分水汴壹尺闊，連圳路壹條引至田頭通流灌溉充足，及圳路兩邊礦
地不許再築水田，偷漏泉水。又帶田蔡、牛椆、稻埕、菜園、牛路、
什物等項在內，坐落芉（筆者案：應爲「竿」字）蓁林，土名後山。
其田園四至：東至牛路溝竹腳直透洪家山分水界，西至田塍外石界，
南至張家田崁塍墩直透石界，北至大路界，四至界址明白。又田蔡
地基壹所：東至牛路透溪底界，西至石界，南至大石透溪底界，北
至三抱竹外牛路界，四至界址明白，各爲界。歷年配納<u>圭北屯社大
租谷柒石捌斗玖升正</u>。今因乏銀費用，兄弟相議，願將此田、山園、
田厝、谷埕、稻草、什物等項，一概盡行出賣；先問親<u>疎</u>人等，不
欲承受，外托中引就向與<u>李乾成觀</u>　出首承買。三面言議，依時甘
願盡根值價紋銀折庫它壹仟參佰捌拾兩正，銀即日全中交交、懷等
親收足訖。其水田、山園、屋宇等項，隨即踏明界址，交付買主前
去起耕掌管、栽插起蓋，任其開築鑿池，收租納課，永遠爲業，不
敢阻擋。一賣千休，寸土無留，交、懷等，日後及子孫，永不敢言
及找贖，生端滋事。保此業，係是交、懷兄弟親手明買，與親疎無
干；亦無重張典掛他人，不明爲礙。如有不明，交、懷等合力，出
首抵當，不干買主之事。此係，二比甘願；永無反悔，不敢異言；
今欲有憑，仝立杜賣盡根契壹紙，又帶盡根契壹紙，墾批壹紙，合
約貳紙，共伍紙，付執爲炤。
即日全中親收過，買主契字內紋銀折庫它壹仟參佰捌拾兩正，完足
再炤。
再批明、其風水厝后，不可鑿池，聲明，再炤。
<u>業主　淡水分府　給圭北屯庄業戶翁裕壽長行戳記</u>
代筆人　林煥章
爲中人　陳祖、王章
在場併知見人　張　宇
同治三年十二月　日仝立杜賣盡根山田契字人張文交、風來、天懷、
泰山〔註53〕

因翁氏與圭北屯之間的資料不足，無法得知翁氏是否包攬了圭北屯社的其他

〔註53〕高賢治，《大臺北古契字二集》，臺北：臺北市文獻會，2002年，頁190。

庄業，但圭北屯從同治到光緒年間的諸多轉賣墾佃權契約，皆無該社番人在場，圭北屯的番眾可能已完全認定，漢佃之間將耕種權（永佃權）轉質成為可以獨立交換買賣的商品。至光緒年間，在漢人冒充圭北屯社土目的控告文書中，可見漢人侵吞圭北屯社社糧，讓番人無法忍受的地步：

> 具僉稟。淡屬芝蘭三保圭北屯社屯丁潘坤源、坤宗、潘坤順、坤棟、潘君旺、長水、潘文輕、水交、李來成、劉文讓等，為□捏名冒充特強抗給，僉懇斥革事。據去年五月間，蒙蔡前憲出示曉諭，金選仁承充該社土目，時源等無不愕然，不知誰係金選仁，閤社無此名字。迨至六月間，生員陳德銓仝陳義立二人，出首往收社租口糧，始知金選仁之由選，即選卿，係陳德銓之字，仁即處仁，係陳義立之字，二人皆係漢人。憶該社土目之缺，惟我番可以承充，豈漢人所得興聞。然漢人冒充，若照舊章給發口糧，猶屬可說，無如陳德銓等恃棍逞強，元等應得之口糧，概肆鯨吞抗不給發，源等向討莫何。嗟嗟源等自祖父歸化以來，所賴者有此口糧，突被漢棍捏名冒充土目以坑吞，非蒙斥革心矣以甘，且法將安在，勢亟瀝情哀哀呼乞青天大老爺準情酌理，恩准斥革該社土目金選仁，庶源等口糧有賴，陰隲齊天，沾叩。案經飭差傳訊日久未到，藐抗已極，應即斥革另充，并查明被吞口糧若干，飭差追繳清完，以重社務。

> 光緒拾參年四月二十一日具僉稟屯丁劉文讓、潘水交、潘長水、潘君旺、潘坤宗、潘坤源、潘坤順、潘坤棟、潘文輕、李來成〔註54〕

由上文文中番人自言「自祖父歸化以來，所賴者有此口糧」，顯然番眾相較當時的漢民，番眾主要的經濟來源僅有收取社租口糧一項，且「漢人冒充，若照舊章給發口糧，猶屬可說」，表示對於番眾而言，原應由土目管理、分配的社租口糧，改由漢人發放亦可接受，表示番眾默認漢人在經濟上與政治上較為強勢的地位，而番漢（包含官府）之間的通突與矛盾，在光緒年間已嚴重影響番人生計。

第二節　從漢人契約看客家家族移居北淡

　　北淡地區最早移入的客家家族，據考是今定居於臺北縣三芝鄉的江氏一

〔註54〕劉澤民，《平埔百社古文書專輯》，南投：國史館臺灣文獻館，2002 年，頁80。

族，江氏祖籍為福建省汀州府，福建地勢是自西北向東南下降，在西部和中部有走向大致與海岸平行的兩大縱貫山脈，其中位在福建中西部的玳瑁山和博平嶺山正是客家人與閩南人的過渡區，越過此區以西的縣份龍岩、永定都有不少客家人群居〔註55〕，現多稱由此區移來臺灣者為漳州客、閩西客或汀洲客。北淡地區可說是大臺北汀州客的主要聚居地，除有江氏外，亦聚集了汀州府其他縣份的移民，包含有李姓、華姓與王姓，詳細祖籍列表請見表格4-3與表格4-4（表格中所列各姓氏，皆為後代至今仍居住在北淡地區者。凡清代曾在北淡地區開墾，但因種種因素已於清朝時期搬離北淡區者，暫不列入表格中，關於搬遷至其他地區的客家家族，請參照第五章）。其中僅有江姓、謝姓與潘姓有較多相關古文書留存至今，下文將以江氏為主展開討論。

表格4-3：臺北縣三芝鄉客籍移民祖籍列表

姓氏	籍　　貫	主要居住地	資　料　來　源
江	汀州府永定縣高頭村	臺北縣三芝鄉埔頭坑	江輝泉，《江氏族譜》，1988年。（三芝鄉江姓宗親會提供）
李	汀州府上杭縣勝運里豐朗鄉	臺北縣三芝鄉埔頭坑	李登旺先生提供，《李氏族譜》，出版年月不詳。
華	汀州府永定縣崁頭鄉佛子格金興厝	臺北縣三芝鄉埔頭坑	華明文先生提供，《華姓宗譜》2008年。
王	汀州府武平縣盤龍崗何樹凹	臺北縣三芝鄉埔頭坑、石門鄉富基村	王正輝先生提供，《王氏族譜：汀州府武平縣盤龍崗何樹凹》，2002年。
呂	漳州府詔安縣五都秀篆	原居住在臺北縣三芝鄉，現移居淡水鎮	呂長俊，《呂家族譜》，1985年，故宮家族譜牒文獻資料庫微縮捲編號：1455016（36-9）。
簡	漳州府南靖縣永豐里梅瓏村	臺北縣三芝鄉埔頭坑	簡知，《簡家歷代祖譜》，1962年，故宮家族譜牒文獻資料庫微縮捲編號：1455016（36-4）。
謝	漳州府詔安縣二都山官坡社上龍甲龍鏡保半逕鄉老樓下四角堂	臺北縣三芝鄉埔頭坑	謝炎輝、江素慎，《謝家歷代祖先族譜》，2002年。（謝江素慎小姐提供）
許	潮州府饒平縣元歌都牛皮社山前鄉	臺北縣三芝鄉車埕、半天寮，咸豐六年遷至新竹縣關西	許時烺，《高陽許氏大族譜》，1994年。
賴	江西省鑑州府龍南縣歸福村白照墻	臺北縣三芝鄉新庄	賴建國先生提供，《穎川龍南賴氏族譜》，1999年。

〔註55〕謝重光，《福建客家》，桂林：廣西師範大學出版社，2005年，頁161。

表格 4-4：臺北縣石門鄉客籍移民祖籍列表

姓氏	籍　　貫	主要居住地	資　　料　　來　　源
練	汀州府武平縣象洞鄉洋貝村	臺北縣石門鄉阿里磅、乾華、茂林	練詩論，《練氏族譜》，1983 年。（練寶絨小姐提供）
潘	漳州府詔安縣五都親營鄉	臺北縣石門鄉小坑	潘以乞，《潘姓始祖族譜》，1982 年，故宮家族譜牒文獻資料庫微縮捲編號：1436854（24-19）；潘扶鍾先生提供《潘氏家譜》，出版年月不詳。
朱	漳州詔安縣五都西埔墟	臺北縣石門鄉九芎林	朱端月，故宮家族譜牒文獻資料庫微縮捲編號：1411395（44-41）。

一、江氏在北淡區所投入的團體組織

在上節契約編號：1735-08-00 中，可知小圭籠社所社地：八連溪以南淡水河以北，在雍正年間皆賣與王氏與廖氏。最早移墾至今三芝地區的漢民（客籍移民），據濟陽堂（汀洲府永定縣）江姓族譜所載，江氏在十六世祖心知時，即全家移民來臺，但其播衍情況不明，同爲十六世另一支心道之曾孫——士學等人合股購買山豬堀之田，士學次子名子懷，生卒年爲康熙四十年至乾隆二十二年，士端三子懷品生卒年爲乾隆三年至嘉慶二十年，三芝江氏世系發展請見圖表 4-6。

由此表可知江家十九世應該是在雍正年間，或乾隆初年即已在三芝定居，目前已被視爲今三芝鄉闢墾始祖〔註56〕。據《江氏族譜》記載：

> 懷品公諡純忠公，是臺灣開基祖正安公，魏媽太的三子，生於三芝古庄，上有良田數畝及廣大林地，家計穩定，自小常陪父親來往於八連溪上游士學伯父家園，滬尾、八里坌買賣種子、農具或出售餘糧等而見聞多，又進過滬尾鎮上私塾，書寫、應對、記帳都能應付自如。〔註57〕

在對照論文末附錄四中契約編號：1789-12-00、1792-01-00 兩張賣契後，可以發現，賣家江接琳與江團芳與買家江懷亮（江氏第二十世）是以叔姪相稱，亦可證明江家至少在第十九世時便已來到北淡地區定居。據板橋後埔江家所藏家譜中亦指出：

〔註56〕臺北縣三芝鄉公所編，《三芝鄉志》，臺北縣三芝鄉：三芝鄉公所，1994 年，頁 40。

〔註57〕江光元編，《江氏族譜》，臺北：作者自費出版，1997 年，頁 56。

圖表 4-6：三芝江氏簡譜〔註 58〕

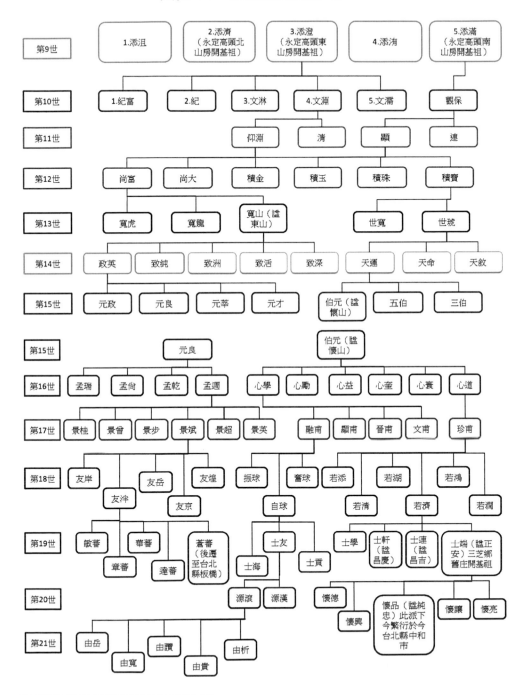

〔註 58〕圖中的 1-5 編號是長幼排名順序。江光元編，《江氏族譜》，臺北：作者自費出版，1997 年，頁 29。

第十九世蒼蕃於雍正十年移居臺灣淡水，在此居住數年，以製造香煙及雨傘爲業，後以艋舺繁榮，父子四人再遷居至此，繼續製造香煙、雨傘，生意繁昌。……兄弟分家後，任莊普卜居於擺接堡枋橋後埔，富盛名，人稱擺接江或後埔江。〔註59〕

且江氏在雍正乾隆年間於今淡水河沿岸一帶經商，這其中的過程雖無相關商業文書記錄，但江氏家族至今仍存有乾隆年間六份買賣契約〔註60〕。江氏在商業貿易之餘，亦投入北淡區的的祭祀活動，據臺灣總督府調查課 1915 年對福佑宮的記錄如下：

（上文省略）縣媽祖也就是基本財產中支出：

汀洲：有百餘石之田地。惠安：十石。（筆者案：泉州惠安縣之信徒）安溪：計有六十石。（筆者案：泉州安溪縣之信徒）晉水：十石。（筆者案：泉州晉江縣之信徒）銀同：計有一百二十石。（筆者案：泉州同安縣之信徒）武榮人：百餘石。（筆者案：泉州南安縣之信徒）市場內商人等，……一年間所徵收的費用將充當爲祭典費用。

以廟宇爲中心之團體：如同左邊分爲七縣；一，汀洲人（管理人不詳）。二，惠安人（管理人郭水源及另外兩人）。三，武榮人（管理人許南心及另外兩人）。四，桃園人（林安貞及另外一人）。五，安溪人（翁權及另外兩人）。六，晉水人（吳學振及另外一人）。七，銀同人（周邑祥及另外七人）。

信仰居民人數：淡水支廳下轄村鎮之全體居民。

祭祝的方法：定期祭典

農曆三月一日（汀州縣人，縣人依序輪流當值）。

農曆三月十七日（惠安縣人，縣人依序輪流當值）。

農曆三月十八日（桃園縣人，縣人依序輪流當值）。

農曆三月二十日（安溪縣人，縣人依序輪流當值）。

〔註59〕江根旺編纂，《板橋後埔江家蒼蕃公子孫系統圖（祭祀公業江任莊沿革）》，版本：據江溪詮藏民國 63 年（1974）鉛印本縮製，故宮家族譜牒文獻資料庫微縮捲編號：1087041（12-7）。

〔註60〕六份買賣契約的編號：1759-01-00、1769-08-00、1785-10-00、1789-12-00、1792-01-00、1814-12-00，請見附錄四。此六份契約據高賢治所著《大臺北古契字集》中的分類，此買賣契約的地點爲臺北艋舺，非今日淡水地區，非本文主要論述區域，故文中不進一步探究。

農曆三月二十一日（晉水縣人，縣人依序輪流當值）。

農曆三月二十二日（銀同縣人，縣人依序輪流當值）。

農曆三月二十三日（主要為市場內眾商人的祭典）。

農曆三月二十三日為媽祖誕辰，祭典費用為各自支付。〔註61〕

汀州人有捐贈百餘石給廟方，理應為廟中重要董事之一，但卻是「管理人不詳」，據李乾朗的推斷，是因為汀州永定信徒在淡水有鄞山寺供奉定光古佛後，便不再參與福佑宮之廟務〔註62〕。究竟汀州人何時完全退出福佑宮的廟務，以及不再固定性支持廟中支出，目前並無相關紀錄。但據光緒末年江氏的鬮書合約字可見，江氏在清末有資助滬尾聖母：〔註63〕

契約編號：1907-10-00

仝立鬮書合約字人堂兄弟江碩進、江茂進、江立進、江佑進、江再進等，竊謂張公藝九世同居，歷朝旌表。田眞等感荊復茂，友愛尤隆。切我兄弟自我先父同居迄今有年，協力持家，俱各婚配，稍有盈餘。茲但因生齒日繁，恐生嫌隙，爰協議分家各爨，遂邀集族親公人到堂為證，即將我先父及我兄弟創置所有一切之物業，先抽出祖上作蒸嘗之業份，餘田山、家屋、茶欉、家器、農具、穀石、銀圓出入、數項大小畜類，俱以截長補短，當公面配，一切作五大房均分。即日焚香告祖，拈鬮為憑，其各應分之物業，各左開以憑各管。自此分家以後，各業各管，永不得爭長競短，此乃各出喜願，後決無異議，今欲有憑，即仝立鬮書合約一樣五紙，各執一紙。存照。

計開

一批明：抽出滬尾聖母季業份貳股，又土名大坑聖母季業份壹股，又承買江等山址在土名八連溪連埔頭坑之山底，稅銀年的六圓以作祖上蒸嘗，永遠作五大房收作蒸嘗消用，其輪收以齒為敍，週而復始。又承頂房鬮分內之蒸嘗收入額，若輪值之年亦為此例行。批照。

（下文略）〔註64〕

〔註61〕臺灣總督府調查課，《社寺廟宇ニ關スル調查》微卷（臺北廳下公学校長ヨリ報告セルモノ），臺北：國立中央圖書館臺灣分館攝製，1915年。

〔註62〕李乾朗，《淡水福佑宮調查研究》，臺北：臺北縣政府，1996年，頁26。

〔註63〕滬尾聖母，筆者初步研判為淡水福佑宮。

〔註64〕此份契約將於下文中，與他份契約對照探討，詳見本節下文。契約來源：臺灣總督府檔案，國家文化資料庫編號：od-ta_01821_000059。

江氏書契中再次提及福佑宮聖母季業之事已是光緒三十三年（1907），將每年原資助福佑宮與大坑聖母的田地，抽出六圓做爲江氏的祭祀公業（客籍人士稱之爲蒸嘗）﹝註65﹞，由文中的「又承頂房鬮分內之蒸嘗收入額」可知，江氏族內的祭祀公業已行之有年。除祭祀公業外，江氏亦參與神明會﹝註66﹞的相關組織：

> 契約編號：1906-12-00
>
> 仝立鬮書合約字人長房侄江自春、江自根，三房侄江自和、江自坤、江自炎，四房叔江茂安叔姪等。竊謂承先啓後，先人實裕貽謀而木本水源，後人尤宜永溯。念先父開福生下四子：長曰茂源、次曰茂宗、三曰茂永、四曰茂安。惟三房茂永未有親子而逝，當時公立長房出自和後，再立次房出自坤，四房出自炎，即是長、次、四參大房各立一子爲其後裔。而自和居長先立，即爲承重永共承其嗣。茲我叔侄等俱各婚配，本欲效張公九世同居之遺風，但生齒日繁，有志未逮，是以叔侄等仝邀集族親協議以爲分家，各户即議定抽出與江阿三共業之田山共貳段，以爲四大房作公共蒸嘗之祀業。又抽出田畑一段，以爲長孫自春作承重之業。又抽出現借出銀四百圓，以爲四房茂安叔作百年後之功果費。……。
>
> 計開：一批明：長房自春、自長應分得與次房、四房合共水田山埔，址在土名新庄仔……分得聖母季業份一段，又分得土名新庄仔第一四三番建物敷地，應得四分之一，又分得左畔護瓦厝一座共五間，以上各物業永遠付與長房自春、自長兄弟仝掌管，并收執土名七股，承買江集成契券全宗，又收執土名大坑，買江啓專契尾及上手印契。批明照。
>
> 一批明：四房江茂安應分得與長房、次房……又分得天公會一股、福德爺會一股，……。

﹝註65﹞ 祭祀公業是爲祭祀祖先所成立的共同財產與組織。清代祭祀公業中常見的鬮分字與合約字兩種。契約編號：1907-10-00 的是鬮分字，鬮分字是先人逝世前，將財產分給子孫時，另留一份做爲祭祖用，而留下財產的該位祖先所有後裔，都有持份權，故契約中才會有「輪收以齒爲敍，週而復始」，每房須輪收該田地稅銀，亦須輪流祭祀祖先。資料參考：「臺灣大百科全書」網站，由林美容編寫。

﹝註66﹞ 神明會是以單一神祇的信仰爲中心，集合信徒所組成的志願性組織。

再批明：所分之土地，其總額現的租穀三百九拾一石五斗四升，其
蒸嘗額分出三拾石一斗，大孫額分出二拾石，餘長、次、三、四之
四大房，各房均分得八拾五石三斗六升，現租穀額各房雖是平均，
來日倘有增減係由人經營造化，不得異議。批照。

再批明：有與江登做二大房輪收之柱臣公會份，又濟慶季業份，又
鄞福安季業份，原是上祖書來公之蒸嘗，若輪值之年，即原作四大
房輪流。批照。……。

代筆人　黃見龍　族親公人　江茂登　江茂城

明治三拾九年丙午歲十二月十一日

同立鬮書合約字人　四房叔　江茂安、三房侄　江自炎、三房侄　江
自坤、三房侄　江自和、次房侄　江自根、次房侄　江自月、長房
侄　江自長、長房侄　江自春〔註67〕

文中天公會的天公即玉皇大帝〔註68〕，福德爺即土地公，顯示江氏除持續淡
水地區媽祖信仰外，亦有參與三芝本地的信仰。關於三芝土地公廟的記載：

表格 4-5：1915 年小基隆公學校長報告
——三芝地區土地公廟相關記載〔註69〕

廟宇所在	祭祀神明或本尊	緣起沿革	人民對廟宇的信仰狀況	以廟宇為中心之團體或特殊信仰住民人數及其範圍、資產及知識程度	祭祀方法及本尊之附會傳說及信仰概要	帶給教育及一般風俗的影響
小基隆舊庄，舊名茂興店	福德正神	做為村莊的守護神，建立於約至今一百七十三年前（乾隆七年）。（筆者案：西元1742 年）	普通	無所屬團體及財產，廟宇屬於全體村民所有。	1.並沒有一般祭祀方法主要以雞、豬肉為供品。 2.沒有傳說。 3.一般祈求農作物豐收、家庭平安與豬隻買賣順利。	沒有壞影響。

〔註67〕臺灣總督府檔案，國家文化資料庫編號：od-ta_01821_000204。

〔註68〕天公會因無進一步的相關資料，故在此文中不進一步討論。

〔註69〕該表格中尚有記載北新庄仔庄（舊名田心仔）的福德正神，但因其建立於明
　　　　治三十五年，不在此節討論範圍，故不列入表格中。臺灣總督府調查課，《社
　　　　寺廟宇ニ關スル調查》微卷（臺北廳下公學校長ヨリ報告セルモノ），臺北：
　　　　國立中央圖書館臺灣分館攝製，1915 年。

小基隆舊庄，舊名埔頭	福德正神	建立於距今五十九年前也就是咸豐五年。（筆者案：西元1855年）	同上	同上	同上	同上
錫板庄，舊名海尾	福德正神	建立於距今五十九年前。（筆者案：嘉慶八年，西元1856年）	同上	同上	同上	同上
老梅庄舊名公地	福德正神	作爲村莊的守護神，建立於五六十年前。（筆者案：約咸同年間，西元1855～1865年）	香火不太鼎盛	無所屬團體及財產，廟宇屬於全體村民所有。	1.並沒有一般祭祀方法主要以雞、豬肉爲供品。 2.沒有傳說。 3.一般祈求農作物豐收以及豬隻長大生產。	沒有發現對教育上或風俗上有不良影響。

表格係按照原始文獻中的順序排列。

　　表格 4-5 中可見三芝地區最早的土地公廟，是乾隆初年建在小基隆舊庄，也就是江氏在三芝地區的開基處。當移民社會的發展進入部落構成期〔註70〕，人民以農爲生，因爲墾殖，所以對土地的感情特別深厚；因爲土地公能賜財與賜福，因此當聚落構成的過程中，會最先形成土地公廟〔註71〕，故我們可從三芝土地公廟成立順序先後，初步推衍出三芝農墾地區開展的先後次序應爲：小基隆舊庄茂興店〔註72〕、小基隆舊庄埔頭、錫板庄海尾，最後是老梅庄公地。〔註73〕

　　此契約中（契約編號：1906-12-00），所提及的鄞福安公業，其現存最早的契約如下：

　　契約編號：1830-07-00

　　立杜賣山林埔地契字人林逢春、林神助、陳元春、陳居仁等，今有

　　上年四人合本向本社土目給墾山林埔地壹段，坐落土名小基隆庄橫

　　山頂東至茖梅溪爲界；西至新庄大坑崁唇爲界；南至蔡家崙中分水

　　爲界；北至本橫山崁唇爲界，四至界址，面踏分明，其山埔地本帶

〔註70〕增田福太郎，黃有興譯，《臺灣宗教信仰》，臺北：東大書局，2005 年，頁103。

〔註71〕紀秀足，《臺灣土地公信仰探究——以嘉義市土地公廟爲例》，國立中正大學臺灣文學研究所碩士論文，2008 年，頁47。

〔註72〕關於小基隆庄茂興店地名的由來，請參照第三章第三節。

〔註73〕小基隆舊庄茂興店、埔頭、錫板庄海尾的位置，請見本節圖表的日治時期地圖，老梅庄位在今臺北縣石門鄉。

茗梅溪水及大小溪坡圳泉水灌溉，遍年額載社番定例口糧大租粟四斗正給定單憑照。

今因人各移居別處，商議將合本給墾林地，情願出賣，先問房親伯叔兄弟人等，不欲承受，外托中引就賣與親識鄭福安出首承買，當日憑中三面言定，時值山林埔地價銀壹百拾六員正。即日立字，銀契兩相交收足，託中間並與短欠，其山林埔地隨即面踏，四至界內及浮沉石木一悉等項全中見，面踏交付買主前來掌管，任從砍伐、墾耕、築坡、開圳、架造房屋、扦點風水，永為己業，其中間並無墳墓為礙。一賣千休，寸土無留，日后價值千金四家人等子孫永遠不敢言找言贖。保圳業明係四家人等向社番明給墾批之業，與房親無干涉，亦無重張典掛他人財物，及上手來歷不明等情，如有此等情弊，係賣人一力抵擋，不干買主之事。此係仁義交關二比甘願，各無反悔，口恐無憑，立杜賣山林埔地契壹紙，老墾單壹紙佃批壹紙共參紙，付批為照。

即日，全收過杜賣山林埔地契字內銀壹百拾六員正足訖。照。

在場知見人　楊帶　代筆人　陳成□

為中人　李壬成　知見人　鄭明德　道光拾年七日　日　立杜賣山林埔地契字人　林逢春　林神助　仝上　陳元春男　興

仝上　陳居仁〔註74〕

此契約中沒有明確的說出鄭福安究竟是何人，但在同治四年以及同治十一年鄰近地區的土地契約中都有提及，直到日治明治時期才又再出現，明治時期詳細契約內容，請見表格4-6。

表格4-6：江氏鄭福安公業明治年間相關契約

編號	資料來源	時間	承受人/承買人	相關地點	立契人	相關人物	契約摘要
1909-06-01	臺灣總督府檔案，國家文化資料庫編號：od-ta_01821	1909年/明治42.6	黃見龍	芝蘭堡小基隆新庄：二坪頂、埔頭坑	江再旺 江添貴	代筆人：謝阿火；為中人：江獅；仝公人：江添貴	立杜賣公業份契字人江再旺、江添貴，有承先人祖江唐應遺下應分廣公號鄭福安之水田、山埔、園地、厝地共貳所，座芝蘭堡小基隆新庄：土名二坪頂；二庄落仝堡仝庄土名埔頭坑。其界址俱載在公契內明白，該公

_000216						業仍原作貳拾貳股半之壹。今般託中引就杜賣與姻戚黃見龍出首承買,憑中議定業價金七拾八員。
1909-06-02	臺灣總督府檔案,國家文化資料庫編號:od-ta_01821_000218	1909年/明治42.6	黃見龍	芝蘭三堡小基隆新庄,土名二坪頂、埔頭坑	江美奐美輪	爲中人:江獅 立杜賣公業份契字人江美奐、美輪,有承先人買過江添福即□名廣成,遺下鄭福安之水田山埔園地、厝地共貳所座落芝蘭三堡小基隆新庄,土名二坪頂,二座落全堡全庄土名埔頭坑,其界址俱載在公契內明白,該公業份原作貳拾貳股半之壹。今般託中引就杜賣與親戚黃見龍出首承買,憑中議定業價金柒拾員正。
1909-06-03	臺灣總督府檔案,國家文化資料庫編號:od-ta_01821_000225	1909年/明治42.6	黃見龍	小基隆新庄土名埔頭坑、二坪頂	王接養	爲中人:李德開;場見人:江世;關係人:王呆 立杜賣公業份字人王接養,有承先人王源興遺下鄭福安公業份:一座落芝蘭之堡小基隆新庄,土名二坪頂;二落全堡全庄,土名埔頭坑。該公業原作貳拾貳股半,而源興名下應得壹股之額。又此壹股接養承先人遺下應得半股之額。今般乏項費用,願將此應得之半股額變賣,遂託中引就杜賣與姻戚黃見龍出首承買,憑中議定杜賣業價金參拾六圓正。
1909-06-04	臺灣總督府檔案,國家文化資料庫編號:od-ta_01821_000229	1909年/明治42.6	江安輝	小基隆新庄土名埔頭坑、二坪頂	江丕文	爲中人:王呆 立杜賣公業盡根契字人江丕文,有承先人遺下鄭福安之業份,座落芝蘭三堡小基隆新庄,土名二坪頂及全庄,土名埔頭坑,共貳所之田園、厝地、茶園,并連所帶雜物,該鄭福安之公業,原係貳拾貳股半,丕文承先人遺下應得壹股之額。茲因乏項費用,情願將此鄭福安應得之業份,一切盡行出賣,隨託中引就杜賣與宗叔江安輝出首承買,憑中議定杜賣業價金五拾貳圓正。
1909-06-05	臺灣總督府檔案,國家文化資料庫編號:od-ta_01821_000231	1909年/明治42.6	江安輝	小基隆新庄土名埔頭坑、二坪頂	江世	爲中人:李德開;場見人關係者:王接養 立杜賣公業份字人江世,有承先人江丙生遺下鄭福安公業份:一座落芝蘭三堡小基隆新庄,土名二坪頂。二座落全堡全庄土名埔頭坑,該公業原作貳拾貳股半,而丙生名下應得壹股之額,又此壹股世承先人遺下應得半股之額。今般乏項費用,願將此應得之半股額變賣,遂託中引就杜賣與族親江安輝出首承買,憑中議定杜賣業價金參拾六圓正。
1909-06-06	臺灣總督府檔案,國家文化資料庫編	1909年/明治42.6	黃見龍	小基隆新庄土名埔頭坑、二坪頂	江丙生	爲中人:江獅;經手人:長男江查某 立杜賣公業份字人江陣,有承先人江丙生遺下鄭福安公業份:一座落芝蘭三堡小基隆新庄,土名二坪頂;二座落全堡全庄,土名埔頭坑。該公業原

	號：od-ta_01821_000233						作貳拾貳股半，而丙生名下應得壹股之額，又此壹股江陣承先人遺下應得半股之額。今般乏項費用，願將此應得之半股額變賣，遂託中引就杜賣與<u>黃見龍</u>出首承買，憑中議定杜賣業價金參拾八圓正。
1909-07-00	臺灣總督府檔案，國家文化資料庫編號：	1909年／明治42.7	江安輝	小基隆新庄土名埔頭坑、二坪頂	江　韮	場見人：男江呌、胞弟江老知	立杜賣公業份契字人江韮，有承先人<u>江喜來</u>遺下公號鄞福安之業份，一座落小基隆新庄土名埔頭坑，一座落全庄土名二坪頂。該公業份原作貳拾二股半，而喜來名下應得壹股，其韮應收喜來股額壹半。今般乏金費用，情願將此應得半股額出賣，遂託中引就歸賣與<u>江安輝</u>出首承買，憑中議定杜賣業價金貳拾八圓正。
1909-09-01	臺灣總督府檔案，國家文化資料庫編號：	1909年／明治42.9	江安輝	小基隆新庄土名埔頭坑、二坪頂	王連全新　興	場見人：王接養、王土	立杜賣公業份契字人王連全、新興，有承王源新遺下鄞福安公業份共貳所：一址在小基隆新庄，土名二坪頂；一址在全庄，土名埔頭坑，作貳十貳股。而源興應得壹股，連全、連興應源源興額之半股。今般為乏金用，情願將此半股額出賣，遂託中引就杜賣與<u>江安輝</u>出首承買，憑中議定杜賣業價金參拾六圓正。
1910-01-01	臺灣總督府檔案，國家文化資料庫編號：od-ta_01821_000221	1910年／明治43.1	江安輝	小基隆新庄，土名埔頭坑，土名二坪頂	江阿貫	為中人：江恭；場見人：江阿食	立杜賣公業份契字人江阿貫，有承先人<u>江喜來</u>遺下公號鄞福安之業份：一座落小基隆新庄，土名埔頭坑；一座落全庄，土名二坪頂。該公業份原作貳拾貳股半，而喜來名下應得壹股，其阿貫應得喜來股額壹半。今般乏金費用，情願將此應得半股額出賣，遂託中引就歸賣與<u>江安輝</u>出首承買，憑中議定杜賣業價金貳拾八圓正。
1910-01-02	臺灣總督府檔案，國家文化資料庫編號：od-ta_01821_000223	1910年／明治43.1	江安輝	小基隆新庄，土名二坪頂，又土名埔頭坑	長房代理者王阿九，次房代理者王登養	關係人兼為中人：王阿喜；關係者：王細田、王登全、王登昌	立杜賣公業份字人<u>長房代理者王阿九</u>，次房代理者王登養，有承祖父王承化遺下鄞福安之公業份，址在小基隆新庄，土名二坪頂，又土名埔頭坑，作貳拾貳股半，而承化應得壹股之額。今般為乏金用，即託中引就歸賣與股份者<u>江安輝</u>出首承買，憑中議定杜賣業價金六拾貳圓正。

　　由表格中的賣方資料可反推知，鄞福安公業應是由江氏與王氏在道光年間合股所立的公號〔註75〕，且由表格中十份契約可看出原持份人的後代，都

〔註75〕王氏祖籍為汀州府武平縣，與江氏同為汀州人。

集中在明治四十二與四十三年間將此業轉賣給江安輝與黃見龍兩人，在契約編號：1909-06-01、1909-06-02、1909-06-03 中可知黃見龍爲江氏的姻戚，所以鄭福安公業是在西元 1909～1910 年之間由江氏親族計畫性收購而解散。關於江氏清代所參加的地區性組織，據三芝謝江素愼小姐所藏謝家鬮書，可見更進一步訊息，請見下方書契：

契約編號：1894-11-00

仝立鬮書合約字人德旺、永旺、溪旺、再旺兄弟等，各有宜家宜室，竊效張公久世同居，田氏紫荊復茂第，因生齒日繁，人心不一，即欲勉強聚處猶恐反生嫌疑，是以兄弟相商，敬請族親戚屬人等到家酌議，將承先父遺得鬮業并家器、牛隻、畜類、穀粒一概變售，公同拆還債項以外，尚由缺欠百餘員按作四房均帶理還，各房應帶債項條目開明在後，各宜立志守己安分勤積，認還不得，挨延自分爨以後，我兄弟各能多建田園，悉憑人之洪福廣積財帛，亦由己之辛勤，俱不得爭長競短，致傷手足之誼，此兄弟宜明大公無私，各房喜悦，但恐口無憑，以筆爲據，仝立鬮書合約字四帋，共一樣，各房各执一帋，永遠存炤。

一長房德旺應帶還
華阿恭會頭艮六元
江阿禮會頭艮六元
聖母季借項艮八元
長發號借項艮四元
春分季借項艮□元
簡阿房會頭艮二元

一次房溪旺應帶還
簡阿卿會頭艮五元
王阿親會頭艮六元
聖母季借項艮八元
長發號借項艮四元
春分季借項艮□元
簡阿房會頭艮三元

一三房永旺應帶還

謝連壽會頭艮五元

簡阿屘會頭艮五元

聖母季借項艮八元

長發號借項艮四元

春分季借項艮刈元

簡阿房會頭艮四元

一四房再旺應帶還

踏買被帳艮三元

江茂進會頭艮六元

聖母季借項艮七元

長發號借項艮四元

春分季借項艮□元

簡阿房會頭艮五元

代筆人　　鄭盈科

知見人胞叔　文親

　　　　　　文枝

在場人母親　江氏

日今立鬮書合約字人　德旺　永旺

　　　　　　　　　　溪旺　再旺

光緒貳拾年甲午十一月〔註76〕

上述契約編號：1906-12-00 所提「聖母季業份」至契約編號：1907-10-00 有更明確的說明是「滬尾聖母季業份」與「土名大坑聖母季業份」，此處的「聖母季借」指的應是大坑聖母，因小基隆新庄地區土名即為大坑，且在下列契書中可見，詔安謝氏所參與的是大坑聖母的神明會：

契約編號：1847-11-00

立杜賣盡斷根田屋山埔契字人林洒、商春鳳，鳳今有承叔父藤與洒承買之業壹所，坐落土名小圭籠新庄陳屋坑內。溪前西背共一段，東至曾家山埔為界；西至盧家田面上橫過土地公背直上為界；南至

〔註76〕謝江素慎提供，此書契原藏影本請見附錄。

中心崙頂分水為界；北至山崙頂分水為界，四至界址面踏分明，其田園帶溪陂圳水到田灌溉充足，上流下接，遞年額載本庄社番口糧大租粟貳斗正，給單存照。

今因乏銀別創，情願將此業出賣，先問仝親人等不欲承受外，託中賣與<u>大坑聖母季內首事謝文先、江承龍等</u>出首承買。當日仝中三面言定，時值價佛銀壹百四十四元正。即日仝中立契，兩相交收足契，中間并無短少分文。其田屋山埔、竹圍、稻埕、陂頭圳路及各四至界址內浮沉木石一悉等項，隨即仝中見面踏交付買主前來掌管耕種，收租納糧，任憑架造扦點，築陂開圳，墾闢田園，永為己業。一賣千休，永斷葛藤，寸土不留。日後子孫及商任孫人等永不敢言找贖等情，亦不敢異言生端等弊。保此業係洒、鳳之業，與仝親人等全無干涉，亦全無重張典掛他人財務，并無上手來歷不明。如有等情，係洒、鳳一力抵擋，不干買主之事。此係仁義交易，二比甘願，各無反悔。恐口無憑，立杜賣斷根田屋埔地契字一紙，并帶上手印契一紙，又鬮分合約一紙，共三紙，付執為照。

即日，仝中親收過杜賣契字內佛銀壹百四十四元正已收足訖。再照。

外批：倘有失漏文，約日後取出，永為故紙，不得行用，批明是實。

再批：界內地墳，倘日後起扦，其荒地、曠埔地歸還承買主掌管。

依稿代筆人　曾宗顯　說合為中人　林藝　在場　侄　江泉　登貴
在場知見　弟婦　阮氏
道光貳拾七年十一月　日　立杜賣斷根田屋山埔契字人　林洒　商
春鳳〔註77〕

大坑聖母因無進一步資料，筆者無法判定究竟是何廟宇，此有待學者更進一步調查〔註78〕。但就契約編號：1894-11-00 中的借貸資料來看，謝氏的債權人

〔註77〕國立臺中圖書館整理，《臺灣總督府檔案抄錄契約文書·永久保存公文類纂》，國家文化資料庫編號：od-ta_01821_000129。

〔註78〕三芝境內媽祖廟——福成宮，依管理委員會所提供的資料，福成宮之肇建是在民國初年，正式成立的時間是在民國 8 年，契約編號：1847-11-00 所載錄大坑聖母季業的時間是在道光二十七年，相較於福成宮之肇建所隔至少十年的時間，故契約中所提大坑聖母應與福成宮無關。

分別有祖籍漳州府南靖的簡阿卿、簡阿房、簡阿甿；汀州府永定江茂進、汀州府武平王阿親、謝氏親族謝連壽、謝文先與江承龍皆有加入的大坑聖母季業，以及長發號與春分季，在約中簡氏、江氏、王氏都是「會頭」的身分，顯然在三芝地區發展的客籍移民們，最遲至道光年間，已發展出多個神明會與商業借貸關係的團體組織。

江氏在來臺定居北淡後，先是在乾隆初年在農墾區（今三芝鄉）建立福德祠，後於乾隆末年於淡水河沿岸經商時，漸與福佑宮有互動，道光年間集汀眾之力投入鄞山寺的建造（鄞山寺在道光四年完工），而後亦陸續加入三芝地區性的神明會，顯示江姓客籍移民在北淡區的發展（與社交）遍及淡水及三芝兩地區，隨著時間的變遷，至日治時期，江氏漸退出淡水地區，並定居在三芝一帶，由下表格 4-7 至表格 4-9 臺灣總督府官防調查課的調查可見，日治時期淡水地區已不見汀州客行蹤：

表格 4-7：《臺灣在籍漢民族鄉貫別調查》全島各省籍移民比例

州及廳			全島	隆市、臺北州（今臺北市、基	園縣、苗栗縣）新竹州（今新竹縣、桃	中市、南投縣、彰化縣、臺 臺中州（今	南縣、臺南市、嘉義縣、臺 臺南州（今雲林縣、	雄市、屏東縣）高雄州（今高雄縣、高	臺東廳（今臺東縣）	花蓮港廳（今花蓮縣）	澎湖廳（今澎湖縣）
福建省	泉州府	安溪	百人	4416	2022	146	515	997	559	17	23	119
		同安	百人	5531	1112	376	1140	1621	818	1	12	451
		三邑（南安、惠安、晉江）	百人	6867	856	452	1763	2756	1011	5	12	12
	漳州府		百人	13195	2846	1065	3611	4238	1293	10	46	86
	汀洲府		百人	425	174	55	83	76	36	…	1	…
	龍巖州		百人	160	26	19	61	25	27	…	2	…
	福州府		百人	272	67	15	121	35	27	2	3	2
	興化府		百人	93	5	17	5	32	33	1	…	…
	永春州		百人	205	53	8	63	13	67	1	…	…
	計		百人	31164	7161	2171	7362	9793	3871	37	99	670

		單位									
廣東省	潮州府	百人	1348	18	518	547	113	128	2	21	1
	嘉應州	百人	2969	19	1683	383	71	769	9	35	…
	惠州府	百人	1546	6	1332	147	21	23	1	16	…
	計	百人	5863	43	3533	1077	205	920	12	72	1
其 他		百人	489	56	117	99	106	106	…	…	5
合 計		百人	37516	7260	5821	8538	10104	4897	49	171	676
該州汀洲人，在全國汀洲人中所占比例			100%	40.95%	12.94%	19.53%	17.88%	8.47%	0%	0.23%	0%

表格 4-8：《臺灣在籍漢民族鄉貫別調查》臺北州各省籍移民比例

省	府	郡、支及支廳	單位	臺北州	臺北市（今臺北市大部）	基隆市（今基隆市大部）	七星郡（今臺北市大部、臺北縣小部）	淡水郡（今臺北縣屬）	基隆郡（今臺北縣屬）	宜蘭郡（今臺北縣屬）	羅東郡（今臺北縣屬）	蘇澳郡（今臺北縣屬）	文山郡（今臺北縣大部、臺北市小部）	海山郡（今臺北縣屬）	新莊郡（今臺北縣屬）
福建省	泉州府	安溪	百人	2022	735	49	230	47	188	6	3	5	415	278	66
		同安	百人	1112	41	48	337	214	8	4	6	8	56	52	338
		三邑（南安、惠安、晉江）	百人	856	547	5	43	36	38	4	3	8	4	61	107
	漳州府		百人	2846	30	200	259	94	551	824	476	31	50	319	12
	汀洲府		百人	174	4	99	1	34	…	1	8	…	…	24	3
	龍巖州		百人	26	…	16	…	…	…	1	3	1	…	5	…
	福州府		百人	67	9	2	3	…	2	3	…	34	…	14	…
	興化府		百人	5	…	1	2	…	…	1	…	1	…	…	…
	永春州		百人	53	…	1	3	17	1	1	…	…	…	30	…
	計		百人	7161	1366	421	878	442	788	845	499	88	525	783	526
廣東省	潮州府		百人	18	8	1	1	…	1	1	1	…	…	5	…
	嘉應州		百人	19	5	…	1	1	…	…	7	4	…	1	…
	惠州府		百人	6	…	…	…	…	2	1	…	1	…	1	1
	計		百人	43	13	1	2	1	3	2	8	5	…	7	1
其 他			百人	56	…	…	26	…	…	3	16	8	…	3	…
合 計			百人	7260	1379	422	906	443	791	850	523	101	525	793	527
該郡、支及支廳汀洲人，在全臺北州汀洲人中所占比例					2.30%	56.90%	0.57%	19.54%	0%	0.57%	4.60%	0%	0%	13.80%	1.72%

表格 4-9：《臺灣在籍漢民族鄉貫別調查》北淡區各省籍移民比例

街、庄及區			臺北州	淡水郡淡水街(今淡水)	八里庄(今八里)	三芝庄(今三芝)	石門庄(今石門)
福建省	泉州府	安溪	百人	46	…	1	…
		同安	百人	111	45	58	…
		三邑(南安、惠安、晉江)	百人	33	3	…	…
	漳州府		百人	3	17	8	66
	汀洲府		百人	…	…	29	5
	龍巖州		百人	…	…	…	…
	福州府		百人	…	…	…	…
	興化府		百人	…	…	…	…
	永春州		百人	17	…	…	…
	計		百人	210	65	96	71
廣東省	潮州府		百人	…	…	…	…
	嘉應州		百人	1	…	…	…
	惠州府		百人	…	…	…	…
	計		百人	1	…	…	…
其　他			百人	…	…	…	…
合　計			百人	211	65	96	71
該街、庄及區汀洲人，在全淡水郡淡水街汀洲人中所占比例				0%	0%	85.29%	14.71%

表格凡例：
一、表中數字是就各「市役所」及各「街庄區役場」所調查而統計者。
二、本表為每一市街庄區，以百人為單位，百人以下未記入。
三、本表對未設置街庄區之蕃地，未列入。
四、本表對福建省、廣東省以外之貫別者，記入「其他」欄。
五、本調查係調查至昭和元年（民國十五年）十二月底止。
六、本調查，因以百人為單位，在統計表中，無漢民族居住之市街庄區，不得已亦與居有百
　　人以下之漢民族同樣以點線表示之。
表格 4-8、表格 4-9、表格 4-10 資料來源：臺灣總督府官防調查課，《臺灣在籍漢民族鄉貫別
調查》，臺灣時報發行所，1928 年。

　　表格 4-7 全島各省籍移民比例來看，全臺汀州客人數最多的縣份是在臺北
州，表格 4-8 裡可看出臺北州之中，汀州移民多聚居於基隆市與淡水郡兩區，
最後範圍縮至北淡區，表格 4-9 裡的淡水街汀洲移民已不滿百人，但三芝汀洲

籍人口，卻占三芝總人口 30.2%，也就是說在三芝約十人中就有三人是汀洲人，這還不含三芝的漳州客移民，上述人口結構自日治時期延續至今，三芝鄉與石門鄉仍爲大臺北縣市，汀州客與漳州客的主要居住區。

二、江氏與潘氏在北淡地區的水力開發

北淡地區的移民，是在乾隆前間達到鼎盛，據日人《臺北廳誌》所載，北淡區水力開發在嘉道年間才較爲完備：

> 龍泉圳：由三圳而成，以湧泉爲水源，灌溉芝蘭三堡（今淡水三芝鄉及石門鄉之一部）水梘頭，中田寮，林仔街（今淡水轄），北新莊仔（今三芝鄉轄）等各莊二百八十甲，嘉慶年間，關係人共同開設。

> 成渠下圳（在今石門鄉老梅頭圍附近），道光年間老梅莊潘運双創設，工費千八十元。

> 蕃社、大屯、有應公（淡水鎮西北部）三圳，開設於嘉慶年間。

> 八連圳，由八連、八連頭、八連下埔頭、山豬堀頭、山豬堀下、茂興店四棧橋等，八圳合成。灌溉土地公埔莊，小基隆舊庄（今三芝鄉）附近五百十七甲。〔註79〕

依《臺北州水利梗概》與《臺北廳誌》二書，將北淡各區水渠發展整理後，呈現如下：

表格 4-10：明清時期北淡地區水利開發年表〔註80〕

時　　間		陂圳址		陂圳名	水源	灌田（甲）	開發者
臺灣紀元	西元	今地名	古地名				
雍正十三年	1735	淡水	圭柔社內	圭柔社舊水圳			土官達傑等
乾隆四十一年	1776	淡水	芝蘭三堡	水梘頭圳	山坑		謝開使與番業戶

〔註79〕 臺北廳總務課著：胡清正、陳存良、林彩紋譯，《臺北廳誌》，臺北縣板橋市：臺北縣立文化中心，1998 年。《臺北廳誌》原書出版於日本明治三十六年（1903 年）。括號中之說明，轉引自盛清沂於〈乙未以上臺北史事叢考〉文中的說明，《臺灣省臺北縣文獻叢輯》，臺北：成文，1983 年，頁 65。

〔註80〕 表格中空白之處，表示無此年代之相關數據與資料。表格轉引自蔡志展，〈明清臺灣水利開發之時空分析（1624～1894）〉，《社會科教育研究》第三期，1998 年，頁 25～95。

乾隆四十一年	1776	淡水	芝蘭三堡	水梘頭圳	山　坑	384	番戶與謝同開
嘉慶年間	1796	淡水	芝蘭三堡	大屯圳	大屯溪	280	
嘉慶年間	1796	淡水	芝蘭三堡	龍泉圳	湧　泉	567	田主
同治九年	1870	石門	芝蘭三堡	成渠圳（分頂、中、下圳）	老梅溪	140	潘成渠
同治十三年	1874	石門	金包里堡	金泉吉圳	阿里磅溪	517	潘盛清等合股
		三芝	芝蘭三堡	八連圳	八連溪		業佃共築

《臺北廳誌》裡，八連圳僅標明其地理位置，沒有說明由何人在何時所闢建，盛清沂認為此圳應創設於嘉道時期：

> 竊以似應在嘉道時期，值此區大量開拓之時。蓋該圳若創於道光以後，野老應有能言之者。若開於嘉慶以前，其規模既如斯之大，又當臺北驛道之衝，及小雞籠塘汛駐守之區，既便於採訪，舊志何以不載？特以嘉道時期，埤圳之開設漸多，爾後之次第添建者遂不以為意，年代復遠，故野老不能言。又該時之交通中心已移臺北盆地，其地歸之邊陬，官方採訪為難，是以舊誌獨缺其事也。〔註81〕

盛清沂明確點出八連圳可能的成立時間，但因「野老不能言」無從得知創渠者為何人。滬尾文史工作室的曹慧如於 2004 年，接受臺灣省北基農田水利會委託進行調查研究後，於〈臺灣省北基農田水利會歷史沿革〉文中表示：「八連圳的開發源自乾隆中頁，係福建永定籍華姓客家人所開發的，因位於八連溪上游而命名之。」〔註82〕但沒有進一步說明其資料來源，不知此為田野資料或文獻資料，筆者在書契之中並無發現華氏有與八連圳直接相關連的資料。

八連溪為三芝鄉境內主要的灌溉來源，在本節契約編號：1735-08-00 中（1735 年，雍正十三年），圭柔社土官與番眾們將社內荒地（東至雞柔山腳，西至海，南至滬尾與施茂交界，北至小圭籠八連溪為界）賣給王啟林、廖楊世時曾提及：「其地有高崙之處，併舊水圳，係番修理耕種營業」，顯示在當時圭柔社的土番們已自建水渠於高崙之處耕種（也就是表格 4-10 中的「圭柔

〔註81〕　盛清沂〈乙未以上臺北史事叢考〉，《臺灣省臺北縣文獻叢輯》，臺北：成文出版社，1983 年，頁 65。

〔註82〕　宋宏一、曹慧如，〈臺灣省北基農田水利會歷史沿革〉，《聖約翰學報》第二十四期，2007 年 7 月，頁 173～191。

社舊水圳」），但自此之後，筆者所能找到與八連圳直接相關的書契資料，是相隔一百三十多年江氏的賣契：

契約編號：1867-12-00

仝立杜賣盡根絕契字人　江宏海季内首事江秀發、江仰宗、江漢源、江東山等。有承宏海公遺下自置水田、山埔竹木在内連爲壹段，坐落土名芝蘭三保，小圭籠新庄仔庄社前崙頂。東至坑直透眾份荒埔爲界，西至老庄林家田爲界，南透山自築陂塘直透溪底爲界，北至福昌田埔爲界。東西四至界址，俱各分明，每年應納小圭籠社番口糧租粟參石，原配食八連溪大陂分新庄仔圳水，作拾壹份參厘内應得壹大份；併接八連溪頭上圳，宗姪恩富等田，水尾以及自築宿水私陂塘貳口、私圳參條，直透到田通流灌溉充足；併帶竹圍餘地，以及眾份公埔名下應得壹大份，俱各在内。今因乏銀別創，公議欲去小份，贖回五谷坑口大份田屋，以作祖廟，愿將此業出賣；先問房親族長，不欲承受，外托中引就與翁種玉親出首承買。當中三面議定，時值紋銀陸佰貳拾兩正，即日親收完足，銀契兩相交訖。將業照界仝中面踏，交付與銀主前去掌管，過佃招耕，收租納課，永遠管業，發等日後不敢言贖。此業，係是宏海公自置遺下物業，與別房無干；亦無重張典掛他人，借項不明爲礙。如有不明等情，發等自出，一力抵當，不干買主之事。一賣千休，寸土無留。此係現銀交易，二比甘願，各無反悔。恐口無憑，今欲有憑，仝立杜賣盡根絕契字壹紙，並繳上手印契司單壹紙，老契五紙，共捌紙，付執爲炤。

即日親收過杜賣盡根契字内，紋銀陸佰貳拾正，足訖再炤。

批明、倘有字約或交未盡，因亂失落，日后取出，不堪行用，批明再炤。

爲中人　江永瑞、王應

在場人　江秀寅

同治六年十二月　日仝立杜賣盡根絕契字人　江宏海、季内首事

江秀發、江仰宗、江益潮、江阿嬰、江漢源、江東山自筆〔註83〕

約中指出，江秀發等人的宗姪恩富等田，在同治六年時，江恩富已築成私築

〔註83〕高賢治，《大臺北古契字二集》，臺北：臺北市文獻會，2002 年，頁 191。

陂塘貳口、私圳參條。江恩富取得此區田地的時間，可由以下二則契約中推斷：

契約編號：1823-01-00

立杜賣斷根田契字人兄弟江開連、江慶連、江丙連，有承父名下全叔江朝輝、江河生，共墾買得山埔水田壹厝，分父名下地字號鬮單份額水田山埔一段，坐落土名小圭籠八連溪庄，東至山頂中崙為界；西至大溪為界；南至河生田畔為界；北至朝輝田畔直上為界，四至界址分明。又帶青埔竹圍屋宇一併在內，田本帶大溪圳水灌溉通流。遞年配納業主口糧大租，係照庄規均納給完單執照。

今因乏銀別創，自情願託中賣與懷山公蒸內江懷品坤秀祖等，出首承買。當日，仝中三面言定，時值田埔業價銀貳百玖拾大員正。其銀即日全中隨契兩相交訖，並無少欠其田，上手並無少欠他人財物，亦無重張典掛他人。如有此情，不干買主之事，係賣主抵擋。其大墾契一紙，存朝輝身上，合行共用。其山埔水田自出賣之日，盡付銀主前去招耕管業，一賣千休，寸土無留。後日不敢言增，亦不敢言贖。此是叔姪二比甘願，兩無逼勒。今欲有憑，立杜賣斷根田契一紙。又帶鬮書一紙，共貳紙，付執永遠為照。

即日，兄弟全中親收列契內業價銀貳佰玖拾大員正足訖。再照。

代筆人　吳集士　為中人　兄　儵保號

在見人　叔　連喜　在堂母　沈氏

道光參年正月　日　立杜賣斷根田契字人兄弟　江慶連　江開連
江丙連〔註84〕

契約編號：1837-07-00

立鬮書字人曹來秀仝江坤秀公蒸內首事人恩富、癸龍叔姪五大房等，緣先本曹來秀與江坤秀公生下長男恩榮，共買山埔一處，坐落土名小圭籠庄埔頭坑內，其四至界址、價銀、雜項在買契內載明。買成就後，至丙戌年（筆者案：道光六年）下冬，二人共開成水田一段，遞年所收之租谷二人均分。今因恩榮公辭世，曹來秀年邁，只得將此山埔田業面踏明界址，肥瘦配搭，坐〔作〕二股均分，取

〔註84〕國立臺中圖書館整理，《臺灣總督府檔案抄錄契約文書‧永久保存公文類纂》：國家文化資料庫編號 ta_01820_000051-0001。

天、地二字號,祝神拈鬮爲定。今曹來秀拈得地字號一分,江坤秀公蒸內恩富等拈得天字號一分。自今分定以後,各執一冊,依界內管業,安分守己。日後不得爭長競短,倘有異言生端,來歷不明等情,個人抵理。如若要契用時,當眾獻出,此是二家甘願,兩無反悔,恐口無憑,仝立鬮書貳紙,共一樣,各執一紙爲照。

批明:日後倘若要作陂開圳水,二人均分,仝二人平出,批明再照。

一、地字號,曹來秀管業。其界址東至江家上穴風水前大名頭直上崙頂反水爲界;西至坑爲界;南至土地公崗直透上反水爲界;北至江巳連陂子頭橫崗直上中崙頂反水爲界。又一處,係天字號界內坡子頭透水圳下埔地一所,東至天字號水圳爲界;西至坎爲界;南至陂頭其爲界;北至左先屋角陰溝爲界。另過圳天字號水田尾水田壹處係地字號之田業,地右片係地字號得一半,鬮書存曹來秀身上。批照。

一、江坤秀公蒸內恩榮等管業,其界址,東至楊家埔地大崙頂大路反水爲界;西至江家陂子頭下崩□面直□路反水爲界;南至龍崗大路直上反水爲界;北至右片屋角土地公崙龍崗直透上反水爲界。屋前水田貳處,係天字號之田業,另地字號田頭行路面抽出一行,過一節係天字號之田業。屋地左片係天字號得一半鬮書存江恩富身上,又存新老契共四紙恩富身上,批明再照。

代筆人　江松慶字

在見人　李和連　江恩富　道光十七年丁酉歲七月二十一日　仝立

鬮書字人　曹來秀〔註85〕

由契約編號:1823-01-00 中可知,江開連、江慶連、江丙連,與叔江朝輝、江河生等,在道光三年將小圭籠八連溪庄的土地賣給江懷品坤秀祖等,道光十七年鬮分契中(契約編號:1837-07-00),江坤秀公蒸內江恩富等拈得天字號一分,地點在土地公崙,鬮分的內容包含江恩富、癸龍叔姪五大房與曹來秀與江坤秀的長男——江恩榮,所共買小圭籠庄埔頭坑山埔一所,經由對照臺灣堡圖中土地公埔的位置(請見下方圖表4-7):

〔註85〕國立臺中圖書館整理,《臺灣總督府檔案抄錄契約文書‧永久保存公文類纂》;國家文化資料庫編號 ta_01821_000037-0001。

圖表 4-7：《臺灣堡圖》芝蘭三堡八連溪上游〔註86〕

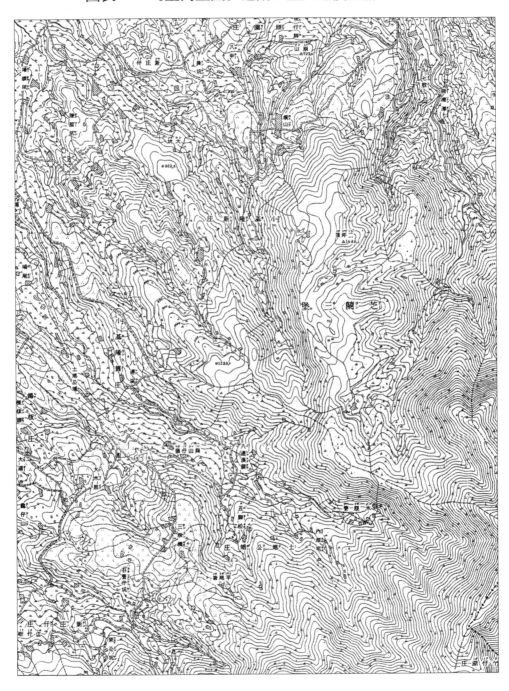

〔註86〕臺灣總督府臨時臺灣土地調查局原圖調製，《臺灣堡圖》，臺北：遠流出版社，1996 年，頁 15。

　　江恩富等人田地應是在小基隆舊庄的土地公埔一帶,此區已距八連溪頭不遠,約中曾言「日後倘若要作陂開圳水,二人均分,全二人平出」,故江恩富等人在道光十七年立鬮書時尚未築圳。由此三契可推知,開闢八連圳爲江恩富爲首的江氏人等,開築並完成水圳時間,是在道光十七年至同治六年(1837～1867)之間。

　　相較於三芝地區,石門地區水圳的形成據載於乾隆年間即已形成,由潘盛清、潘恭等人先行開墾七股庄,並築圳灌田,之後由簡姓移民承購,共有七人合股,故以此爲莊名〔註87〕,下爲潘氏在光緒二十年鬮分此七股田業的契約:

> 契約編號:1894-11-02
> 仝立鬮書合約字人潘乞記、許石乞、簡天財、楊拾記、潘金榜、許士福等,有承先祖父遺下,或自置明買柒股公山及水田柒段,址在老梅庄柒股內,其前界址俱在載大契鬮書字內明白。□及前年,抽出以爲柒股鬮費諸事。今因開闢成田,逐年各亦照股均收租額。茲乃嫌其零星,紛碎莫定,是以股內和同鳩集到地,不論肥磽廣狹,分配均匀,按作柒股均分。(下文省略)〔註88〕

由此約可知七股中,除潘氏外尚有許、簡、楊氏等組成,再由潘盛清家中的鬮書可知潘氏家族是集資用「潘成渠」爲圳號,開墾老梅、頭圍一帶:

> 契約編號:1902-11-00
> 鮑字號　元記鬮約字
>
> 立囑分家業鬮約字,母潘呂氏傳下:五房男盛清、次房孫光榜、三房孫光楣、四房孫光榕、六房孫光明、七房孫光檔、八房孫光楷、長房曾孫迺文等。……於前年間,與二房亨記、三房利記鬮分,立約各管。該我元記應得份下,凡有田園、物業、租稅、店屋,除先抽出烝嘗養贍以及充長之資,並抵還債項利息外,其餘按作八大房等均分。……謹將各分產業條列于左,立囑分家業鬮約字壹樣捌部,編用鮑、土、革、木、石、金、絲、竹爲號,各執壹部,永遠

〔註87〕「七股」的所在位置,請見圖表12。徐福全,《石門鄉誌》,臺北縣石門鄉:石門鄉公所,1997年,頁70。

〔註88〕臺灣總督府檔案,國家文化資料庫編號:ta_01820_000405-0001、ta_01820_000408-0001、ta_01820_000416-0001。

存照。

……。一、芝蘭二堡淇里岸庄買謝家水田三段，年大、小租一百八十石，無帶質地。

一、芝蘭一堡草山庄買曹家山業一所，年稅銀十八元，無帶質地。……。

一、芝蘭二堡小圭頭圍庄潘碧公水田一段，年大、小租六十五石，質地銀壹百貳拾元。

一、芝蘭二堡北投庄八仙洋二十五番，各佃應納年水租一百二十石。

一、桃澗堡外港聖王公會一份，年約收銀三十元。

一、芝蘭一堡士林街天后宮口西畔亭仔腳一軒，郭、金年稅銀十二元。

一、仝　仝　陂墘廁池一所，年稅銀十八元。

一、仝　仝大北街尾隘門外廁池一所，年稅銀十六元。

此以上俱抽存爲烝嘗祀業，應作八大房照序輪流辨〔辦〕理祭祀。其年納家屋稅及地租、大租、地基銀，或就業、捐題、科派諸費，俱歸值年自行完納。倘被風雨損壞修理，應做八大房均攤。其買謝興宗之田，係五房盛清用兌記名號自置，今五房因念祭祀不敷，願將此田獻爲祀業以爲永遠，作八大房輪流。……

又批：此祀業自乙巳年起，士林街神誕定緣及衛生費，俱歸值年支理。再照。

一、芝蘭二堡石牌庄買劉甲水田一段，年小租九十二石，並田寮、竹圍、稻埕、菜園在內，帶佃無利質地龍銀壹百伍拾元。……

一、芝蘭一堡士林大南街三十番戶自造公館瓦店兩進伍坎。……。

一、芝蘭一堡士林大南街小東門內頂五坎，自造瓦店五坎。

一、仝　仝天后宮口自造小瓦店毗連柒坎。……。

一、芝蘭三堡頭圍庄許永吉分約田一段，年分小租肆拾石佃徐發，分質地佛銀壹百貳十元。……。

一、芝蘭一堡士林大東街一番戶自造瓦店壹坎。……。

一、桃澗堡霄裡埔頂茶園一段，年稅銀四十元。……。

一、芝蘭士林大西外街買浩然地基，年銀捌十元，此應另備地基價

佛銀五百元，交七、八兩房對半均收補貼。……。

一、芝蘭三堡楓林買許紅英田一小段，年小租二十肆石佃許獅，質
地佛銀肆拾元。

……。

再批明：<u>我元記用圳號潘成渠開築老梅、頭圍等庄水圳三道以及各</u>
<u>陂塘</u>，於此字內，各房應分得水田原帶水份，無論公私田業，灌溉
充足，俱仍照舊通行，上流下接，各不得阻擋。倘水圳崩壞，其修
理仍舊各帶水份均攤。又此約字內頂四大房抽存祀業，永作元、亨、
利、貞四大房輪流。我元記八大房前經分爨，與頂四大房輪收，至
來年癸卯，係值元記照序輪值……。

代筆人：邱仁；公親：李高盛；族親：潘滄洪；在場：三房孫　潘
光模、長房曾孫　潘迺文、八房孫　潘光楷、七房孫　潘光樯、六
房孫　潘光明、四房孫　潘光榕、三房孫　潘光楣、次房孫　潘光
榜、傳下五房男　潘盛清

明治三十五年十一月　日　立囑分家業鬮約字母親　潘呂氏〔註89〕

從鬮書中可知，石門老梅、頭圍地區的三道水圳以及各陂塘，都是屬潘氏家
族的私人財產，在「水圳崩壞」有待修理時，須按「各帶水份均攤」。且潘
氏家業發展至日治時期，已廣遍芝蘭一堡、二堡、三堡，以及桃澗堡霄裡
（今桃園縣蘆竹鄉）各區，鬮書中較爲特殊的是，潘氏參與桃澗堡外港聖王
公會，亦認捐芝蘭一堡士林街天后宮。桃澗堡外港的聖王是嘉慶十九年
（1814年）漳州人在長南街（今桃園縣蘆竹鄉中正路208號）所興建的景福
宮，祭祀開漳聖王；士林街天后宮即爲今士林的慈誠宮（今臺北市士林區大
南路84號），主祀媽祖。咸豐九年（1859年），發生漳、泉械鬥，位在舊街的
天后宮被焚毀，潘盛清的兄長潘永清主張在士林新街重建天后宮，由潘盛清
擔任興建總董事，香火綿延至今。

　道光年間據《臺北廳誌・開闢志》所載，老梅莊潘運双創設的成渠下
圳（在今石門鄉老梅頭圍附近），其詳細創設時間歷程，請詳見以下表格
4-11：

〔註89〕臺灣總督府檔案，國家文化資料庫編號：ta_01821_000668-0001。

表格 4-11：石門潘氏建渠相關契約書列表

編號	資料來源	時間	案名	承受人／承買人	相關地點	立契人	相關人物	契約摘要
1816-11-00	林明美，《北路淡水》，頁46～47，臺北縣立十三行博物館，2004年，臺北	1816年／嘉慶21.11	給墾永耕字	朱海良	嘎嘮覓	小圭籠社白番進興	爲中併代書人：余若川；在場知見人：姪慶三、叔土目包仔嗹、妻桂娘	小雞籠社白番進興有承祖父遺下水田壹段，帶埔、林、園在內，併帶本坑圳水貳分，水汴尺貳，通流足用。坐落土名嘎嘮覓，東至溪，西至鄭家田，南至納籠田，北至溪，四至踏明爲界，逐年配納口糧大租粟壹石正。今因乏銀使用，先儘問番親等不欲承受，外托中引就，自情願將此水田、埔、林、園付賣與朱海良觀出首承買，三面言議，時值佛面銀壹百參拾柒大員正。
1822-06-00	林明美，《北路淡水》，頁59，臺北縣立十三行博物館，2004年，臺北	1822年／道光2.6	添助口糧租粟字	朱海良	嘎嘮覓	小雞社白番進興	爲中并代筆人：余若川；知見人：弟慶三	小雞杜白番進興，有承祖父遺下水田并埔園壹段，坐落土名嘎嘮覓，東西四至界址俱載墾契字內明白，先年給與朱海良出首，逐年配納口糧壹石正。茲因埔園開闢水田，興托中向朱海良添助口糧壹石肆斗正，永爲定例，後日不敢增多減少，其水田埔園任從銀主永遠耕掌，後日不敢生端添助、異言滋事。
1829-10-01	王行恭先生收藏；林明美，《北路淡水》，頁69，臺北縣立十三行博物館，2004年，臺北	1829年／道光9.10	墾找字	朱海良		小圭籠白番聖云、振興等	代筆人：潘連生；爲中人：何成祖；在場中見人：土目慶三	小圭籠社白番振興、聖云等，因番親獨罕，年老身故，無力收埋。托全土目慶三，向隔手之佃人朱海良觀身上墾找來佛番銀肆大員正。即日公全親交振興等收訖，以資收埋，日後再不敢翻找滋事等情，恐口無憑，全立墾找字壹紙，付佃人執照。即日全公收過埋葬銀肆大員正，再照。
1837-11-01	林明美，《北路淡水》，頁85，臺北縣立十三行博物館，2004年，臺北	1837年／道光17.11	杜賣賣盡根契	潘敬德、朱思班	打邊埠頂嘎嘮覓	朱海良	代筆人：族姪乃右；爲中人：許朱成；知見人：堂兄應；在場見：男漢水	立杜賣盡根契人朱海良有承父併自置水田山埠貳段毗連，坐落打邊埠頂嘎嘮覓，東至大溪爲界，西至崁頭透上小崙脊分水爲界，南至本田頭小橫路爲界，北至溪邊透崁頭爲界，貳段四至界址各踏明爲界，又帶坑埠圳汴水，五份得貳，通流灌蔭，又另帶橫路腳水圳路壹條，

								任憑開築埤圳，遞年□□□糧租粟貳石捌斗，又帶茶園、禾埕、竹木、菓子在內。今因乏銀別創，先問叔兄弟姪人等不欲承受，外托中引就與潘敬德、朱思班二人出首承買，當日全中三面言議，時值盡價銀柒佰貳拾大元正。
1859-11-00	林明美，《北路淡水》，頁87，臺北縣立十三行博物館，2004年，臺北	1859年/咸豐9.11	歸就管業字	潘敬德派下六合興等	打邊埔頂嘎嘮覓	朱遠、朱目、朱蒞	朱遠自筆；爲中人：許明瑞、堂兄先進；知見人：堂侄	立歸就管業字人朱目、遠全侄朱蒞等，有承祖父前年與潘敬德合夥明買朱海良山埔田業貳段。址在打邊埔頂嘎嘮覓庄，其東西南北四至界址，水圳汴份田蓁、菓子、竹木、禾埕、茶園等項，在合夥買契內言明。今因潘敬德派下欲招開築成業，目、遠、蒞等無力開築，乏銀應用，愿將此業歸付與潘敬德派下六合興等掌管。當日托中三面言定，時值價銀貳佰捌拾陸大員。即日立字，其銀字全中兩相交收足訖明白，並無短折分文，其山埔田業當堂歸付掌管，收租納課，永爲潘家之業。
1861-11-00	林明美，《北路淡水》，頁90～91，臺北縣立十三行博物館，2004年，臺北	1861年/咸豐11.11	杜賣盡根山埔契字	潘德隆	老梅庄草山腳	朱遠、全姪朱蒞、朱九、朱領、朱盛	秉筆人：朱蕊；爲中人：江助福；在場知見人：嫂楊氏	杜賣盡根山埔契字人朱遠全姪蒞、九、領、盛等，有承父遺下山園埔業，杜賣魏恐。參段內抽出本厝後東畔山埔一段，址在老梅庄草山腳，東至立石透直橫路爲界，西至本厝後崙頂反水爲界，南至潘專山埔橫路爲界，北至潘家山園立石爲界，四址明白，年配納小雞籠社番口糧壹斗正。今因乏銀別用，愿將該埔業出賣，除先問房親人等不承受，外托中江助福引賣潘德隆出首承買，三面議定，照依時值價銀陸大元正。
1867-03-00	林明美，《北路淡水》，頁97，臺北縣立十三行博物館，2004年，臺北	1867年/同治6.3	合約字	潘成渠	茗梅小坑庄	朱蒞、朱葉、朱領兄弟	爲中人：潘乾是；在場知見人：堂弟金水、金盛	立合約字人朱葉、蒞、領兄弟等，有承祖父遺下山田厝地一所，址在茗梅小坑庄，該田並契出典李長城收租瞨佃多年，尚存山業厝地抽出另管。批明典契炳據逐年應納社番口糧租谷載在田內完納，歷管無異。今因圳戶潘成渠引水到山，可闢良田，

| 1881-08-00 | 臺灣總督府檔案，國家文化資料庫編號：od-ta_01821_000249 | 1881年／光緒7.8 | 分鬮各管約字 | | 老梅溪頭蛇仔崙 | 魏錦瑞、潘敬德，有合夥四股魏錦瑞、潘敬德、朱思緎、周茶泉建置公號金勝興 | 代筆人：潘實秋；知見人：潘運誥、魏登楫；在場人：潘運井、魏登標 | 全立分鬮各管約字人魏錦瑞、潘敬德，有合夥四股魏錦瑞、潘敬德、朱思緎、周茶泉建置公號金勝興。於道光柒年明買過何占梅、簡永發、陳英泮、鄧振伯、田阿氣、李阿慶、江登輝、江開兆、盧舉科、黃俊仕、陳宗祿等，共給老梅溪頭蛇仔崙，併大小兩坑田山番墾壹所……配本溪水上下通流灌溉，又年配納小圭籠社番永遠定額大租粟參石正。并力耕經營，次第成業，墾田數百，已廓前規，歷世六傳，各無異議。方將效金蘭於鮑管，追膠漆於雷陳，爲世世孫子莫逆之交。第以年湮已遠，合久必分。於是邀集股內八等相商，踏明界址，作四股均分。魏錦瑞應得壹股，潘敬德並承受周、朱股，額應得參股拈鬮分管。日後或田畝開墾增多，山場種作茂盛，不得阻撓滋事……。一批明：此山場如或股內欲開水圳，除舊田外，任從疏鑿，無論大小圳路，不得阻擋。再照。一批明：此業本係潘敬德當事，自分管以後，無論加收磧地山稅銀，及咸豐拾壹年分類抽過魏錦瑞全年小租，并郭振盛與江家爭界控官開費，及關田造屋諸費，均已面會清楚。日後不得異言生端。再照。一 |

（上欄延續）
蒝兄弟願將該山以及厝地墾圳戶將該山界分沾水利，山主出地、圳戶出水均分，立約各墾成田，其山界東至崙頂反水爲界，西至典李家舊田爲界，南至豎崙合石爲界，北至豎崙林本源山爲界，四至界址明白，踏作兩段。蒝等兄弟山主與圳戶對半均分，蒝等得水頭段，渠等得水尾段連舊厝地在內，俟開成田之日，再行踏界換約分管，須憑公道，勿蓄私心……。批明：潘成渠引水到山，付朱蒝等開關良田，任從灌溉充足。批明內添註圳字一字，炤。

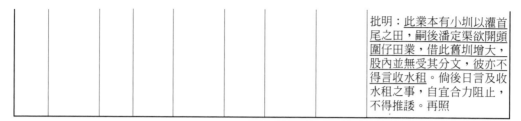

								批明：此業本有小圳以灌首尾之田，嗣後潘定渠欲開頭圍仔田業，借此舊圳增大，股內並無受其分文，彼亦不得言收水租。倘後日言及收水租之事，自宜合力阻止，不得推諉。再照

　　嘉慶二十一年，小雞籠社白番進興將位在嘎嘮覓的田業，以每年納口糧大租粟壹石與佛面銀壹百參拾柒大員的代價，贌給朱海良耕種，小雞籠社白番進興在道光二年，以將「埔園開闢（爲）水田」的理由，請朱氏添助口糧壹石肆斗，又再道光九年向朱氏找來佛番銀肆大員，將年老身故的番親──獨罕收埋，一來可見小雞籠社的社番在道光年間，顯然已面臨生活經濟困難〔註90〕，二來可知朱氏在道光二年時，已試著建渠，將溪水引入田地，將沒有溪水灌溉之埔園闢爲水田。道光十七年朱海良將位在打邊埔頂嘎嘮覓的二段「水田山埔」賣予潘敬德、朱思班二人時，有提及「帶坑埤圳汴水，五份得貳，通流灌蔭，又另帶橫路腳水圳路壹條，任憑開築埤圳」，表示賣出的二段「水田山埔」，有分得朱氏開闢五份「坑埤圳汴水」中的貳份，咸豐九年朱目、朱遠與朱蕊等（朱思班的後代），再將原朱思班的田業全數賣予潘敬德，讓潘敬德派下的「六合興」開築田業，指的應是道光十七年約中「橫路腳水圳路壹條，任憑開築埤圳」的部分，此即爲成渠圳的下圳。嘎嘮覓地名很有可能是當時平埔族語的音譯，其確切所在位置不詳，但「打邊」對照今日石門地名，有一相似地名「打鞭」，或稱打賓，位在今富貴角及其西側〔註91〕，「打邊」可能是清代時的古名。

　　朱遠、朱蕊、朱九、朱領、朱盛等（朱思班的後代），在咸豐十一年與同

〔註90〕按清朝民間習慣，在土地田業杜賣之後允許買主以「賣價與市價不勻」等理由要求在賣價之外，另行贈找若干田價，俗稱「找洗」。一般而言，要求找價的原田主都是以貧困或乏銀埋葬親族爲重要理由，但不論原因是前者或後者，在此文當中，找洗的主因是沒錢以及田價上漲。因田價上漲而形成找價原因的分析，請見岸本美緒〈明清時代「找價贖回」問題〉，收於楊一凡主編《中國法制史考證丙編第四卷》，北京：中國社會科學出版社，2003年。資料參考陳秋坤，〈大崗山地區古契約文書的歷史意義〉，《大崗山地區古契約文書匯編》，高雄縣鳳山市：高雄縣政府，2004年12月，頁14。陳秋坤，《臺灣古書契（1717～1906）》，臺北：立虹出版社，1996年，頁156。陳哲三，〈清代草屯的找洗契及相關問題〉，《逢甲人文社會學報》第十二期，2006年6月，頁218～221。

〔註91〕徐福全，《石門鄉誌》，臺北縣石門鄉：石門鄉公所，1997年，頁75。

治六年陸續將老梅庄的田地賣予潘氏，同治六年時圳戶潘成渠已成功引水到山，可闢良田，朱氏兄弟們願意將該山以及厝地墾圳戶提供山界地，也請圳戶潘成渠出水均分，共享其利，據《臺北州水利梗概》記載，潘成渠圳號完成成渠圳頂圳與中圳的時間是在同治九年，當時頂圳灌溉面積有 180 公頃，費銀 3830 圓；中圳灌溉面積有 145 公頃，費銀 2160 圓，再加上下圳費銀 1080 圓，灌溉面積 83 公頃，潘氏總共在此圳上花費共 7070 圓〔註92〕，其所灌溉範圍已包含現今石門鄉老梅與頭圍，以及部分三芝地區，《臺北州水利梗概》尚有記載「四合興圳」，是由四合興號與各股夥同出資開鑿，指的可能是光緒七年分闔各管約字中，魏錦瑞、潘敬德、朱思緘、周茶泉四股所建置的金勝興公號，金勝興是在道光七年買老梅溪頭蛇仔崙的田業，「四合興圳」建成時間是在同治年間，以同治初年（1862 年）反推回道光七年（1827 年）的時序來推論，花費公費銀 2000 圓，歷時二十餘年成渠是有可能的，由約中「此業本有小圳以灌首尾之田，嗣後潘定渠欲開頭圍仔田業，借此舊圳增大」亦可知，四合興圳建成後的拓寬，仍是由潘氏家族主導。

　　石門鄉主要用渠「成渠圳」，與灌溉老梅大丘田地區的「四合興圳」主要皆由潘氏家族號召與出資，可想見清代時期潘氏家族在石門地區的財力與影響力皆相當雄厚。北淡地區各水圳的灌溉區域與面積，請見下表格 4-12。

表格 4-12：北淡地區水圳範圍一覽表〔註93〕

圳　　名	灌　　　溉　　　區　　　域	灌溉地區	灌溉甲數
龍　泉	淡水街、三空泉、竿蓁林、淡水水梘頭、北投子、水碓子、大庄埔、油車口、沙崙子、中田寮、林子、頂圭柔山、興化店、下圭柔山、三芝庄、北新庄子	淡水街大部分三芝庄一部分	1650
大　屯	淡水街、番薯寮、興化店、草埔尾、灰磘子、大屯、三芝庄、北新庄子	淡水街與三芝庄一部分	954
成　渠	石門庄老梅、頭圍、石門、三芝庄、新小基隆	石門庄與三芝庄一部分	940
八　連	三芝庄、土地公埔、新小基隆、舊小基隆	三芝庄	525
金泉吉	石門庄、下角	石門庄	169

〔註92〕《臺北州水利梗概》，臺北：臺北州，1928 年。
〔註93〕此表整理自張炎憲主編、陳存良譯，《基隆・淡水郡彙編》，臺北縣板橋市：臺北縣文化局，2001 年，頁 270、367。

第五章　結　論
北淡區移墾社會的形成

　　臺灣各地在開墾初期，漢人一波波的湧入臺灣開墾，使得臺灣由十七世紀末的十幾萬人，增加到十九世紀末的二百餘萬人，在這兩百年之中，人口增加了二十倍之多，人口的增加，與水利的開發、水稻耕作的普及、土地所有制的複雜化以及社會的階層化都息息相關，這些因素可以說是清代以來，臺灣漢人社會所產生的最大變動，且由於處在移墾的情況下，社會呈現明顯的流動性與不穩定性，不但人群的地理移動非常頻繁，社會的上升流動亦極為活潑〔註1〕，也使得臺灣社會逐漸從海外的邊疆，成為中國本土的延伸，亦由移民社會（immigrant society）邁入土著社會（native society）。〔註2〕

　　北淡地區的閩客移民們，為適應各種語言、風俗之間的調適問題，在移居至北淡區時，普遍以原鄉的地緣關係為優先考量，逐漸形成泉州籍移民集中於淡水；汀州籍集中於三芝；漳州籍移民集中於石門一帶定居的情形。乾隆中葉以後，臺灣各地皆先後開墾殆盡，可容新移民地區日漸減少，因此移民們或為爭奪墾地，或為結會滋事產生多次分類械鬥〔註3〕，族群之間的衝突

〔註1〕蔡淵絜，〈清代臺灣的移墾社會〉，收於瞿海源、章英華合編，《臺灣社會文化變遷研討會論文集》（中央研究院民族學研究所專刊乙種第十六號），臺北：中央研究院民族學研究所，1986年，頁45、52。

〔註2〕移民社會轉為土著社會，這之間的過程陳其南稱之為「土著化」（indigenization），意即由認同原大陸祖籍的意識形態，轉為認同臺灣所在地緣與血緣意識。陳其南，《臺灣的傳統中國社會》，二版，臺北：允晨文化實業股份有限公司，1987年，頁76、83、92。

〔註3〕林再復，〈臺灣移民開發過程中的族群衝突、對立與融合〉（上、下），《臺灣

也再次造成北淡地區移民們的遷徙與流動，直至光緒年間才漸趨和緩。

相較於臺灣中南部，淡水廳地區屬西海岸線開發較晚的地區，故族群之間發生衝突、械鬥的時間也較晚，各地人民因籍貫不同，族群之間的械鬥模式也不盡相同，漢民之間以原籍貫可粗分爲漳、泉、粵，中南部以閩粵械鬥爲主，而臺北盆地及其周圍則是以漳泉械鬥爲主〔註4〕。本文整理歸納北淡區客籍移民於清代遷徙主因後，如下表所示：

表格 5-1：北淡地區客籍移居列表

姓氏	籍　貫	原居住地	遷徙時間	目的地	搬遷原因	資料來源
謝	惠州府陸豐	臺北縣淡水鎮	乾隆十七年	桃園縣八德鄉	開拓荒蕪之地	《謝氏臺灣廷松公系分長生公直系族譜》，故宮家族譜牒文獻資料庫微縮捲編號：1127125（12-1）
譚	惠州府陸豐	臺北縣淡水鎮	乾嘉之際	新竹縣湖口鄉	佃耕	《譚氏族譜》，故宮家族譜牒文獻資料庫微縮捲編號：1210045（10-4）
江	汀州府永定	臺北縣淡水鎮	乾隆年間	臺北縣萬華、土城	經商	江輝泉，《江氏族譜》，1988年。
		臺北縣三芝鄉	道光五年	臺北縣中和	遭人誣陷	江輝泉，《江氏族譜》，1988年。
		臺北縣三芝鄉	乾隆五十八年	宜蘭	開墾農耕	《永定江氏直系歷代族譜》，故宮家族譜牒文獻資料庫微縮捲編號：1307094（21-20）
曾	嘉應州長樂	臺北縣三芝鄉錫板	道光六年	桃園龍潭烏樹林	閩粵械鬥	陳亦榮，《清代漢人在臺灣地區遷徙之研究》，1991年，頁211。
翁	潮州府普寧	臺北縣三芝鄉錫板	嘉慶年間	桃園龍潭八張犁	閩粵械鬥	《翁氏族譜》，故宮家族譜牒文獻資料庫微縮捲編號：1210044（36-15）
				桃園龍潭烏樹林	瞨田耕作	
許	潮州府饒平	臺北縣三芝鄉車埕、半天寮	咸豐六年	新竹桃園一帶	閩粵械鬥	許時烺，《高陽許氏大族譜》，1994年。

源流》，1996年，頁48。

〔註4〕林偉盛，《羅漢腳：清代臺灣社會與分類械鬥》，臺北：自立晚報社股份有限公司，1993年，頁84。

| 羅 | 漳州府詔安縣二都鄉頂龍溪上龍甲龍鏡保半更香老樓 | 臺北縣石門鄉阿里磅 | 清道光六年 | 新竹縣關西 | 閩粵械鬥 | 廖倫光，《臺北縣汀州客尋蹤》，2006年，頁23、28。 |

由表中可知，其來臺後再次移民主因有二，依時間來看，乾隆年間多因缺乏耕地，而道光咸豐年間則是因為分類械鬥，顯示當時北臺灣閩粵關係相當緊張〔註5〕，江氏曾於清代在淡水往石門海線古道與八連溪北岸，海邊到大屯山竹仔湖的古道交會點上，開設「茂興店」。茂興店草創於江懷品之手，當時他見三芝墾務拓達至一定數量，他發現除了拓荒務農之外，還有賣雜糧、農具及家庭日用品的生意可做，於是成立了三芝第一家雜貨店——茂興店。但就在店務興榮之際，遭逢有心人士的覬覦，於夜中該店籬笆下放置死屍，此惡意栽贓手法使江氏家族恐慌，於是舉家搬離中和，使江懷品派下子孫轉於中和、板橋等地發展〔註6〕，乾隆四十二年（1777）以及道光六年（1826）的閩客衝突益發激烈：「道光六年虎尾溪以北閩粵人分類械鬥，小雞籠山上，粵人千餘被漳人圍困，日久糧絕，官往救之」，敗北的粵人集體移居至中壢、楊梅一帶〔註7〕，而流傳在淡水地區相當有名的風水地理傳說——「定光佛蟾蜍穴鬥法草厝尾蚊子穴」故事：

> 蛙與蜈蚣相剋，滬尾草厝因為常失火，所以請教地理師原因，經指明是因鄞山寺的風水穴為蛙穴，所以傳說在草厝尾的人便利用夜深之時道鄞山寺破壞風水，使蛙的眼睛瞎掉，使鄞山寺這一帶發展因風水的眼睛破壞而沒落。〔註8〕

亦象徵著清末閩西的汀州人與淡水市鎮中心的三邑族群間曾存在利益紛爭〔註9〕，做為北淡區第一大汀州家族的江姓，在族群關係緊張時期不免首當其

〔註5〕 北臺灣咸豐年間最主要的分類械鬥為「頂下郊拚」，詳情請見林偉盛，《羅漢腳：清代臺灣社會與分類械鬥》（臺灣歷史大系），臺北：自立晚報社股份有限公司，1993年。
〔註6〕 莊華堂，〈永定客與三芝江家〉，《客家》第一一三期，1999年，頁51～54。
〔註7〕 謝貫一等修、陳正祥編纂，《基隆市志》，基隆：基隆市文獻委員會，1954年，頁139。廖倫光，《臺北縣汀州客尋蹤》（臺北縣客家志系列），臺北：臺北縣文化局，2006年，頁23。
〔註8〕 鐘義明，《臺灣地理圖記》，臺北：武陵出版社出版，1988年，頁228。張建隆，《尋找老淡水》，臺北縣板橋市：臺北縣立文化中心，1996年，頁182。
〔註9〕 張志源，《殖民與去殖民文本的文化想像：重讀淡水埔頂之地景》，淡江大學建築學系研究所碩士論文，1999年，頁80。

衝，經歷誣陷、破風水等事件，而漸漸集中定居在客籍較爲集中的三芝地區。且江氏早在淡水河流域一帶經商，與淡水河流域的泉州人建立長久的互信關係，相較於定居在石門的潘姓，則是在清代由北投地區搬遷至石門開發，由其與士林漳人（興建慈諴宮）之互動可知，汀州客主要聚居於三芝地區，而漳州客聚居於石門地區（淡水河沿岸多爲泉人聚集區，石門以北則多爲漳人聚集區），實有其歷史背景與意義。

本論文在撰寫的過程中，蒐集不少與客籍相關的祭祀資料，其爲移墾延伸性議題，雖與本文相關聯，但非本文重點，故在文中無多加論述。本文所觀察到的移墾現象與尚待突破的研究工作，分列如下：

一、清康熙年間，已有漳州謝姓移民至石門地區定居；清雍正年間汀州移民──江氏定居在三芝地區；清乾隆初年，江氏開始至滬尾地區經商，並開墾三芝八連溪一帶土地，乾隆中葉三芝陸續有曾、李、賴、謝、王、許等客籍姓氏入墾，其中曾姓入墾埔頭地區；李姓入墾橫山地區；賴姓入墾大坑地區；謝姓入墾陽住地區；王姓入墾田仔心地區、許入墾車埕地區。乾隆中葉，石門則是有練與潘姓客籍姓氏入墾，練姓入墾下角、阿里磅地區；潘姓與另一部分的練姓族人入墾大溪墘地區。至乾隆末年，三芝江氏在淡水河沿岸地區的店舖生意興榮，且投入滬尾地區的信仰組織；石門地區的潘氏家族則是與在地的許、簡、楊氏合爲七股，完成老梅、頭圍一帶的水圳開墾工作，此外潘氏更進一步開發石門崁子腳、楓林、八甲、下員坑等區，此時客籍羅姓開闢尖子鹿莊。嘉慶年間，江氏於北淡區已繁衍爲一大族群，但三芝地區可耕地逐漸減少，江氏家族此時漸漸開枝散葉，各房遷居至宜蘭、新竹等地發展，部分房份持續定居在三芝地區，江氏圓窗派則於此時移入三芝新莊子圓窗一帶；石門地區詔安朱姓入墾，開闢九芎林地區；嘉慶末年至道光年間，閩粵關係漸趨緊繃，族群之間的分類械鬥引發大批的客籍移民，從嘉慶年間三芝翁姓搬離，曾姓與部分江姓亦於道光年間搬離，至道光、咸豐年間，仍持續有石門羅姓、三芝許姓陸續搬離，遷徙至新竹、桃園一帶，決定定居在三芝的江氏不放棄提升其農田的生產力，在道光至同治年間，以江恩富爲首的江氏仍投入八連圳的開圳，亦持續延續滬尾媽祖祭祀，在集臺北汀眾之資，於滬尾地區建造鄞山寺（汀州會館）後，漸將發展重心移往三芝地區，投入三芝的地方信仰組織。石門潘姓亦持續投入水圳開發，同治年間漸次完成石門四合興圳的開發。目前三芝地區仍有江、李、賴、謝、王、簡、許等客籍

姓氏居住，翁、曾、呂等客籍移民已完全搬離（翁姓於清代搬離；曾姓與呂姓於民國年間才搬離）；淡水地區的謝姓與譚姓於清代盡數搬離；石門地區練、潘、羅、江姓等，仍舊居住在石門地區〔註10〕，其中練姓與潘姓延續清代的發展，仍為石門地區主要姓氏。

　　綜合上述，清代時期北淡區即為客籍移民的聚居地，其中又以汀州客籍為主要大宗，移民開墾的過程中雖歷經可墾地不足與分類械鬥的威脅，族群再次搬遷後，北淡區客籍移民居住所在地無大幅度的更動，僅顯得更為集中：其分佈由淡水、三芝、石門，改為集中聚居在今北淡地區八連溪以北至石門一帶（部分延續至萬里、金山一帶），但須注意的是北淡區雖為汀州客大量聚集區，但汀州客的分佈並不侷限於北淡一區，以最大宗的江氏為例，其在清代便已散居板橋、中和、宜蘭各地區，並成為該區知名大族，而定居在北淡區的客籍移民，則是成為北淡區主要寺廟與渠圳的重要推手，對北淡區的開發，實功不可沒。

　　二、莊華堂曾於〈永定客與三芝江家〉〔註11〕，以及吳中杰《臺灣福佬客分佈及其語言研究》論文中〔註12〕，誤將三芝花姓歸於永定籍，據田野調查的結果，花姓祖籍為泉州府同安縣十三都永豐鄉感化里小坪〔註13〕，特此說明。

　　三、本文因受限於人力與時間上的限制，未能更進一步探究北淡區客籍移民們所發展出獨特的宗教祭祀圈型態，像是淡水地區鄞山寺的四角二十一股、三芝地區的水山民主公土廟、石門地區練姓的十八王公等，皆為此區所獨有。又因淡水三芝地區在地理交通上的連帶關係，在1930年後更形成知名的跨界祭祀圈——大道公信仰，以及北臺知名的鸞堂信仰中心——淡水行忠堂與三芝智成堂，獨立祭祀圈的形成、變動，以及跨界祭祀圈的整合，是否隱含北淡區客籍移民福佬化的關鍵，皆為移民遷徙、入墾及定居後所延展出的相關議題，此仍有待學者的投入與更進一步的研究。

　　四、江氏在三芝地區既為主要姓氏，表現在其所投入的信仰組織上、地

〔註10〕石門原本就有少數永定江姓由大陸來臺在此定居，後期又有部分三芝江姓宗族移居至石門，江姓在石門才漸漸蔚為大宗。

〔註11〕莊華堂，〈永定客與三芝江家〉，《客家》第一一三期，1999年，頁51～54。

〔註12〕吳中杰，《臺灣福佬客分佈及其語言研究》，國立臺灣師範大學華語文教學研究所碩士論文，1999年。

〔註13〕花武男，《花姓祖譜簡介》，2007年。

方政治上，都是相對多數且強勢的，三芝主要的廟宇——福成宮與智成堂的
創立，皆可見其蹤影，三芝最早由眾人捐建的廟宇——智成堂內的石碑便記
載：

> 竊謂聖世懷柔百神於茲，信仰神道久矣，智成堂自明治三十三年（民
> 前十二年）四月二十六日設立，辛丑著節義寶鑑，又集基本金堂繼
> 久遠，大正二年癸丑冬，堂分錫板、小基隆兩處，該金清算各有所
> 屬，昭和元年，再募喜捐金，共成美舉，奠堂改稱智成忠義宮，昭
> 和二年七月十三日落成崇奉　聖像神靈顯佑萬世　其善士姓氏金額
> 永垂不朽之功
>
> 昭和九年　暮春立
> 張子清四分　曾瑞樹二分　江開富一分　江再進一分
> 張宇宙四分　江開瑞二分　江立進一分　江萬金一分
> 張維塗三分　簡火炎二分　江茂進一分　李乾蔥一分
> 曾永成三分　江掌元二分　江佑進一分　黃見龍一分
> 曾石岳二分　江盛元二分　江碩進一分　陳水源一分
> 計金一千五百十四元也

總計三十六份的建廟基金，江氏便占有其中十三分，亦爲擁有三成多的股份，
此外江氏亦爲福成宮倡廟的董事之一，江氏與三芝其餘客籍姓氏，以及北淡
區閩籍人士的互動，可否由（日治至民國時期）廟宇的發展中見其端倪，值
得再更深入研究與討論。

　　五、筆者由石門練氏的家譜中，蒐得十八王公建廟的原始記載，以及練
氏相關古文書（附錄三即爲練氏鬮書），提供給研究者參考，據此家譜可進一
步研究客籍練氏在石門地區的開墾與發展、其與三芝客籍江氏的婚姻締結，
以及入股鄞山寺與臺北各區汀眾交織成一綿密輪祀網絡的過程，並與今大量
的三芝汀州江氏研究互相補充、對照，期待對於建構至今闕如的石門地區客
籍發展，望能有所裨益。

　　六、本文所收古文書中，有不少閩客籍移民與圭柔社、小雞籠社與金包
里社的相關土地文書，本文僅針對北淡區客籍與圭柔社之互動稍有著墨，此
批資料可延伸出北淡區番漢地權的消長、番租與漢租的演變、番地流失的原
因、漢人取得田地的過程與手段、官方番地政策的擬定與番漢賦稅的變化等
相關議題，皆可做爲後續研究課題之一。

　　從海峽兩岸的譜牒文獻紀載中，自閩西遷臺的客籍移民中，以永定縣佔最大的比重〔註14〕，本文主要討論的江姓家族，便是來自永定高頭，僅藉由江姓與潘姓的家族變遷與發展，來切入清代北淡區客籍移民的過往，便可隱約發現北臺灣客籍移民在從移民社會轉為認同臺灣地緣與血緣社會時，除加入新居住地所在崇祀團體，亦不忘保留其原有祭祀信仰，並藉此聯繫原大陸祖籍相同（不同姓氏）的宗族，此傳統延續至今，為有別於共同信仰或運用唐山祖、開臺祖等祭祀公業聚居於一地的概念，為少見的客裔文化資產。〔註15〕

〔註14〕張惟，《尋根攬勝閩西緣》，中國福州：海風出版社，1997年，頁53。

〔註15〕江姓與練姓藉由信仰來聯繫不同姓氏但同籍的客籍移民，但並非所有北淡區的客移民皆如此，據筆者田野訪談發現，三芝王姓客籍移民（原籍汀洲府武平縣），曾與現居臺北縣蘆洲的王姓家族（原籍泉州），無祖籍亦無血緣關係，共同於淡水祀奉王氏祖宗牌位，但因相隔兩地交通不便，泉州王氏已另於蘆洲另建宗祠，舊時王氏祖曆現仍位於臺北縣淡水鎮中正路5巷9號。筆者對照泉州王氏的紀載，確實曾有此事。資料參考：王世燁、王世銓，《認識臺北王氏大宗祠》，臺北：王氏太原堂出版；臺北市王姓宗親會發行，2008年。

主要參考書目

排列方式說明：書目以出版年代先後順序排列，相同出版年的作品，以作者的姓氏筆劃數來排列。

一、方志、遊記與族譜

（一）方志與遊記

1. 謝貫一等修、陳正祥編纂，《基隆市志》，基隆：基隆市文獻委員會，1954年。

2. 〔清〕蔣師轍、薛紹元，《清光緒臺灣通志》（據臺灣省立圖書館藏清光緒十八至二十一年間纂修之臺灣通志原稿本影印），臺北：臺灣省文獻委員會，1956年。

3. 〔日〕伊能嘉矩，《臺灣番政志》（溫吉譯），臺北：臺灣省文獻委員會，1957年。

4. 〔清〕姚瑩，《東槎紀略》（臺灣文獻叢刊第七種），臺北：臺灣銀行經濟研究室，1957年。

5. 〔清〕蔣師轍，《臺游日記》（臺灣文獻叢刊第六種），臺北：臺灣銀行經濟研究室，1957年。

6. 〔清〕李元春（時齋）輯、李來南（薰屏）校，《臺灣志略》（臺灣文獻叢刊第十八種），臺北：臺灣銀行經濟研究室。（本書據劉振清彙梓之青照堂叢書本迻寫標點並校其為而重刊之），1958年。〔成書時間：約在雍正十一年至乾隆三年，1733～1738年〕

7. 林熊祥、李騰嶽同監修；林平祥纂修，《臺灣省通志稿》，卷四〈經濟志‧交通篇〉，臺北：臺灣省文獻委員會，1958年。

8. 〔清〕沈雲，《臺灣鄭氏始末》（臺灣文獻叢刊第十五種），臺北：臺灣銀行經濟研究室，1958年。〔成書時間：康熙二十二年十一月，1683年〕

9. 〔清〕周鐘瑄、陳夢林,《諸羅縣志》(臺灣文獻叢刊第五十五種),臺北:臺灣銀行經濟研究室,1958 年。〔成書時間:康熙五十五至五十六年,1716～1717 年〕

10. 〔清〕陳文達,《臺灣縣志》(臺灣文獻叢刊第六種),臺北:臺灣銀行經濟研究室,1958 年。〔成書時間:康熙五十八至五十九年,1719～1720 年〕

11. 〔清〕楊英,《從征實錄》(臺灣文獻叢刊第三十二種,據國立中央研究院歷史語言研究所影印李岳君本印),臺北:臺灣銀行經濟研究室,1958 年。〔成書時間:康熙三至五年之間,1664～1666 年〕

12. 〔清〕藍鼎元,《東征集》(臺灣文獻叢刊第二十二種),臺北:臺灣銀行經濟研究室,1958 年。〔成書時間:康熙六十一年,1722 年〕

13. 〔清〕藍鼎元撰;〔清〕王者輔評,《平臺紀略》(臺灣文獻叢刊第十四種),臺北:臺灣銀行經濟研究室,1958 年。〔成書時間:約在雍正元年,1723 年〕

14. 〔清〕丁日健,《治臺必告錄》(臺灣文獻叢刊第十七種),臺北:臺灣銀行經濟研究室,1959 年。〔成書時間:同治六年,1867 年〕

15. 〔明〕沈有容,《閩海贈言》(臺灣文獻叢刊第五十六種),臺北:臺灣銀行經濟研究室,1959 年。〔此書初刊在明天啓年間,現行本刊於明崇禎二年或二年之後〕

16. 〔清〕郁永河撰;方豪校,《裨海紀遊》(臺灣文獻叢刊第四十四種),臺北:臺灣銀行經濟研究室,1959 年。〔約成書於康熙三十六年,1697 年〕

17. 〔清〕梁廷枏撰,《夷氛聞記》(邵循正點校),北京:中華書局,1959 年。〔成書時間:約於道光末年〕

18. 〔清〕鄭鵬雲、曾逢辰同輯,《新竹縣志初稿》(臺灣文獻叢刊第六十一種),臺北:臺灣銀行經濟研究室,1959 年。〔成書時間:光緒十九年,1893 年〕

19. 〔清〕江日昇,《臺灣外記》(臺灣文獻叢刊第六十種:本書根據臺灣外志抄本(甲)四部十卷,加利福尼亞大學東亞圖書館藏等七個本子合校而成),臺北:臺灣銀行,1960 年。〔成書時間:康熙四十三年,1704 年,約刊行於 1713 年〕

20. 〔清〕周元文,《重修臺灣府志》(臺灣文獻叢刊第六十六種),臺北:臺灣銀行經濟研究室,1960 年。〔此書初刊於康熙四十九年,康熙五十一年重修,依內容增補情形來看,現行本問世時間約在康熙五十七年,1718 年以後〕

21. 〔清〕高拱乾,《臺灣府志》(臺灣文獻叢刊第六十五種),臺北:臺灣銀行經濟研究室,1960 年。〔成書時間:康熙三十三至三十四年,1694～

1695 年〕

22. 戴德發監修；林興仁等主修：盛清沂總纂，《臺北縣志》，臺北：臺北縣文獻委員會，1960 年。

23. 〔清〕杜臻，《澎湖臺灣紀略》（臺灣文獻叢刊第一○四種），臺北：臺灣銀行經濟研究室，1961 年。

24. 〔清〕范咸，《重修臺灣府志》（臺灣文獻叢刊第一○五種），臺北：臺灣銀行經濟研究室，1961 年。〔成書時間：乾隆九至十一年，1744～1746年〕

25. 〔清〕劉良璧，《重修福建臺灣府志》（臺灣文獻叢刊第七十四種），臺北：臺灣銀行經濟研究室，1961 年。〔成書時間：乾隆五至六年，1740～1741 年〕

26. 承啟等纂，《欽定戶部則例》，臺北：成文出版社，1968 年。〔成書時間：同治四年，1865 年〕

27. 〔明〕張燮，《東西洋考》（原刻景印百部叢書集成第二十五；惜陰軒叢書），臺北：臺灣商務印書館，1968 年。〔成書時間：萬曆四十五年，1617年〕

28. 郭輝譯，《巴達維亞城日記》（據日本村上直次郎譯註之《バタビヤ城日誌》有關臺灣部份轉譯而成），臺北：臺灣省文獻委員會，1970 年。〔記載涵蓋時間 1627～1682 年，出版於 1887～1931 年之間〕

29. 連橫，《臺灣通史》（臺灣史蹟叢書），臺北：幼獅出版社，1977 年再版。〔成書時間：民國九年，大正九年，1920 年〕

30. 黃純青、林熊祥，《臺灣省通志稿》（中國方志叢書；臺灣地區第六十四號；據民國 39～54 年排印本影印），臺北：成文出版社，1983 年臺一版。

31. 臺北縣文獻委員會編，《臺灣省臺北縣文獻叢輯》（中國方志叢書：臺灣地區第九十一號），臺北：成文出版社，1983 年。

32. 〔清〕夏獻綸，《臺灣輿圖並說》（中國方志叢書臺灣地區第五十九號，據清光緒六年刊本影印），臺北：成文出版社，1984 年。

33. 臺灣慣習研究會原著；臺灣省文獻委員會譯編，《臺灣慣習記事》（中譯本），臺中：臺灣省文獻委員會，1984 年。〔《臺灣慣習記事》是由臺灣慣習研究會發行的月刊，發行時間於：光緒二十七年一月（1901 年，明治三十四年）創刊發行第一卷第一號，至光緒三十三年八月（1907 年，明治三十九年）第七卷第八號停刊〕

34. 安倍明義，《臺灣地名研究》，臺北：武陵出版社，1987 年。〔成書時間：民國 27 年，1938 年，昭和十三年〕

35. 白惇仁（總編纂），《淡水鎮志》，臺北縣淡水鎮：淡水鎮公所，1989 年。

36. 〔日〕伊能嘉矩，《臺灣文化志（中譯本）上中下卷》（臺灣省文獻委員會編譯），臺北：臺灣省文獻委員會，1991 年。〔成書時間：1908 年左右，光緒三十四年，明治四十一年〕

37. 〔清〕余文儀，《續修臺灣府志》（據民國 51 年臺灣銀行臺灣文獻叢刊本第一二一種影印），南投：臺灣省文獻委員會，1993 年。〔成書時間：乾隆二十五至二十九年之間，1760～1764 年〕

38. 〔清〕陳培桂，《淡水廳志》（據民國 52 年臺灣銀行臺灣文獻叢刊本第一七二種影印），南投：臺灣省文獻委員會，1993 年。〔成書時間：同治九年，1870 年〕

39. 〔清〕梁廷枏撰，《海國四說》（駱驛、劉驍點校），北京：中華書局，1993 年。〔成書時間：1842 年，至 1852 年仍有增補〕

40. 〔清〕蔣毓英，《臺灣府志》（臺灣歷史文獻叢刊），南投：臺灣省文獻委員會，1993 年。〔成書時間：康熙二十四年，1685 年〕

41. 臺北縣三芝鄉公所編，《三芝鄉志》，臺北縣三芝鄉：三芝鄉公所，1994 年。

42. 〔日〕伊能嘉矩，《臺灣踏查日記》，臺北：遠流出版事業股份有限公司，1996 年。

43. 〔日〕伊能嘉矩，《平埔族調查旅行：伊能嘉矩臺灣通信選集》，臺北：遠流出版事業股份有限公司，1996 年。

44. 〔清〕黃叔璥，《臺海使槎錄》（據民國 46 年臺灣銀行臺灣文獻叢刊本第四十八），臺北：臺灣銀行經濟研究室，1996 年。〔成書時間：雍正二年，1724 年〕

45. 〔清〕余寵，《全臺前後山輿圖》，臺北：南天書局，1997 年。〔原圖於清光緒四年（1878），廣東省富文齋摹刻〕

46. 徐福全（總編纂），《石門鄉誌》，臺北縣石門鄉：石門鄉公所，1997 年。

47. 古舜仁、陳存良譯，《臺北州街庄志彙編》，臺北縣板橋市：臺北縣立文化中心，1998 年。

48. 臺北廳總務課著；胡清正、陳存良、林彩紋譯，《臺北廳誌》，臺北縣板橋市：臺北縣立文化中心，1998 年。〔《臺北廳誌》原書出版於日本明治三十六年（1903 年）〕

49. 張炎憲主編、陳存良譯，《基隆‧淡水郡彙編》，臺北縣板橋市：臺北縣文化局，2001 年。〔《淡水郡管內要覽》原書由淡水郡役所於昭和五年，1930 年發行；《淡水郡勢要覽》原書由淡水郡役所於昭和九年，1934 年發行，記載昭和七至九年情事〕

50. 〔清〕季麒光，《蓉洲詩文稿選輯‧東寧政事集》，香港：香港人民出版社，2006 年。〔成書時間：康熙三十三年，1694 年〕

51. 〔清〕鄭用錫,《淡水廳志稿・噶瑪蘭志略》(臺灣史料集成:清代臺灣方志彙刊第二十三冊),臺北:行政院文化建設委員會,2006 年。

(二)族 譜

1. 翁瑞湖,《翁氏族譜》(據中華學術院譜系研究所藏影印民國 37 年鉛印本縮製),來源:故宮家族譜牒文獻資料庫微縮捲編號:1210044(36-15),1948 年。

2. 謝清勤,《謝氏臺灣廷松公系分長生公直系族譜》(據謝清勤藏民國 50 年寶樹堂鉛印本縮製),來源:故宮家族譜牒文獻資料庫微縮捲編號:1127125(12-1),1961 年。

3. 簡知,《簡家歷代祖譜》(據簡知藏民國 58 年寫本縮製),來源:故宮家族譜牒文獻資料庫微縮捲編號:1455016(36-4),1962 年。

4. 譚騰輝,《譚氏族譜》(據譚盛桂藏民國 62 年寫本縮製),來源:故宮家族譜牒文獻資料庫微縮捲編號:1210045(10-4),1973 年。

5. 江溪詮,《板橋後埔江家蒼蕃公子孫系統圖(祭祀公業江任莊沿革)》(據江溪詮藏民國 63 年鉛印本縮製),來源:故宮家族譜牒文獻資料庫微縮捲編號:1087041(12-7),1974 年。

6. 江朝開,《永定江氏直系歷代族譜》(據陳進東藏民國 64 年鉛印本縮製),來源:故宮家族譜牒文獻資料庫微縮捲編號:1307094(21-20),1975 年。

7. 陳義雄,《陳氏歷代祖宗族譜》(據陳太和藏民國 71 年寫本縮製),來源:故宮家族譜牒文獻資料庫微縮捲編號:1436847(36-11),1982 年。

8. 潘以乞,《潘姓始祖族譜》(據潘以乞藏民國 71 年寫本縮製),來源:故宮家族譜牒文獻資料庫微縮捲編號:1436854(24-19),1982 年。

9. 練詩論,《練氏族譜》(1824 年初編,1983 年重編),臺北:作者自費出版,1983 年。

10. 呂長俊,《呂家族譜》(據呂長俊藏民國 74 年寫本縮製),來源:故宮家族譜牒文獻資料庫微縮捲編號:1455016(36-9),1985 年。

11. 江輝泉,《江氏族譜》,臺北:作者自費出版,1988 年。

12. 許時烺,《高陽許氏大族譜》,臺北:作者自費出版,1994 年。

13. 江光元,《江姓族譜》,臺北:作者自費出版,1997 年。

14. 賴建國先生提供,《穎川龍南賴氏族譜》,出版者不詳,1999 年。

15. 謝炎輝、江素慎,《謝家歷代祖先族譜》,臺北:作者自費出版,2002 年。

16. 王正輝,《王氏族譜:汀州府武平縣盤龍崗何樹凹》,臺北:作者自費出版,2002 年。

17. 花武男,《花姓祖譜簡介》,臺北:作者自費出版,2007 年。

18. 華明文先生提供,《華姓宗譜》(1994 年初編,2008 年修訂),臺北:華姓宗親會自費出版,2008 年。

19. 李登旺先生提供,《李氏族譜》,出版者不詳,出版年月不詳。

20. 羅啓明,《羅氏家譜》,來源:故宮家族譜牒文獻資料庫微縮捲編號:1436854(24-3),出版年月不詳。

21. 花燦煌,《花氏族譜》,來源:故宮家族譜牒文獻資料庫微縮捲編號:1436841(25-2),出版年月不詳。

22. 潘迺本,《潘姓族譜》,來源:故宮家族譜牒文獻資料庫微縮捲編號:1436855(29-23),出版年月不詳。

23. 朱端月,《朱姓家譜》,來源:故宮家族譜牒文獻資料庫微縮捲編號:1411395(44-41),出版年月不詳。

24. 鍾木春,《鍾姓族譜》,來源:故宮家族譜牒文獻資料庫微縮捲編號:1436848(18-2),出版年月不詳。

二、專 書

(一) 中文專書

1. 張耀錡,《平埔族社名對照表》,臺北:臺灣省文獻委員會,1951 年。

2. 臺灣銀行經濟研究室編輯,《臺案彙錄戊集》(臺灣文獻叢刊第一七九種,本書係從《明清史料》戊、已、庚三編中選錄一百五十八個文件編輯而成),臺北:臺灣銀行,1963 年。

3. 臺灣銀行經濟研究室編輯,《臺灣私法物權編》(臺灣文獻叢刊第一四○種),臺北:臺灣銀行,1963 年。

4. 臺灣銀行經濟研究室編輯,《清代臺灣大租調查書》(據民國 52 年臺灣銀行臺灣文獻叢刊本第一五二種影印),南投:臺灣省文獻委員會,1994 年。〔本書原爲臺灣總督府所成立的臨時臺灣舊慣調查會,於 1916 年出版《契字及書簡文類集》,由臺灣銀行經濟研究室將此書整編修訂後,重新更名再出版,成書時間:民國五年,大正五年,1916 年〕

5. 王世慶,《臺灣公私藏古文書彙編》(美國亞洲學會臺灣研究資料專刊),臺北:環球書社,1977 年。

6. 吳勝雄,《北門鎖鑰》,臺北:作者自費出版,1978 年。

7. 陳紹馨,《臺灣的人口變遷與社會變遷》(臺灣研究叢刊),臺北:聯經出版事業股份有限公司,1979 年。

8. 曹永和,《臺灣早期歷史研究》(臺灣研究叢刊),臺北:聯經出版事業股份有限公司,1979 年。

9. 宋增璋，《臺灣撫墾志》，臺中：臺灣省文獻委員會，1980 年。

10. 洪敏麟，《臺灣舊地名之沿革》，臺中：臺灣省文獻委員會，1980 年。

11. 王世慶，《臺灣公私藏古文書彙編》，臺北：美國亞洲學會臺灣研究小組，1981 年。

12. 劉枝萬，《臺灣民間信仰論集》（臺灣研究叢刊），臺北：聯經出版事業股份有限公司，1983 年。

13. 洪敏麟，《臺灣地名沿革》，臺中：臺灣省新聞處，1985 年再版。

14. 中央研究院近代史研究所編，《近代中國區域史研討會論文集》（上冊），臺北：中央研究院近代史研究所，1986 年。

15. 邱秀堂編，《臺灣北部碑文集成》，臺北：臺北市文獻會，1986 年。

16. 瞿海源、章英華合編，《臺灣社會文化變遷研討會論文集》（中央研究院民族學研究所專刊乙種第十六號），臺北：中央研究院民族學研究所，1986 年。

17. 施添福，《清代在臺漢人的祖籍分布和原鄉生活方式》（地理研究叢書第十五號），臺北：師大地理學系，1987 年。

18. 陳仲玉主持，《陽明山國家公園人文史蹟調查》（內政部營建署陽明山國家公園管理處委託），臺北：中央研究院歷史語言研究所，1987 年。

19. 陳其南，《臺灣的傳統中國社會》（允晨文化實業股份有限公司叢刊第十），臺北：允晨文化實業股份有限公司，1987 年二版。

20. 李乾朗研究主持，《鄞山寺調查研究》（臺北縣政府委託；行政院文化建設委員會補助），臺北：李乾朗古建築研究室，1988 年。

21. 陳運棟，《客家人》（尋根系列第一），臺北：東門出版社出版，1988 年第六版。

22. 鐘義明，《臺灣地理圖記》，臺北：武陵出版社出版，1988 年。

23. 李重耀主持；李學忠等研究，《臺閩地區三級古蹟臺北縣蘆洲李宅研究與修護計劃》，臺北：重耀建築師事務所，1989 年。

24. 何炳棣，《1368～1953 中國人口研究》，上海：上海古籍出版社，1989 年。

25. 張炎憲，《臺灣漢人移民史研究書目》，臺北：中研院臺灣史田野研究室出版；中研院三民主義研究所發行，1989 年。

26. 蔡相煇，《臺灣的祠祀與宗教》（協和臺灣叢刊第十），臺北：臺原出版社出版，1989 年。

27. 岡松參太郎著，陳金田譯，《臨時臺灣舊慣調查會第一部調查第三回報告書臺灣私法》，南投：臺灣省文獻委員會，1990 年。

28. 卓克華，《清代臺灣的商戰集團》（協和臺灣叢刊第十三），臺北：臺原出

版社，1990年。

29. 陳其南，《家族與社會：臺灣與中國社會研究的基礎理念》，臺北：聯經出版事業股份有限公司，1990年。

30. 林美容，《臺灣民間信仰研究書目》，臺北：中央研究院民族學研究所，1991年。

31. 陳亦榮，《清代漢人在臺灣地區遷徙之研究》，臺北：私立東吳大學中國學術著作獎助委員會，1991年。

32. 陳景盛，《福建歷代人口論考》，福建：人民出版社，1991年。

33. 孫全文計劃主持，《臺灣傳統都市空間之研究》（IHTA 研究報告第九），臺北：詹氏書局，1992年。

34. 陳秋坤、許雪姬，《臺灣歷史上的土地問題》，臺北：中央研究院臺灣史田野研究室，1992年。

35. 臺灣省文獻委員會編，《臺灣總督府檔案中譯本》（日據時期臺灣總督府公文類纂），南投：臺灣省文獻委員會，1992年。

36. 林偉盛，《羅漢腳：清代臺灣社會與分類械鬥》（臺灣歷史大系），臺北：自立晚報社股份有限公司，1993年。

37. 林國平、彭文宇，《福建民間信仰》（福建文化叢書），福州：福建人民出版社，1993年。

38. 徐曉望，《福建民間信仰源流》（福建思想文化史叢書），福州：福建教育出版社，1993年。

39. 王世慶，《清代臺灣社會經濟》（臺灣研究叢刊），臺北：聯經出版事業股份有限公司出版，1994年初版。

40. 潘英海、詹素娟主編，《平埔研究論文集》，臺北：中央研究院臺灣史研究所籌備處，1995年。

41. 李乾朗研究主持，《淡水福佑宮調查研究》，臺北：臺北縣政府，1996年。

42. 陳秋坤，《臺灣古書契》（1717～1906），臺北：立虹出版社，1996年。

43. 黃美英，《凱達格蘭族古文書彙編》（凱達格蘭族文獻彙編第二冊），臺北縣板橋市：臺北縣立文化中心，1996年。

44. 張建隆，《尋找老淡水》，臺北縣板橋市：臺北縣立文化中心，1996年。

45. 臺灣總督府臨時臺灣土地調查局，《臺灣堡圖》（據1904年，明治三十七年調製圖複製，原由臺灣日日新報社出版），臺北：遠流出版事業股份有限公司，1996年。

46. 中村孝志著；吳密察、翁佳音、許賢瑤編，《荷蘭時代臺灣史研究》（臺灣文化系列第八、九），臺北縣板橋市：稻鄉出版社，1997年。

47. 陳秋坤，《清代臺灣土著地權：官僚、漢佃與岸裡社人的土地變遷（1700～1895）》，二版，臺北：中央研究院近代史研究所，1997 年。

48. 張惟，《尋根攬勝閩西緣》，中國福州：海風出版社，1997 年。

49. 臺灣省文獻委員會採集組，《臺北鄉土史料（上下冊）》（耆老口述歷史叢書十六），臺北：臺灣省文獻委員會，1997 年。

50. 臺北縣客家公共事務協會編，《臺北縣的客家人：落地生根好所在》（客家臺灣文庫第十二），臺北縣新莊市：客家臺灣文史工作室，1997 年。

51. 滋賀秀三等編，《明清時期的民事審判與民間契約》，北京：法律出版社，1998 年。

52. 彭文宇，《閩臺家族社會》（番薯藤文化叢書第六），臺北：幼獅文化事業股份有限公司，1998 年。

53. 楊彥杰，《汀州府的宗族廟會與經濟》，香港：國際客家學會、香港中文大學海外華人研究社、法國遠東學院，1998 年。

54. 劉還月等著，《尋訪凱達格蘭族：凱達格蘭族的文化與現況》，臺北縣板橋市：臺北縣立文化中心出版，1998 年第一版。

55. 戴寶村、溫振華合著，《淡水河流域變遷史》，臺北縣板橋市：臺北縣立文化中心，1998 年。

56. 戴寶村、溫振華合著，《大臺北都會圈客家史》，臺北：臺北市文獻委員會，1998 年。

57. 臨時臺灣土地調查局，《臺灣土地慣行一斑》，臺北：南天書局，1998 年。成書於 1906 年（明治三十九年）。

58. 江樹生譯註，《熱蘭遮城日誌》，臺南：臺南市政府，1999 年。

59. 淡江大學歷史學系，《淡水學學術研討會：過去、現在、未來論文集》，臺北縣新店市：國史館，1999 年。

60. 陳秋坤、洪麗完，《契約文書與社會生活（1600～1900）》，臺北：中央研究院臺灣史研究所籌備處，1999 年。

61. 陳柔森主編；陳若雲、葉婉奇譯，《走過土地認識人民：臺灣慣習紀事資料彙編（I)》（臺灣地方譯叢第一），臺北：原民文化發行，1999 年第一版。

62. 黃富三、翁佳音，《臺灣商業傳統論文集》，臺北：中央研究院臺灣史研究所籌備處，1999 年。

63. 湯熙勇，《中國海洋發展史論文集》（第七輯），臺北：中央研究院中山人文社會科學研究所，1999 年。

64. 閻亞寧主持，《臺北縣第三級古蹟淡水龍山寺調查研究及修護計畫》，臺北：中國工商專科學校，1999 年。

65. 詹素娟、劉益昌,《大臺北都會圈原住民歷史專輯——凱達格蘭調查報告》,臺北:臺北市文獻委員會,1999 年。

66. 謝繼昌主編,《凱達格蘭古文書》(國立臺灣大學人類學系藏品資料彙編第四),臺北:國立臺灣大學人類學系,1999 年。

67. 林金田,《臺灣歷史文化研討會:性別與文化論文研討論文集》,南投市中興新村:臺灣省文獻委員會,2000 年。

68. 徐正光,《第四屆國際客家學術研討會論文集:宗教、語言與音樂》,臺北:中央研究院民族學研究所,2000 年。

69. 曹永和,《臺灣早期歷史研究續集》(臺灣研究叢刊),臺北:聯經出版事業股份有限公司,2000 年。

70. 程紹剛,《荷蘭人在福爾摩莎》(臺灣研究叢刊),臺北:聯經出版事業股份有限公司,2000 年。

71. 國立臺灣師範大學歷史學系、臺灣省文獻委員會合編,《回顧老臺灣、展望新故鄉——臺灣社會文化變遷學術研討會論文集》,臺北:國立臺灣師範大學歷史學系,2000 年。

72. 臺灣省文獻委員會編,《臺灣省文獻委員會北部地區古文書專輯》,南投:臺灣省文獻委員會,2000 年。

73. 尹章義,《張士箱家族移民發展史:清初閩南士族移民臺灣之一個案研究(1702~1983)》,南投:臺灣省文獻委員會,2001 年。

74. 林呈蓉主編,《臺北縣史料彙編,淡水篇》,宜蘭縣礁溪鄉:佛光人文社會學院編譯出版中心,2001 年。

75. 邱彥貴、吳中杰,《臺灣客家地圖》(發現臺灣系列;圖文卷一),臺北:貓頭鷹出版;城邦文化發行,2001 年。

76. 柯志明,《番頭家:清代臺灣族群政治與熟番地權》,臺北:中央研究院社會學研究所,2001 年。

77. 陸傳傑,《裨海紀遊新注》,臺北:大地出版社有限公司,2001 年。

78. 菅沼雲龍、唐曉峰主編,《中國歷史文化研究》,香港:新華彩印出版社,2001 年。

79. 詹素娟、張素玢撰稿,《臺灣原住民史·平埔族史篇(北):北臺灣平埔族群史》,南投:臺灣省文獻委員會,2001 年。

80. 曹永和先生八十壽慶論文集編輯委員會編,《曹永和先生八十壽慶論文集》,臺北:樂學出版,2001 年。

81. 劉澤民,《臺灣總督府檔案平埔族關係文獻選輯》,南投縣南投市:臺灣省文獻委員會,2001 年。

82. 中國海洋發展史論文集編輯委員會,《中國海洋發展史論文集》(第二輯),臺北:中央研究院中山人文社會科學研究所,2002 年三版。

83. 朱德蘭，《中國海洋發展史論文集（第八輯）》（中央研究院人文社會科學研究所專書：五十一），臺北：中央研究院人文社會科學研究所，2002年初版。

84. 洪英聖，《畫說乾隆臺灣輿圖》，臺北：聯經出版事業股份有限公司，2002年。

85. 洪英聖，《畫說康熙臺灣輿圖》，臺北：聯經出版事業股份有限公司，2002年。

86. 高賢治編著，《大臺北古契字集》，臺北：臺北市文獻委員會，2002年。

87. 淡江大學中文系，《2000年淡水地區人物誌》，臺北：臺灣學生書局有限公司，2002年。

88. 松浦章，《清代臺灣海運發展史》（卞鳳奎譯），臺北縣蘆洲市：博揚文化事業有限公司；貿騰發賣總經銷，2002年。

89. 劉澤民，《平埔百社古文書專輯》，南投縣南投市：國史館臺灣文獻館，2002年。

90. 潘英海、陳水木，《道卡斯蓬山社群古文書輯》，苗栗：苗栗縣文化局，2002年。

91. 戴如峰、江彬如，《三芝鄉埔頭老街商業開拓史初探》，臺北縣三芝鄉：三芝資源資料工作室，2002年。

92. 韓家寶（Pol Heyns）鄭維中譯，《荷蘭時代臺灣的經濟、土地與稅務》，臺北：播種者文化出版臺北縣新店市；農學總經銷，2002年。

93. 尹章義，《臺灣客家史研究》，臺北：臺北市政府客家事務委員會，2003年。

94. 甘為霖（W. M. Campbell, 1841～1921），《荷據下的福爾摩莎》，臺北：前衛出版社，2003年。〔甘為霖由英國長老會選派至臺灣宣教，本書是由甘為霖根據荷蘭史料英譯成英文的荷據下的福爾摩沙（Formosa under the Dutch）的中文譯本〕

95. 艾馬克（Mark A. Allee）王興安譯，《十九世紀的北部臺灣：晚清中國的法律與地方社會》，臺北：播種者出版有限公司，2003年。

96. 卓克華，《從寺廟發現歷史：臺灣寺廟文獻之解讀與意涵》（揚智文化事業股份有限公司叢刊第三十九），臺北：揚智文化事業股份有限公司文化，2003年。

97. 高賢治編著，《大臺北古契字》（二集），臺北：臺北市文獻委員會，2003年。

98. 許雪姬，《王世慶先生訪問紀錄》（央研究院近代史研究所口述歷史叢書第八十一），臺北：中央研究院近代史研究所，2003年。

99. 淡江大學歷史學系，《淡水學學術研討會 2001 年：歷史、生態、人文論

文集》，臺北縣新店市：國史館，2003 年。

100. 郭啓瑞、周正義、張玟珍、洪英烈、蔡進隆，《三芝：印象、回憶與傳說》，臺北縣三芝鄉：三芝資源資料工作室，2003 年。

101. 國立歷史博物館編輯委員會，《美麗之島：臺灣古地圖與生活風貌展》，臺北：國立歷史博物館，2003 年。

102. 梁世武，《臺北都會區客家人口基礎資料調查研究》（行政院客家委員會委託研究報告，受委託單位：世新大學），臺北：行政院客家委員會，2003年。

103. 楊一凡主編，《中國法制史考證丙編第四卷》，北京：中國社會科學出版社，2003 年。

104. 廖慶六，《族譜文獻學》，臺北：南天書局有限公司，2003 年。

105. 王世慶，《臺灣史料論文集（上下冊）》（臺灣文化系列 A028～A029），臺北縣板橋市：稻鄉出版社，2004 年。

106. 陳支平，《民間文書與臺灣社會經濟史》，中國長沙：岳麓書社，2004 年初版。

107. 淡江大學歷史學系，《淡水學暨清法戰爭一二〇週年國際學術研討會論文集》，臺北縣淡水鎮：淡江大學歷史學系，2004 年。

108. 莊吉發，《清史論輯（十三）》（文史哲出版社有限公司學集成第三八八），臺北：文史哲出版社有限公司出版，2004 年。

109. 陳秋坤，《大崗山地區古契約文書匯編》，高雄縣鳳山市：高雄縣政府，2004 年。

110. 劉澤民，《臺灣總督府檔案平埔族關係文獻選輯續編》，南投縣南投市：國史館臺灣文獻館，2004 年。

111. 廖倫光，《大漢溪流域的三峽莊》，臺北：行政院客家委員會，2004 年。

112. 潘朝陽等編纂，《臺灣客家風情：移墾、產業、文化》，臺北：臺北市政府客家事務委員會，2004 年。

113. 中國文化大學市政暨環境規劃研究所，《臺北市北區之相關區域客家族群遷移史研究案訪談實錄》（計畫主持人：陳明竺），臺北市政府客家事務委員會委託，2005 年。

114. 林明美總編，《北路淡水：十三行博物館館藏古文書》（關懷淡水河系列叢書第三），臺北縣八里鄉：臺北縣十三行博物館，2005 年。

115. 高賢治編著，《大臺北古契字》（三集），臺北：臺北市文獻委員會，2005年。

116. 高傳棋，《圖說枋橋城：尋找板橋的土地記憶》，臺北縣板橋市：臺北縣政府文化局林本源園邸，2005 年。

117. 陳國棟，《臺灣的山海經驗》（臺灣史與海洋史第二），臺北：遠流出版事

業股份有限公司，2005 年。

118. 陳宗仁，《雞籠山與淡水洋：東亞海域與臺灣早期史研究：1400～1700》（臺灣研究叢刊），臺北：聯經出版事業股份有限公司，2005 年。

119. 國立師範大學地理系，《臺北地區客家族群遷移史調查研究》（計畫主持人：張美煜），臺北市政府客家事務委員會委託，2005 年。

120. 黃子堯編，《臺北客家墾拓發展史研討會論文彙編》，臺北：臺北市政府客家事務委員會，2005 年。

121. 謝德錫，《大道公：百年祭典巡禮：八庄大道公的世紀拜拜》（淡水文化叢書第一），臺北縣淡水鎮：淡水文化基金會，2005 年。

122. 謝重光，《福建客家》（客家區域文化叢書：鍾文典總主編），桂林：廣西師範大學出版社，2005 年。

123. 臺灣史料集成編輯委員會編輯，《臺灣總督府檔案抄錄契約文書》（臺灣史料集成），臺北：行政院文化建設委員會，2005 年。

124. 王泰升、薛化元、黃世杰編著，《追尋臺灣法律的足跡：事件百選與法律史研究》，臺北：五南出版社，2006 年。

125. 呂理政、魏德文主編，《經緯福爾摩沙：十六至十九世紀西方繪製臺灣相關地圖》，臺北：南天出版社，2006 年。

126. 翁佳音，《陽明山地區族群變遷與古文書研究》（林孟欣協同主持，內政部營建署陽明山國家公園管理處委託研究報告；受委託者：自由思想學術基金會），臺北：內政部營建署陽明山國家公園管理處，2006 年。

127. 翁佳音，《大臺北古地圖考釋》（臺灣文化系列 A039），臺北縣板橋市：稻鄉出版社，2006 年。

128. 費德廉（Fix, Douglas Lane）、羅效德（Lo, Charlotte），《看見十九世紀臺灣：十四位西方旅行者的福爾摩沙故事》，臺北：如果出版；大雁文化發行。此書所附地圖為臺灣總督府民政部蕃務本署，《臺灣蕃地圖》重製，2006 年。

129. 廖倫光，《臺北縣汀州客尋蹤》（臺北縣客家志系列），臺北：臺北縣文化局，2006 年。

130. 大日本帝國陸地測量部，《日治時期五萬分一臺灣地形圖新解》，臺北縣汐止市：上河文化，2007 年。

131. 吳密察等撰文、國立臺灣博物館主編，《地圖臺灣：四百年來相關臺灣地圖》，臺北：南天出版社，2007 年。

132. 邱彥貴，《雙和客家・古往今來》（臺北縣客家志系列），臺北縣板橋市：臺北縣文化局出版，2007 年。

133. 高賢治編著，《大臺北古契字》（四集），臺北：臺北市文獻委員會，2007 年。

134. 國家圖書館特藏組,《認識臺灣古書契》,臺北:國家圖書館,2007 年。

135. 廖倫光計畫主持、賴駿傑主編,《北客居:發現臺北客家庄建築陶雕模型專刊》,臺北縣板橋市:臺北縣文化局出版;臺北縣政府發行,2007年。

136. 歐陽泰(Tonio Andrade),《福爾摩沙如何變成臺灣府?》(鄭維中譯;臺灣史與海洋史第四),臺北:遠流出版事業股份有限公司,2007 年。

137. 劉澤民,《臺灣古文書常見字詞集》,南投:臺灣古文書學會,2007 年。

138. 王世燁、王世銓,《認識臺北王氏大宗祠》,臺北:王氏太原堂出版;臺北市王姓宗親會發行,2008 年。

139. 陳哲三,《古文書與臺灣史研究:陳哲三教授榮退論文集》,臺北:文史哲出版社有限公司出版社,2008 年。

140. 陳宗仁、黃子堯,《行到新故鄉:新莊、泰山的客家人》(臺北縣客家志系列),臺北縣板橋市:臺北縣客家事務局,2008 年。

141. 馮明珠、林天人主編,《筆畫千里:院藏古輿圖特展》,臺北:國立故宮博物院,2008 年。

142. 楊國楨,《明清土地契約文書研究》(修訂版),北京:中國人民大學出版社,2009 年。

143. 溫振華,《國立中央圖書館臺灣分館館藏臺中地區古文書選輯》,臺北:國立中央圖書館臺灣分館,2009 年。

(二)外文專書

1. 臺灣總督府調查課,《社寺廟宇ニ関スル調査》微卷(臺北廳下公学校長ヨリ報告セルモノ),臺北:國立中央圖書館臺灣分館攝製,1915 年。

2. 臺灣總督府官防調查課,《臺灣在籍漢民族鄉貫別調查》,臺北:臺灣時報,1928 年(昭和三年)。

3. 臺北州,《臺北州水利梗概》,臺北:臺北州,1928 年。

4. 平山勳,《臺灣社會經濟史全集》,臺北:臺灣經濟史學會,1933 年(昭和八年)。

5. 臺灣總督府,《臺灣總督府行政區域便覽》,臺北:成文出版社,1999年。〔日治時期臺灣文獻史料輯編第四號,據昭和十九年(1944)刊本影印〕

三、學位論文

1. 陳其南,《清代臺灣漢人社會的建立與其結構》,國立臺灣大學考古人類學研究所碩士論文,1975 年。

2. 溫振華,《清代臺北盆地經濟社會的演變》,國立臺灣師範大學歷史研究

所碩士論文，1977 年。

3. 楊熙，《清代前期治臺之撫民與理番政策的研究——康熙二十二年（1683）至道光二十二年（1842）》，政治大學政治學研究所博士論文，1981 年。

4. 周守真，《日據時期淡水之空間變遷》，淡江大學建築（工程）研究所碩士論文，1989 年。

5. 范瑞珍，《清代臺灣竹塹地區客家人墾拓研究——以族群關係與產業發展兩層面爲中心所做的探討》，東海大學歷史研究所碩士論文，1995 年。

6. 程俊強，《淡水大街店屋形態變遷之研究》，淡江大學建築（工程）研究所碩士論文，1996 年。

7. 賈子慶，《三芝鄉大坑與陳厝坑地景空間變遷之歷史社會分析》，臺灣大學建築與城鄉研究所碩士論文，1997 年。

8. 吳中杰，《臺灣福佬客分佈及其語言研究》，國立臺灣師範大學華語文教學研究所碩士論文，1999 年。

9. 張志源，《殖民與去殖民文本的文化想像：重讀淡水埔頂之地景》，淡江大學建築學系研究所碩士論文，1999 年。

10. 梁玉青，《臺北縣三芝鄉福佬客的閩南語語音研究》，國立彰化師範大學國文學系研究所碩士論文，2001 年。

11. 薛卜滋，《清嘉慶年間海盜蔡牽犯臺之研究》，臺南師範學院鄉土文化研究所碩士論文，2002 年。

12. 楊鴻謙，《清代臺灣南部西拉雅族番社地權制度變遷之研究——以鳳山八社領域爲範圍》，國立政治大學地政研究所博士論文，2002 年。

13. 王雲洲，《清代臺灣北路理番同知研究（1766～1888）》，國立政治大學歷史研究所碩士論文，2003 年。

14. 辜神徹，《社群、傳說與神蹟：北臺灣落鼻祖師信仰之研究》，國立臺灣師範大學臺灣文化及語言文學研究所碩士論文，2007 年。

15. 紀秀足，《臺灣土地公信仰探究——以嘉義市土地公廟爲例》，國立中正大學臺灣文學研究所碩士論文，2008 年。

16. 吳柏勳，《地緣與血緣：清代淡水地區漢籍移民民間信仰之研究》，淡江大學漢語文化暨文獻資源研究所碩士論文，2009 年。

四、期刊論文

1. 戴炎輝，〈清代臺灣的屯制養贍地及屯田〉，《社會科學論叢》第四期，1953 年，頁 165～206。

2. 岡田謙，〈臺灣北部村落之祭祀範圍〉（陳乃蘗譯），《臺北文物》第九卷

第四期，1960 年，頁 14～29。

3. 姜道章，〈臺灣淡水之歷史與貿易〉，《臺灣銀行季刊》第十四卷第三期，1963 年，頁 254～278。

4. 曹永和，〈早期臺灣的開發與經營〉，《臺灣文獻》第三期，1963 年，頁 1～51。

5. 戴炎輝，〈清代臺灣之家制及家產〉，《臺灣文獻》第十四卷第三期，1963 年，頁 1～19。

6. 戴炎輝，〈清代臺灣之大小租業〉，《臺北文獻》第四期，1963 年，頁 1～48。

7. 李棟明，〈臺灣早期的人口成長與漢人移民之研究〉，《臺北文獻直字》第十三～十四期合刊，1970 年，頁 134～161。

8. 連文希，〈客家人入墾臺灣地區考略〉，《臺灣文獻》第二十二卷第三期，1971 年，頁 1～25。

9. 陳漢光，〈日據時期臺灣漢族祖籍調查〉，《臺灣文獻》第二十三卷第一期，1972 年，頁 85～104。

10. 曹永和，〈荷據時期臺灣開發史略〉，《臺灣文獻》第二十六卷第四期、第二十七卷第一期，1976 年，頁 213～223。

11. 戴炎輝，〈清代臺灣番社的組織及運用〉，《臺北文獻》第二十六卷第四期、第二十七卷第一期，1976 年，頁 329～357。

12. 洪燦楠，〈臺灣地區聚落發展之研究〉（一～二），《臺灣文獻》第二十九卷第二～三期連載，1978 年，頁 13～47。

13. 尹章義，〈臺北平原拓墾史研究〉，《臺北文獻》第五十三～五十四期，1981 年，頁 1～190。

14. 周宗賢，〈清代臺灣民間的地緣組織〉，《臺灣文獻》第三十四卷第二期，1983 年，頁 1～13。

15. 尹章義，〈閩粵移民的協和與對立：以客屬潮州人開發臺北以及新莊三山國王廟的興衰史爲中心所作的研究〉，《臺北文獻直字》第七十四期，1985 年，頁 1～27。

16. 張明雄，〈臺北地區平埔族的興起及衰落〉，《臺北文獻直字》第七十二期，1985 年，頁 191～218。

17. 李乾朗，〈淡水河沿岸早期城鎮市街空間特質〉，《中華民國建築師雜誌》第十三卷第十期，1987 年，頁 58～60。

18. 潘英，〈臺灣地區同籍聚落及同姓聚落探索〉，《臺北文獻直字》第八十四期，1988 年，頁 11～55。

19. 莊吉發，〈清初人口流動與乾隆年間（1736～1795）禁止偷渡臺灣政策的探討〉，《淡江史學》第一期，1989 年，頁 67～98。

20. 曹永和，〈明清之際臺灣移墾社會的原型〉，《臺灣文獻》第四十卷第四期，1989 年，頁 25～40。

21. 中村孝志（許賢瑤譯），〈村落戶口調查所見的荷蘭之臺灣原住民統治〉，《臺灣風物》第四十卷第二期，1990 年，頁 89～103。

22. 楊雲萍，〈被忽略的遺產——淡水的老地名〉，《滬尾街》第一期，1990 年，頁 8～11。

23. 蘇文魁，〈福佑宮——往昔滬尾街的幅心〉，《滬尾街》第二期，1991 年，頁 10～12。

24. 滬尾文史工作室，〈臺灣現存最古老的地名——淡水〉、〈漸被遺忘的古老地名——滬尾〉、〈鄧公廟傳奇〉，《滬尾街》第一期，1990 年，頁 4～6、7、12～13。

25. 中村孝志，〈荷蘭的臺灣經營〉（吳密察譯），《臺灣風物》第四十一卷第一期，1991 年，頁 65～85。

26. 中村孝志（曹永和譯、高玉似記錄、陳怡君記錄），〈十七世紀中葉的淡水、基隆、臺北〉，《臺灣風物》第四十一卷第三期，1991 年，頁 118～132。

27. 林偉盛，〈清代臺灣分類械鬥的研究介紹〉，《臺北文獻直字》第九十八期，1991 年，頁 221～235。

28. 張明雄，〈晚清時期臺灣通商口岸的開放與社會經濟的變遷〉，《臺灣文獻》第四十二卷第三～四期，1991 年，頁 5～19。

29. 張明雄，〈清代中期臺灣傳統農商社會的演進及其社會結構的轉變〉，《臺灣文獻》第四十二卷第一期，1991 年，頁 153～166。

30. 施添福，〈紅線與藍線：清乾隆中葉臺灣番界圖〉，《臺灣史田野研究通訊》第十九期，1991 年，頁 46～50。

31. 滬尾文史工作室，〈清水巖上落鼻祖〉、〈敗滬尾‧拜滬尾——四月十八犒軍拜門口〉、〈「忠寮李」與「西仔反」〉，《滬尾街》第四期，1991 年，頁 12～19、20～21、10～11。

32. 林偉盛，〈清代淡水廳的分類械鬥〉，《臺灣風物》第五十二卷第二期，2002 年，頁 17～56。

33. 黃瑞茂，〈淡水街的形成與發展〉，《滬尾街》第六期，1992 年，頁 4～13。

34. 滬尾文史工作室，〈滬尾龍山寺〉，《滬尾街》第五期，1992 年，頁 24～29。

35. 陳國棟，〈淡水聚落的歷史發展〉，《國立臺灣大學建築與城鄉研究學報》第二卷第一期，1983 年，頁 5～20。

36. 陳其澎，〈臺灣傳統社區中象徵界域之建構〉，《中原學報》第二十三卷第

四期，1995 年，頁 41～55。

37. 湯熙勇，〈論清康熙時期的納臺爭議與臺灣的開發政策〉，《臺北文獻直字》第一一四期，1995 年，頁 25～53。

38. 林再復，〈臺灣移民開發過程中的族群衝突、對立與融合〉（上、下），《臺灣源流》第一、二期，1996 年，頁 44～66、79～97。

39. 李啓彊，〈臺北縣石門鄉耆老口述歷史座談會記錄〉，《臺北縣立文化中心季刊》第五十五期，1998 年，頁 54～63。

40. 張勝彥，〈清代臺灣之廳制——以淡水廳爲例〉，《臺灣史研究》第五卷第一期，1998 年，頁 1～46。

41. 溫振華，〈清朝小雞籠社初探〉，《臺北縣立文化中心季刊》第五十五期，1998 年，頁 17～23。

42. 蔡志展，〈明清臺灣的水源開發〉，《臺灣文獻》第四十九卷第三期，1998 年，頁 21～74。

43. 蔡志展，〈明清臺灣水利開發之時空分析（1624～1894）〉，《社會科教育研究》第三期，1998 年，頁 25～95。

44. 李坤錦，〈漳州客家初步探討〉，《客家》第一○六期，1999 年，頁 28～31。

45. 莊華堂，〈永定客與三芝江家〉，《客家》第一一三期，1999 年，頁 51～54。

46. 莊華堂，〈是福？是客？還是「是福也是客？」——臺灣的漳州客初探〉，《客家》第一○六期，1999 年，頁 24～27。

47. 溫振華，〈清代臺北盆地漢人社會祭祀圈之演變〉，《臺北文獻直字》第八十八期，1999 年，頁 1～42。

48. 張建隆，〈淡水史研究初探〉，《漢學研究通訊》第十九卷第二期，2000 年，頁 178～187。

49. 翁佳音，〈地方會議・贌社與王田——臺灣近代初期史研究筆記〉（一），《臺灣文獻》第五十一卷第三期，2000 年，頁 263～282。

50. 張屏生，〈臺北縣石門鄉的武平腔客家話的語音變化〉，《聲韻論叢》第十一期，2001 年，頁 217～241。（此文亦發表於《第七屆國際暨十九國聲韻學學術研討會論文集》，文章名爲〈從閩客方言的接觸談語音的變化——以臺北縣石門鄉的武平客家話爲例〉，頁 327～341）

51. 陳宗仁，〈淡水與淡水河——漢人對淡水河流域的地理認識及其變遷〉，《輔仁歷史學報》第十二期，2001 年，頁 85～115。

52. 楊彥杰，〈臺灣北部的汀州移民與定光古佛信仰——以淡水鄞山寺爲中心〉，義民信仰與客家社會兩岸三地學術研討會，2001 年，頁 277～304。

53. 楊彥杰，〈淡水鄞山寺與臺灣的汀州客家移民〉，《福建省社會主義學院學報》第三期，2001 年。

54. Johnners Huber（1990）著；林偉盛譯，〈中國移民對抗荷蘭東印度公司：1652 年臺灣的郭懷一事件〉，《臺灣文獻》第五十三卷第三期，2002 年，頁 95～123。

55. 附：翻譯自臺灣長官 Nicolaes Verburg 與議會給巴城總督和議員有關叛亂事件的信，頁 118～123。

56. 張建隆，〈十七世紀至十八世紀初，西、荷及清人對淡水的記述與認知〉，《臺灣文獻》第五十三卷第三期，2002 年，頁 209～248。

57. 廖倫光，〈芝蘭三堡汀州客家聚落與領域層次之聯繫〉，臺北盆地客家墾拓發展史學術研討會論文彙編，行政院客家委員會舉辦，2002 年。

58. 吳智慶，〈淡水竹圍社小八里坌社探查〉，《北縣文化》第七十六期，2003 年，頁 54～58。

59. 詹素娟，〈贌社、地域與平埔社群的成立〉，《臺大文史哲學報》第五十九期，2003 年，頁 117～141。

60. 林文凱，〈清代晚期臺灣的土地法律文化——淡新檔案內淡新地域漢墾莊在十九世紀四十年代以來土地抗租案件為主的分析〉，2004 年臺灣社會學會年會暨「走過臺灣——世代、歷史、與社會」研討會論文，2004 年。

61. 吳中杰，〈臺灣福佬客與客家人之分佈研究〉，臺灣福佬客座談會參考資料，2004 年，頁 10～45。

62. 陳秋坤，〈清代臺灣地權分配與權力網絡關係〉，《歷史月刊》第二〇一期，2004 年，頁 52～59。

63. 陳哲三，〈從鬮書看清代草屯的社會經濟〉，《逢甲人文社會學報》第九期，2004 年，頁 61～89。

64. 廖倫光，《近山客家竹草建築與「蔡」建築類型研究》，行政院客家委員會獎助客家學術研究計畫論文，2004 年。

65. 謝德錫，〈凝塑時代的容顏——淡水的聚落與人文〉，《文化淡水》（財團法人淡水文化基金會發行）第六十二期，2004 年。

66. 莊華堂，〈從地域認同到福佬認同——客家人與新店地區的開發〉，《北縣文化》第八十五期，2005 年，頁 65～72。

67. 黃子堯，〈臺北縣平原地區的客家人〉，《北縣文化》第八十五期，2005 年，頁 51～58。

68. 陳思萍、廖倫光，〈臺北縣三芝、三峽客家庄的風俗與建築概述〉，《北縣文化》第八十五期，2005 年，頁 59～64。

69. 溫振華，〈清代臺灣淡北地區的拓墾〉，《臺灣風物》第五十五卷第三期，

2005 年，頁 15～41。

70. 陳哲三，〈清代草屯的找洗契及相關問題〉，《逢甲人文社會學報》第十二期，2006 年，頁 217～237。

71. 李朝凱、吳升元、吳憶雯，〈《臺灣總督府檔案抄錄契約文書》之運用——以竹南一堡闔約字爲例〉，《臺灣古文書與歷史研究學術研討會論文集》，臺中：逢甲大學歷史與文物管理研究所，2007 年，頁 1～24。

72. 李朝凱、吳升元、吳憶雯，〈臺灣契約文書研究的回顧與展望〉，《臺灣古文書與歷史研究學術研討會論文集》，臺中：逢甲大學歷史與文物管理研究所，2007 年，頁 1～65。

73. 宋宏一、曹慧如，〈臺灣省北基農田水利會歷史沿革〉，《聖約翰學報》第二十四期，2007 年，頁 173～191。

74. 翁佳音，〈舊地名考證與歷史研究——兼論臺北舊興直、海山堡的地名起源〉，《臺北文獻直字》第九十六期，2007 年，頁 99～110。

75. 吳中杰，〈大屯山彙南北兩側的詔安客家謝氏宗族淵源探究〉，《福建省客家雜誌》，2008 年 3 月。

76. 柯志明，〈番小租的形成與演變：岸裡新社地域社番口糧田的租佃安排〉，《臺灣史研究》第十三卷第五期，2008 年，頁 57～137。

77. 吳聰敏，〈贌社制度之演變及其影響（1644～1737）〉，《臺灣史研究》第十六卷第三期，2009 年，頁 1～38。

78. 涂豐恩，〈混亂中的秩序：臺灣契約文書的蒐集與分類（1898～2008）〉，臺灣大學數位典藏研究發展中心——2009 年第一期獎助研究生計畫成果發表會論文，2010 年 1 月 27 日。

五、專書論文

1. Ludwig Riess 著、周學普譯，〈Geschichte de Insel Formosa（臺灣島史）〉，《臺灣經濟史三集》（臺灣研究叢刊第三十四種），臺北：臺灣銀行經濟研究室，1956 年。

2. 黃富三、翁佳音，〈清代臺灣漢人墾戶階層初論〉，《近代中國區域史研討會論文集》（上冊）中央研究院近代史研究所編，臺北：中央研究院近代史研究所，1986 年。

3. 詹素娟，〈清代臺灣平埔族與漢人關係之探討〉，《近代中國區域史研討會論文集》（上冊）中央研究院近代史研究所編，臺北：中央研究院近代史研究所，1986 年。

4. 蔡淵絜，〈清代臺灣的移墾社會〉，《臺灣社會文化變遷研討會論文集》（中央研究院民族學研究所專刊乙種第十六號），瞿海源、章英華合編，臺北：中央研究院民族學研究所，1986 年。

5. 江樹生，〈荷據時期臺灣的漢人人口變遷〉，《媽祖信仰國際學術研討會論文集》，雲林：財團法人北港朝天宮董事會；臺灣省文獻委員會，1997年。

6. 翁佳音，〈萬里鄉的地名特色與發展史〉，《萬里鄉志》，林丁國等編纂，臺北縣萬里鄉：臺北縣萬里鄉公所，1997年，頁 21～47。

7. 寺田浩明，〈明清時期法秩序中約的性質〉（王亞新譯），《明清時期的民事審判與民間契約》，滋賀秀三等編，北京：法律出版社，1998年。

8. 岸本美緒，〈明清契約文書〉（王亞新、範愉、陳少峰譯），《明清時期的民事審判與民間契約》，滋賀秀三等編，北京：法律出版社，1998年。

9. 溫振華，〈清代淡水地區平埔族分佈與漢人移墾〉（淡江大學歷史學系主辦；國史館等協辦），《淡水學學術研討會：過去、現在、未來論文集》，臺北縣新店市：國史館，1999年。

10. 翁佳音，〈近代初期北部臺灣的商業交易與原住民〉，《臺灣商業傳統論文集》，黃富三、翁佳音主編，臺北：中央研究院臺灣史研究所籌備處，1999年，頁 45～80。

11. 謝重光，〈閩西客家定光佛信仰的形成與傳播〉，《第四屆國際客家學術研討會論文集：宗教、語言與音樂》，徐正光編，臺北：中央研究院民族學研究所，2000年，頁 119～148。

12. 廖倫光，〈臺北縣客家及其聚落的拓殖歷程〉，《臺北客家墾拓發展史研討會論文彙編》，臺北：臺灣客家公共事務協會，2005年。

13. 黃富三，〈河流與聚落：淡水河水運與關渡之興衰〉，《海、河與臺灣聚落變遷：比較觀點》，臺北：中央研究院臺灣歷史研究所，2009年。

六、非書資料

1. 公共電視臺監製、威迪影視傳播公司製作，《臺灣福佬客》，臺北：公共電視文化事業基金會（公共電視節目錄影帶），2000年。

2. 柯玠安等執行製作，《臺北客家人文腳蹤》，臺北：臺北市政府客家事務委員會，2003年。

附　錄

附錄一：北淡地區聚落相關古文書列表

編號	典藏處	契別	時間	案名	承受人／承買人	相關地點	立契人	相關人物	印記
1735-08-00	平山勳《臺灣社會經濟史全集》第六輯，頁95～96，臺灣經濟史學會，1934年，臺北	賣契	1735年／雍正13.8	雍正十三年立賣契	王啓林 廖楊世	大屯仔、雞柔山、施茂、小圭籠、滬尾、八連溪	圭柔社土官達傑、著加萬、貓勞眉、加里嘆；賣地（番眾）：龜劉、打里媽、其束罕、大頭萬	代筆人：吳招；知見人通事：林合；爲中人：何恩	淡水等社通事林合圖記
1740-11-00	平山勳《臺灣社會經濟史全集》第六輯，頁97，臺灣經濟史學會，1935年，臺北	賣契	1740年／乾隆5.11	乾隆五年立賣契	何宅 王啓林	圭柔山社、大龜仔	廖楊世	代書：黃啓宿；中人：周啓有	
1742-12-00	臺灣總督府檔案，國家文化資料庫編號：od-ta_01821_000174	賣契	1742年／乾隆7.12	乾隆七年立杜賣山林埔地書契	謝振進	小圭籠新庄仔，小地名喚恒濟庄	江金川	代筆人：叔輝濱；中見人：謝次德、弟亨興；在場人：親侄煥林、叔【火桀】河、兄弟裕遠	
1746-10-00	平山勳《臺灣社會經濟史全集》第六輯，頁99～101，臺灣經濟史學會，1936年，臺北	賣契	1746年／乾隆11.10	乾隆十一年立合約	何長興 何安甫	圭柔山社	雞柔山社番土目那里氏、柯老全白番打那淵擺得	日立合約人土目那里氏·柯老	
1746-11-00	平山勳《臺灣社會經濟史全集》第六輯，頁97～99，臺灣經濟史學會，1936年，臺北	賣契	1746年／乾隆11.11	乾隆十一年立賣斷契	何長興	賣與業戶王啓林、廖楊世報墾所剩高低零碎之地	雞柔山社番土目那里氏、柯老，同白番打那淵、擺得等	中人：陳壽老；代筆：黃達行	淡水等社通事何長興圖記 圭柔山社圖記
1747-04-00	《臺灣總督府檔案》，No.1821-001-0323，臺灣文獻館，南投市	給契／給墾批	1747年／乾隆12.4	乾隆十二年立招贌開墾字	許向春	圭柔山、管蓁林（竿蓁林）、呵賓呵葡＿＿、陳寧官、張諒觀山埔、大崎腳水圳、祀壇、舊營盤山頂、許朝觀田	外北投社番土目大頭萬、辛仔績；白番八連、乃吶、己卯高仔、己力氏	代筆人：何禮逢；知見人：黃達行、陳大柱	

1752-12-00	劉澤民《臺灣總督府檔案平埔族關係文獻選輯續篇（上下）》，頁104，臺灣文獻館，2004年，南投	賣契	1752年/乾隆17.12	乾隆十七年立杜賣山林埔地盡契	謝振廷	小圭籠、新庄仔、恆灌庄	賣地人（前承租人）：江金川；前番社業主馬眉	代筆人：江輝濱；爲中人：謝次德；知見人：江燦河、江燠林、江裕遠	
1753-07-00	《北部地區古文書專輯》（一），頁13，臺灣省文獻委員會，2000年，南投	給契/招佃字	1753年/乾隆18.7	乾隆十八年立招批契	何安甫	圭柔山水湄頭、坑尾大屯山尖、庄田、李家田、山蓁口大泉孔	（番土目）那抵；（白番）禮物氏、那厘氏、大龜立	那抵（番土目/招墾者/在場知見人）；何鴻澤（代筆人）	在場知見人圭北社等庄戶那抵記爲中代筆何鴻澤圭柔山社圖記白番禮物氏、那厘氏、大龜立各有指印
1754-07-00	《臺灣總督府檔案》，No.1819-001-0027，臺灣文獻館，南投市	給契/招佃字	1754年/乾隆19.7	乾隆十九年全立佃批	張宅	三空泉、賓仔雙仔腰（外北投山）、張諒田	外北投社番土目/業主乃吶；白番/業主沙雙、大頭萬、直吶	代筆人：何鴻澤；知見人：卯獨	
1759-01-00	國立臺灣大學圖書館古契書計畫資料庫編號：tcta0098	賣契	1759年/乾隆24.12	乾隆二十四年立杜賣根契	江宅	滬尾艋舺渡頭媽祖庄	王貴、兄王鳳	中人：陳林在見；謝俊、袁懷；知見：監生王啓泉；左右鄰：鄭銘	
1765-11-00	臨時臺灣土地調查局《大租取調書附屬參考書》，下卷，頁76	賣契	1765年/乾隆30.11	乾隆三十年賣盡根茅屋連地契字	王緘觀	滬尾街（今淡水街）、崁仔腳	蔡士評	代筆人：吳慶章；爲中人：何文清；知見人：蔡品	
1767-03-00	平山勳《臺灣社會經濟史全集》第六輯，頁109～110，臺灣經濟史學會，1936年，臺北	賣契	1767年/乾隆32.3	乾隆三十二年立賣契	何安生	圭柔山社邊東勢、何家田	王俊榮承墾圭柔山社土目馬蘭、那里氏、大豆鼓碌等田一塊	中見：那抵	中見圭北屯社等庄業戶那抵戳記
1769-08-00	國立臺灣大學圖書館古契書計畫資料庫編號：tcta0095	賣契	1769年/乾隆34.8	乾隆三十四年立杜賣斷根店契	江祿芳	滬尾艋舺渡頭媽祖庄	江文翠	依口代筆：姪書蕃；在場同見：叔文達、姪浩芳、俊芳、永芳；在場同見：男乾芳；在場中見：姪圓芳	
1770-07-00	黃美英《凱達格蘭族古文書彙編》，頁121，臺北縣文化中心，1996年，臺北	賣契	1770年/乾隆35.7	乾隆三十五年立杜賣盡根契	蕭秉忠	蜂仔峙、圭籠港仔八堵庄、暖暖溪、石厝坑、大溪	北港等社通事昇舉、金包里社土目甘望雲、大圭籠社土目利加力、三貂社土目大腳準		日立杜賣盡根契以下三社土目各戳記理番分府給北港等社花押通事昇舉戳
1779-10-00	臨時臺灣土地調查局《大租取調書附屬參考書》，中卷，頁158，1904年，臺北	給契/招佃字	1779年/乾隆44.10	乾隆四十四年立給佃批字	許成萬	楓樹林、貓尾崙、石角坑、橫山	小圭籠社業主馬眉，甲首己力氏，眾番媽那居、厘氏	代筆人：潘大成；爲中人：林陰觀	日立給佃批字業主馬眉甲首己力氏
1780-01-00	臨時臺灣土地調查局《臺灣土地慣行一斑》，頁433～434，1906年，臺北	給字/給地基字	1780年/乾隆45.1	乾隆四十五年立招給店地基批	楊友觀	水尾、李旁觀店、黃水生店	金包里社土目林安邦	知見通事：遠生；爲中人：黃水生；代筆人長男：林三元	

1781-12-00	《臺北文物》第五卷第二至三期，頁 128	賣契	1781年/乾隆46.12	乾隆四十六年立永杜絕賣盡根契人	吳表現	圭籠仔、新庄仔坑尾、柯鞍崙土	江慶節	代書人：魏乾兆；在場人：陳德伯；在場人：江慶連、弟慶拔、侄春麟、爵□□	李府分番理給小圭籠社土目升三記花押
1783-10-00	黃美英《凱達格蘭族古文書彙編》，頁 124，臺北縣文化中心，1996 年，臺北	贌稅字/贌字	1783年/乾隆48.10	乾隆四十八年立給永佃契	許潘成	老梅溪頭蛇仔崙	老巴那留、番厘氏	代筆人：潘有志；爲中人：許萬成；甲首：小圭社甲首己力記	理番分府給小圭籠社土目馬眉記
1785-10-00	國立臺灣大學圖書館古契書計畫資料庫編號：tcta0097	賣契	1785年/乾隆50.10	乾隆五十年立杜賣斷根店契	江祿芳	滬尾艋舺腳渡媽祖庄	江永芳	中人：游作棟、鍾肇元、江才芳、姪懷興、健科；在場：弟圓芳、兄傅芳、俊芳；代筆姪孫和舟字姪天送、接送；在見：男佛送	
1785-11-00	林明美《北路淡水》，頁 433～435，臺北縣立十三行博物館，2004 年，臺北	給契/招佃字	1785年/乾隆50.11	乾隆五十年立給佃批	鄭柳觀	打邊埠頂嘎嘮覓、己力田	給佃批人：小圭籠社番己力籠氏	代筆人：江煥彩；爲中人：潘大成；在場見：理番分府黃給小雞籠社土目升三記花押	日立給佃批字活己力籠氏（指印）
1786-07-00	劉澤民《臺灣總督府檔案平埔族關係文獻選輯續篇（上下）》，頁 86，臺灣文獻館，2004 年，南投	雜契/甘願字	1786年/乾隆51.7	乾隆五十一年立甘願字人		八連溪、揀扳、林子快	康阿揚	代筆人：涂逢潤；說合人：魯觀佑	理番分府朱給圭柔山社土目保羅漢記花押理番分府朱給圭北屯等庄番業戶甲萬記花押
1788-01-00	黃美英《凱達格蘭族古文書彙編》，頁 124，臺北縣文化中心，1996 年，臺北	贌稅字/永佃批	1788年/乾隆53.1	乾隆五十三年立給永佃字	許紹周	茗梅溪邊	高洛	代筆人：潘崇虛；爲中人：小圭籠社土目升三；知見人：母嵤里、妻有喝	理番分府給小圭籠社土目升三記花押高洛手摹壹箇
1788-05-00	劉澤民《臺灣總督府檔案平埔族關係文獻選輯續篇（上下）》，頁 163，臺灣文獻館，2004 年，南投	給契/給墾批	1788年/乾隆53.5	乾隆五十三年給補墾字	黃意伯	圭北屯社、樹林口、糞箕湖、大尖山、山豬窟	招墾者：圭北屯社番業主潘進生、（進生之父）潘那抵	代筆人：顏祥符；爲中人：楊漢老；知見人：白番來山	
1788-10-00	《臺灣總督府檔案》，臨時臺灣土地調查局，No.9880，頁 97，臺灣省文獻委員會，2001 年，南投	賣契	1788年/乾隆53.10	乾隆五十三年全立杜賣荒山墾批字	謝協興	八里坌仔庄、謝勸郎田、二尖山倒水、打石葉大崙頂倒水透海、蛇仔形崙倒水	八里坌社番業戶、土目暨眾社番斗米、夏里萬、乃族	代筆人：傅餘元；爲中人：達毛（社番）；在場人：斗米、里萬、乃族	
1798-08-00	劉澤民《平埔百社古文書》，頁 73，鍾金水提供，國史館臺灣文獻館，2002 年，南投	給契/給墾批	1789年/乾隆54.8	乾隆五十四年給墾批字	李坎	小圭籠橫山頂、老梅溪、崁唇、蔡家崙頂	小雞隆社土目馬眉	代筆人：潘裕琴；知見人：老卯抵老婆	
1789-12-00	國立臺灣大學圖書館古契書計畫資料庫編號：tcta0094	賣契	1789年/乾隆54.12	乾隆五十四年立杜賣店契字	江懷亮	滬尾大街	江接琳	代書：弟鼎兆；說合人：鍾可廷；在場見：叔團芳、生炳	

1792-01-00	國立臺灣大學圖書館古契書計畫資料庫編號：tcta0101	賣契	1792年/乾隆57.1	乾隆五十七年立杜賣店契字	江懷亮	滬尾大街	叔江團芳仝姪承宗、長興、立興等	代筆人：鼎兆字；說合中人：廖欽福；在場見：叔斗壽	
1792-10-00	劉澤民《平埔百社古文書》，頁73，鍾金水提供，國史館臺灣文獻館，2002年，南投	贌稅字/永佃批	1792年/乾隆57.10	乾隆五十七年立給永佃字	楊宗得	蘇裡阿突（金山鄉萬壽村）龜達己力田、黃士進田、小坑、林榮光園	金包裡社番卯仔利本	代筆人：番妙生	知見北港金包裡社社圖記中見土目理番分府給金包裡社土目涼生長行記花押
1793-12-00	林明美《北路淡水》，頁433～435，臺北縣立十三行博物館，2004年，臺北	賣契	1793年/乾隆58.12	乾隆五十八年立杜賣永遠田契字	何湜波	茗梅庄坑口	高洛	代筆人：蘇元英；爲中人：賴理；知見人：江東明	理番分府給小圭籠社土目包仔嗹長行戳記花押
1797-07-00	林明美《北路淡水》，頁35，臺北縣立十三行博物館，2004年，臺北	雜契/找洗字	1797年/嘉慶2.7	嘉慶七年立贈貼洗契字	何湜波		白番己力	代筆人：蘇秀五；知見人：眞生、武老、蚋籠氏	理番分府給北投社總通事□三長行記
1797-10-00	林明美《北路淡水》，頁33，臺北縣立十三行博物館，2004年，臺北	典契/典字	1797年/嘉慶2.10	嘉慶二年立典契	許分觀	老梅庄洋、大坑、三元田岸、武茗田岸	典當人：老婆（小圭籠社白番）	代筆人：陳年登；爲中人：番親納籠；知見人：計男直荏（指印）；在場人：妻思葛男武老（指印）	理番分府給小圭籠社土目包仔嗹長行戳記花押
1801-05-00	《北部地區古文書專輯》（一），頁74，臺灣省文獻委員會，2000年，南投	賣契	1801年/嘉慶6.5	嘉慶六年杜立賣契	林順成	八里坌坪仔頭十八埒內	林登芳	代筆人：蔡日新；爲中人：林珍水；仝知見銀人：林潤明、造旭、天成	
1802-11-00	劉澤民《臺灣總督府檔案平埔族關係文獻選輯續篇（上下）》，頁104，臺灣文獻館，2004年，南投	給契/給墾批	1802年/嘉慶7.11	嘉慶七年立給墾批	江敬亭	埔頭坑、雙溪口、八連溪	北港小圭籠社番土目包仔嗹	代筆人：張廣成；爲中人：江理華；知見人：老婆	
1803-02-00	劉澤民《臺灣總督府檔案平埔族關係文獻選輯續篇（上下）》，頁163，臺灣文獻館，2004年，南投	贌稅字/永佃批	1803年/嘉慶8.2	嘉慶八年立再換墾批永佃字	楊地觀/楊君觀（地/君含混不清）	水梘頭、白崩石、犁頭標、泉空崁頭、郭家坑、盧家坑	圭北屯社業戶潘進生	代筆人：吳席珍；爲中人：林都觀；場見人：周嘉伍	
1804-10-00	林明美《北路淡水》，頁39，臺北縣立十三行博物館，2004年，臺北	賣契	1804年/嘉慶9.10	嘉慶九年立永杜賣根契	許紹周	小圭籠茗梅洋、虎丁田、三元田、中洲、許家田、武茗田	何芳	代筆並知見人：宗兄何育（指印）爲中人：潘運讓	業主：理番分府給小圭籠社土目包仔嗹長行戳記花押北路淡水捕盜同知關防
1804-11-00	謝繼昌《凱達格蘭古文書》，頁25，原件：國立臺灣大學人類學系藏，1999年，臺北	贌稅字/永佃批	1804年/嘉慶9.11	嘉慶九年立給墾批永佃	石普敦然觀	西勢磺溪埒、林家田、圭番界、那厘氏＆茅史田、那厘氏＆九喃田	利加力金包里社番龜達	知見人：番親順生	代書爲中社記北港管下金包裡社圖記知見理番分府給毛少翁社通事翁麗水長行戳記花押

1804-11-01	黃美英《凱達格蘭族古文書彙編》，頁119，原件：國立臺灣博物館收藏，原件編號：No.549	賣契／雜契－找洗字	1804年／嘉慶9.11	嘉慶九年仝續立杜賣併找貼契	圭社番親禮勿氏	金包里崙仔、金社番利本甘望雲田、圭番禮勿氏&馬眉田、圭番老婆&社丁卯林安那厝地	金社番己力向老、保生	知見人：己力左眉、來明高妹；爲中人：甲長己力、卯林安那；在場人：利本甘望雲
1805-09-00	劉澤民《臺灣總督府檔案平埔族關係文獻選輯續篇（上下）》，頁164，臺灣文獻館，2004年，南投	賣契	1805年／嘉慶10.9	嘉慶十年立杜賣盡根契	張伴張浩張得觀	滬尾大坪頂、興化簝、大屯尖山水、鍾九龍、張泉、山豬湖	魏胡伯	代筆人：李有成；爲中人：魏清集；知見人：梁俊元
1805-11-00	《臺灣總督府檔案》，No.1821-001-0238，臺灣文獻館，南投市	賣契	1805年／嘉慶10.11	嘉慶十一年立杜賣盡根契字	張伴張浩張得觀	滬尾大坪頂、興化簝、大屯尖天水、草小嶺天水、魏雲洪頭家、彭貴龍頭家	梁俊元	代筆人：林蘭章；爲中人：李脩身；知見人：梁傳伯、梁陳生
1807-10-00	《清代臺灣大租調查書》，頁565～566，臺灣銀行經濟研究室，1963年，臺北	給契／給墾批	1807年／嘉慶12.10	嘉慶十二年立補給墾批結定租粟	李祖添李寶林（李祖榮之子）	石角坑內、大崙反水、小崙透海、中心崙小坑	包仔連馬眉	代筆人：何龍標；在場男：進仔兄-榜禮姪-進興、應元、三仔；知見：納籠、社老婆、番角冊、勝恩、小包仔連
1808-03-00	臺灣總督府檔案，國家文化資料庫編號：國家文化資料庫編號：od-ta_01821_000137	賣契	1808年／嘉慶13.3	嘉慶十三年立杜絕賣斷根山埔契字	林棒	小基籠新庄仔陳厝坑	林多	代筆人：江厎湖；爲中人：商騰觀；場見人：胞兄鎬
1810-03-00	劉澤民《臺灣總督府檔案平埔族關係文獻選輯續篇（上下）》，頁165，臺灣文獻館，2004年，南投	賣契	1810年／嘉慶15.3	嘉慶十五年仝立盡賣杜絕契	許乘觀	外北投庄東勢、林尋觀田	何梅成，胞姪何登連、何養生	何梅枝自筆；爲中人：陳旭觀；知見人：何進生；在場見：嫂余氏、賴氏胞姪何登連、何養生
1811-10-00	謝繼昌《凱達格蘭古文書》，頁27，原件：國立臺灣大學人類學系藏，1999年，臺北	賣契	1811年／嘉慶16.10	嘉慶十六年立杜賣契	李宗請（李鐵族弟）	金包裡、南勢湖、大坑、李益田、大山頂反水、黃家田、羌仔簝坑	李鐵	代筆人：許秀明；爲中人：族侄李孫成；知見人：族侄李益、全男阿水	北路淡水捕盜同知關防業士（楊府補候）給金包里番業戶林福興戳記花押
1814-12-00	國立臺灣大學圖書館古契書計畫資料庫編號：tcta0096	賣契	1814年／嘉慶19.12	嘉慶十九年立賣盡根店契字	翁濟生	滬尾大街	江林妹有承父明買過祿芳叔分下店二股，又買接琳叔、團芳叔分下店二股，合共四股	代書人：姪文元；爲中人：陳德源、族弟七匱；在場知見：叔懷品、怡冠、堂兄連喜、元喜
1815-10-00	《臺灣總督府檔案》，No.1820-001-0101，臺灣文獻館，南投市	賣契	1815年／嘉慶20.10	嘉慶二十年仝立永耕盡根契字	蔡成德蔡成卿蔡成對觀	八里坌仔坑尾樹梅坑、張廣山、高家園、大坑	八里坌社番臺阿良、臺文秀	代筆人：李貞遂；爲中人：施佛勝、陳仕標；知見人：潘成發

1816-11-00	林明美《北路淡水》，頁46～47，臺北縣立十三行博物館，2004年，臺北	給契/給墾批	1816年/嘉慶21.11	嘉慶二十一年立給墾永耕字	朱海良	嘎嘮覓、鄭家田、納籠田	小圭籠社白番進興	爲中併代書人：余若川；在場知見人：姪慶三叔土目包仔嗹妻桂娘	理番分府給內北投社總通事萬本生長行戳記花押 理番分府給小圭籠社土目包仔嗹長行戳記花押
1818-11-00	謝繼昌《凱達格蘭古文書》，頁31，原件：國立臺灣大學人類學系藏，1999年，臺北	賣契	1818年/嘉慶23.11	嘉慶二十三年立歸就字	郭 然		石普（原金社番利加力龜達）	代筆人：林美財；爲中人：李清修	
1819-10-00	林明美《北路淡水》，頁51，臺北縣立十三行博物館，2004年，臺北	給契/給墾批	1819年/嘉慶24.10	嘉慶二十四年立給開墾永耕字	潘恭觀	草山小坑仔、崙頂返水、獨罕田、橫路	小雞籠社舊土目包仔嗹姪進興	在場知見：兄榜禮（指印）；代筆人：余若川；爲中人：白番連生；知見人：男土目應元（指印）	小雞籠社鄭進興圖記 小雞籠社業主鄭包仔嗹圖記
1819-12-00	林明美《北路淡水》，頁49，臺北縣立十三行博物館，2004年，臺北	給契/給墾批	1819年/嘉慶24.12	嘉慶二十四年立重給墾批	鍾清成	九芎柳山埔、土地公前、尙章埔地、祥發埔地、許及牛路田	小雞籠社土目應元、全白番等	代筆人：何鳳騰；在場知見社番：老包仔嗹（指印）、老婆（指印）、蚋籠（指印）、進興（指印）、進仔（指印）、榜禮（指印）、角舟（指印）、小包仔嗹（指印）、月仔（指印）、水源（指印）、勝雲（指印）、慶三（指印）	業主：理番分府給小圭籠社土目應元長行記花押
1820-02-00	林明美《北路淡水》，頁53，臺北縣立十三行博物館，2004年，臺北	賣契	1820年/嘉慶25.2	嘉慶二十五年仝立杜賣盡根契	或嫂許劉氏	茗眉湖	許添五、侄滄海	許添五親筆；爲中人：族侄乾良；份內知見人：族親許朱彩、許武；在場知見人：嫂鄒氏	北路淡水捕盜同知關防
1820-11-00	《臺灣總督府檔案》，No.1820-001-0318，臺灣文獻館，南投市	賣契	1820年/嘉慶25.11	嘉慶二十五年立杜賣盡根契字	張光和	芝蘭堡新庄仔庄、車埕、公埔崙頂、楊宗埔地、大車路	張六	代筆人：鍾咸；爲中人：張定；知見人：張信	
1821-09-00	溫振華〈清朝小雞籠社初探〉《北縣文化》第五十五期，頁22，1998年，板橋市	給契/給墾批	1821年/道光1.9	道光元年立墾找契字	許喚貴		小圭籠社番老婆	代筆人：余若川；爲中番：進興；在場知見人：社番小連生、原土目包仔嗹、土目應元；知見：姪勝雲、勝元	老婆右手掌摹一
1822-06-00	林明美《北路淡水》，頁59，臺北縣立十三行博物館，2004年，臺北	雜契/找洗字	1822年/道光2.6	道光二年立添助口糧租粟字	朱海良	嘎嘮覓	小雞社白番進興	爲中併代筆人：余若川；知見人：弟慶三	小圭籠社鄭進興圖記

編號	出處	契類	年代	契名	立契人	地點	關係人	代筆、中人、知見人等	備註
1822-10-00	《臺灣總督府檔案》，No.1820-001-0123，臺灣文獻館，南投市	賣契	1822年／道光2.10	道光二年立盡根契字	陳涼	芝蘭堡土地公埔庄、員山頂粟寮三板橋、山豬垏、無尾崙小坑	楊帶	代筆人：劉波先；爲中人：林皇觀；知見人：楊古觀	業主過戶：土目潘銳卿印記
1822-11-00	林明美《北路淡水》，頁57，臺北縣立十三行博物館，2004年，臺北	給契／給墾批	1822年／道光2.11	道光二年立分給山埔地字	族姪潘山		族叔潘恭／潘仕恭	代筆人：宗弟瑞；公議人：賴觀生、朱登；立分給山埔地字人：郭儷、潘仕恭	
1823-01-00	臺灣總督府檔案，國家文化資料庫編號：國家文化資料庫編號：od-ta_01820_000051	賣契	1823年／道光3.1	道光三年立杜賣斷根田契字		小圭籠八連溪庄	江開連、江慶連、江丙連	代筆人：吳集士；爲中人：兄爵保；場見人：叔連喜、在堂母沈氏	
1824-11-00	林明美《北路淡水》，頁62~63，臺北縣立十三行博物館，2004年，臺北	賣契	1824年／道光4.11	道光四年立杜賣盡根契	潘恭母舅	茗梅洋、許家田、小包畽田、土地公後、番三元田、大坵園	許紹周	代筆人：族叔成標；爲中人：族叔礦；知見人：堂弟畚、長男傳、次男長；在場人：堂叔許坎	小圭籠社高落合馬合子水源圖記花押
1824-11-01	謝江素慎收藏	賣契	1824年／道光4.11	道光四年立杜賣斷根田園埔地契	鄧振伯	小圭籠陳屋坑庄	謝繼善、邱天慶、邱天浩	代筆人：何鳳騰；爲中人：陳宗祿、邱詩進；在場知見：姪阿後、姪孫門先	
1825-02-00	臺灣總督府檔案，國家文化資料庫編號：國家文化資料庫編號：od-ta_01820_000052	雜契／鬮分約字	1825年／道光5.2	道光五年立鬮約字		八連溪	簡東華、胡阿眞	代筆人：許如□；場見人：堂兄弟觀豬、公親族兄陣（花押）、族長文魁（號）	
1825-11-00	臺灣總督府檔案，國家文化資料庫編號：國家文化資料庫編號：od-ta_01821_000106	賣契	1825年／道光5.11	道光五年立杜賣斷根田埔、樹林、屋基契字	進彩河川	小圭籠新庄仔大坑	琪龍	代筆人：姪欽書；爲中人：弟盛慶；在場人：許麟生；知見人：叔文金	
1826-11-00	國立臺灣大學圖書館古契書計畫資料庫，編號tcta0103	雜契／鬮分約字	1826年／道光6.11	道光六年立鬮書字		小圭籠庄仔坑	長、式	家長知見人：叔永旺；代筆人：弟聯輝	
1827-09-00	《清代臺灣大租調查書》，頁507，臺灣銀行經濟研究室，1963年，臺北	暯稅字／暯字	1827年／道光7.9	道光七年立招墾闢荒埔	曾清岳、曾三盛	社寮社背、後那大完埔、自己老田、阿沐瓜爹田	山頂茅武噠社番阿沐打不亦、婿四老香高		
1827-11-00	《臺灣總督府檔案》，No.1820-001-0002，臺灣文獻館，南投市	賣契	1827年／道光7.11	道光七年立杜賣永盡絕根契	林聯觀上	芝蘭堡林仔街庄、虎頭山后、林宅田、盧家埔、吳家埔	何宗立	爲中并代筆人：何秀夫；知見人：堂弟天成、母親吳氏、親胞伯其珍	
1827-12-00	《臺灣總督府檔案》，No.1820-001-0190，臺灣文獻館，南投市	賣契	1827年／道光7.12	道光七年立杜賣盡根契字	陳千觀	芝蘭堡北新庄仔庄、半天寮車埕	許獻	代筆人：林光陞；爲中人：楊福觀；知見人：陳罕、黃到觀、楊春觀、陳媽抱	

1828-09-00	林明美《北路淡水》，頁66～67，臺北縣立十三行博物館，2004年，臺北	賣契	1828年/道光8.9	道光八年立杜賣盡根契字	王雨官	小圭籠社大平頂、茗梅溪	李丁貴、丁茂、丁山	李丁貴、丁茂自筆；為中人：楊帶；在場知見人：陳高厚	業主帶租理番分府給小基隆社土目慶三長行記花押
1828-11-00	臺灣總督府檔案，國家文化資料庫編號：國家文化資料庫編號：od-ta_01821_000176	賣契	1828年/道光8.11	道光八年立杜賣盡根山林田厝契字	簡起雲	小基隆新庄仔大坑頭	盧天喜	代筆人：張天福；說合中人：盧元衛、胞弟天生；在場知見人：母親謝氏、長男德生	
1829-09-00	《臺灣總督府檔案》，No.1820-001-0334，臺灣文獻館，南投市	給契/給墾批	1829年/道光9.9	道光九年立給補墾佃批字	徐開清徐處雲（徐開清堂任）	金包里堡石門下角、尖仔鹿庄、阿里港崙頂、陳阿六田頭	小圭籠社耆番麻六枝、業主潘連生	代筆人：永成；為中人：事安；在場知見耆番：老婆	原土目印記
1829-10-00	臺灣總督府檔案，國家文化資料庫編號：國家文化資料庫編號：od-ta_01821_000168	賣契	1829年/道光9.10	道光九年立杜賣盡斷根田埔地契字	謝門先	小基隆新庄仔陳厝坑	何義慶	代筆人：陳居仁；為中人：簡永發；知見人：江能素、江壬龍、江東彩、侄孫奕昌、男秀賢	
1829-10-01	林明美《北路淡水》，頁69，臺北縣立十三行博物館，2004年	雜契/找洗字	1829年/道光9.10	道光九年全立墾找字	朱海良		小圭籠白番聖云、振興等	代筆人：潘連生；為中人：何成祖；在場中見人：土目慶三	
1830-07-00	臺灣總督府檔案，國家文化資料庫編號：國家文化資料庫編號：od-ta_01821_000214	賣契	1830年/道光10.7	道光十年立杜賣山林埔地契字	鄞福安	小基隆庄橫山頂	林逢春、林神助、陳元春、陳居仁等	代筆人：陳成□；為中人：李壬成；在場知見人：楊帶；知見人：鄭明德	
1830-11-00	國立臺灣大學圖書館古契書計畫資料庫，編號tcta0099	賣契	1830年/道光10.11	道光十年立杜賣盡斷根契	簡永發	小圭籠新庄仔坑	黃長孫、黃阿二	在場知見中人：邱龍妹、江庚連；在場知見：陳文連、何仕郁、母陳氏；代筆人：何鳳勝	業主帶租理番分府給小圭籠社土目慶三長行記
1831-02-00	《臺灣總督府檔案》，No.1820-001-0321，臺灣文獻館，南投市	雜契/鬮分約字	1831年/道光11.2	道光十一年全立鬮分約字	陳媽抱陳文察陳士著	芝蘭堡北新庄仔庄車埕、半天蔡、陳康乾坑	鄭求	代筆人：林步青；原中知見人：楊福	
1831-05-00	《清代臺灣大租調查書》，頁507，臺灣銀行經濟研究室，1963年，臺北	給契/給墾批	1831年/道光11.5	道光十一年立給墾批字	朱懷清	老梅山、崙頂反水、陰溝、無尾崙、潘家園	小圭籠社白番鄭進興	代筆人：許如；為中人：盧粒；在場見白番：萬	
1831-08-00	謝江素慎收藏	賣契	1831年/道光11.8	道光十一年立杜賣盡斷根田契字	謝先	土名小圭籠新庄仔陳厝坑	鄧振伯		
1831-11-00	《臺灣總督府檔案》，No.1820-001-0166，臺灣文獻館，南投市	賣契	1831年/道光11.11	道光十一年立賣盡根山埔契字	葉學觀	芝蘭堡水梘頭庄、白石腳	楊桃觀	代筆人：沈筆捷；作中人：王擇觀；知見人：母親王氏	
1831-11-01	臺灣總督府檔案，國家文化資料庫編號：國家文化資料庫編號：od-ta_01821_000114	賣契	1831年/道光11.11	道光十一年立杜賣斷根田屋埔地契字	緣慶季首事江三台、江才祿等	小圭籠埔頭坑庄	林天喜	代筆人：王庚應；說合中人：江鼎耀；在見人：林阿燕；在場知見人：男阿德	

編號	出處	契約種類	年代	立契字名稱				代筆人、中人等	
1831-12-00	林明美《北路淡水》，頁76～77，臺北縣立十三行博物館，2004年，臺北	賣契	1831年/道光11.12	道光十一年立杜賣盡根田契字	許　鈔	茗梅洋九芎林坑口	許梓儀	代筆人：姪天生；說合中：練萬選；在場見：叔南星；知見兄：捷慶、帝來、萬壽、天福、奕敏、天旺	理番分府給小圭籠社土目慶三長行記花押
1832-11-00	臺灣總督府檔案，國家文化資料庫編號：國家文化資料庫編號：od-ta_01821_000087	賣契	1832年/道光12.11	道光十二年立杜賣盡根田屋山埔契字	緣慶季內首事王庚應、江三台等	小圭籠新庄仔埔頭坑	江登和	代筆人：族叔和興；爲中人：族兄長龍、鼎耀，知見人：堂姪茂福、茂承；在場人：堂姪茂養	
1833-11-00	林明美《北路淡水》，頁72～73，臺北縣立十三行博物館，2004年，臺北	賣契	1833年/道光13.11	道光十三年立杜賣盡根田契字	潘恭觀	茗梅洋九芎林坑口	許梓儀	代筆人：族叔如回；爲中人：族叔六元；知見人：族兄朱彩；在場：堂叔秀民	
1833-11-01	林明美《北路淡水》，頁79，臺北縣立十三行博物館，2004年，臺北	賣契	1833年/道光13.11	道光十三年全立永杜賣盡根田契字	許位栖	茗梅庄洋、中洲仔	宗姪許長、許其	宗姪許長自筆；爲中人：許來生；知見人：媽親江氏	
1834-02-00	臺灣總督府檔案，國家文化資料庫編號：國家文化資料庫編號：od-ta_01821_000066	雜契/鬮分約字	1834年/道光14.2	道光十四年立鬮分水田字		小圭籠新庄仔埔頭坑双溪面	叔祖江開兆‧姪孫江耀台	代筆人：曾姪孫松慶，在場知見：姪孫登輝、姪孫芹華、叔丙生、次男雙順、長男雙連	
1834-02-01	《臺灣私法》附中，頁95，臨時臺灣舊慣調查會，1911年，東京	給字/給地基字	1834年/道光14.2	道光十四年立給店地基墾批	林江觀	滬尾媽祖宮、海坜、陳天水	給地人：何長興		
1834-11-00	臺灣總督府檔案，國家文化資料庫編號：國家文化資料庫編號：od-ta_01821_000127	賣契	1834年/道光14.11	道光十四年立杜賣斷根契	盧偕觀	小圭籠陳厝坑	何祐生	在場見并代筆：何秀賢；爲中人：簡永發；知見人：劉阿石	
1835-01-00	林明美《北路淡水》，臺北縣立十三行博物館，2004年，臺北	賣契	1835年/道光15.1	道光十五年立杜賣永盡根斷契	吳仙童觀	大坪頂、茗梅溪	王文雨	代筆人：林士格；爲中人：汪添喜；知見人：胞嫂林氏（指印）、堂叔王者貼、胞姪王初魁	業主理番分府給小圭籠社土目慶三長行記花押
1835-11-00	《臺灣總督府檔案》，No.1820-001-0353，臺灣文獻館，南投市	賣契	1835年/道光15.11	道光十五年立杜賣盡根絕契字	張傳俊	老梅庄、九芎林尖山湖、阿里磅	鍾天福、鍾天來	代筆人：堂叔旺；爲中人：溫觀喜、魏阿添；在見人：廖神求；知見人：男桂明、堂弟東慶；場見：母楊氏	
1836-11-00	臺灣總督府檔案，國家文化資料庫編號：國家文化資料庫編號：od-ta_01821_000162	賣契	1836年/道光16.11	道光十六年立杜賣斷根土地契字	簡永發	小圭籠新庄仔麻竹坑尾小坑	王九	代筆人：郭興邦；爲中人：楊清水；場見人：母親陳氏；在場人：王尚	
1836-11-01	《臺灣總督府檔案》，No.1820-001-0210，臺灣文獻館，南投市	賣契	1836年/道光16.11	道光十六年立杜賣盡根埔契字	朱登、朱鬁叔侄	石門坑庄	許成	代筆人：許成；爲中人：叔玉亮；在場見人：母潘氏	

1836-11-02	《臺灣總督府檔案》，No.1820-001-0261，臺灣文獻館，南投市	賣契	1836年／道光16.11	道光十六年立杜賣永盡絕根契	林長裕	芝蘭堡北新庄仔	林妓	代筆人：堂弟國香；爲中人：宗兄林景；知見人：堂姪林察、長男林疋；在場見人：堂姪振候、堂兄林意、堂姪金香	
1837-07-00	中央研究院臺史所臺灣史檔案資源系統編號：T0482D0397_0001	雜契／鬮分約字	1837年／道光17.7.21	道光十七年立鬮書字		小圭籠庄埔頭坑	曹來秀全江坤秀公蒸內首事人恩富、癸龍叔姪五大房等	代筆人：江松慶字；在見人：李和連、江恩富	
1837-11-00	臺灣總督府檔案，國家文化資料庫編號：國家文化資料庫編號：od-ta_01821_000197-0001	賣契	1837年／道光17.11	道光十七年立杜賣斷根水田契字	伯祖太江東峰公季首事江添承、江科龍	小圭籠新庄仔大坑	江余氏	代筆人：天弟壬龍；說合中人：夫叔孚芹、求舍；在場知見人：夫姪迪標、弟文岳	
1837-11-01	林明美《北路淡水》，頁85，臺北縣立十三行博物館，2004年，臺北	賣契	1837年／道光17.11	道光十七年立杜賣賣盡根契	潘敬德朱思班	打邊埔頂嘎嘮覓	朱海良	代筆人：族姪乃右；爲中人：許朱成；知見人：堂兄應；在場見：男漢水	業主小圭社番業主進興記 小雞籠社番業主潘鄭成信記 北路淡水捕盜同知關防
1837-11-02	《臺北文物》第五卷第二十三期合刊，頁130～131；國立臺灣大學圖書館古契書計畫資料庫，編號cg0600	典契／起耕典契	1837年／道光17.11	道光十七年立起耕典字	劉貞記	小圭籠仔舊庄海尾	游觀	代書人：趙振榮；爲中人：游德興、趙宰我；知見人：游懷宗	
1838-11-00	許文堂《大基隆古文書選輯》，頁69，基隆市立文化中心，2004年，基隆市	典契／典字	1838年／道光18.11	道光十八年立杜典業契字	田瑞和	小圭籠南勢坑	江壬壽	在場侄江：壽進、彩喜；說合中人：謝朝發；代筆人：弟江芹養	
1838-11-01	《臺北文物》第五卷第二十三期合刊，頁132	雜契／找洗字	1838年／道光18.11	道光十八年立找洗契字	鐘能芳	小圭籠新庄仔社、崙頂大埔心	鐘連旺	代筆人：宗姪松園；在場見人：鐘添旺；說合原中人：伯和興	
1840-01-00	高賢治《大臺北古契字集》，頁277～278，臺北市：臺北市文獻會，2000年	雜契／鬮分約字	1840年／道光20.1	道光二十年仝立鬮約		八芝蘭林洲尾庄、嘎嘮別石頭厝庄、滬尾崁頂庄、大龜崙庄	成記號即高神庇等、合成號即高標銳等、春記號即高三丕等	知見：高光渺、派井、派狀；在場族長：高培比、家長高鍾嗣；代筆：新庄街總理	新庄街總理戳記印
1840-12-00	《臺灣總督府檔案》，No.1820-001-0365，臺灣文獻館，南投市	賣契	1840年／道光20.12	道光二十年立杜賣盡絕根契字	王獅觀	芝蘭三堡錫板庄、揀板頭	陳士桂	代筆人：陳妙算；爲中人：鍾君印；知見人：胞弟陳擇	
1842-11-00	臺灣總督府檔案，國家文化資料庫編號：國家文化資料庫編號：od-ta_01821_000047	賣契	1842年／道光22.11	道光二十二年立杜賣斷根田埔契字	濟慶、燈勝季首事江永昌等	小圭籠埔頭坑庄	江宏相	代筆人：族叔松園字；說合中人：族弟熙燦；在場知見：胞弟宏穀	

編號	出處	類別	年代	契名	賣主	土地位置	買主	關係人	
1844-07-00	《臺灣總督府檔案》，No.1820-001-0102，臺灣文獻館，南投市	給契／給墾批	1844年／道光24.7	道光二十四年立給補墾山埔契字	朱築	芝蘭三堡、大坪頂水尾八里坌仔庄	白番張吉生	代筆人：潘克就；證見人：王生觀、張珠觀、山水觀；知見人：潘清源、潘石生	
1844-11-00	《北部地區古文書專輯》（一），頁187，臺灣省文獻委員會，2000年，南投	賣契	1844年／道光24.11	道光二十四年立杜賣盡根田園山埔契	林本源	八里坌蛇仔形、謝家園、坡水、大港、觀音山大坑直上至觀音山尖、謝家竹林埔園路埋石，直上過水圳，透觀音山脊分水、蛇仔形山脊分水、周家田竹圍，並大坑溝透港	趙象賢、趙玉麟，全二房侄趙華、趙祥等	代筆人：趙得；為中人：林超群；知見人：母林氏	
1845-10-00	臺灣總督府檔案，國家文化資料庫編號：國家文化資料庫編號：od-ta_01821_000095	賣契	1845年／道光25.10	道光二十五年立出賣盡根斷業田契字	江東峰公太生辰季內首事人二台、恩書等	小圭籠新庄仔埔頭坑	孫鼎權全男承生	代筆人：姪松慶；訖合中人：春鳳；在見人：恩富；在場人：男承生、次男承泰、三男承豐	
1847-11-00	臺灣總督府檔案，國家文化資料庫編號：國家文化資料庫編號：od-ta_01821_000129	賣契	1847年／道光27.11	道光二十七立杜賣盡斷根田屋山埔契字	大坑聖母季內首事謝文先、江承龍等	小圭籠新庄陳屋坑	林洒、商春鳳	依稿代筆人：曾宗顯；說合為中人：林藝；在場：侄江泉、登貴；在場知見：弟婦阮氏	
1847-11-01	《臺灣總督府檔案》，No.1820-001-0376，臺灣文獻館，南投市	賣契	1847年／道光27.11	道光二十七立杜賣盡根山埔水田契	張永定觀	老梅庄、尖山湖	林光明		
1847-12-00	臺灣總督府檔案，國家文化資料庫編號：國家文化資料庫編號：od-ta_01821_000119	賣契	1847年／道光27.12	道光二十七立杜賣盡斷根水田山埔屋契字	弟謝根山、謝林山兄弟	小圭籠新庄仔連曆坑	謝朝發父子	代筆人：江松慶；說合中見人：許復二、曾宗□、德、六山、文壘；在場知見：文丙；在場見人：侄陳巳；在場：男文來	
1850-11-00	謝江素慎收藏	典契／典字	1850年／道光30.11	道光三十年立質借銀契字	顏禮觀	小圭籠新庄仔蘇竹坑	謝朝承	代筆人：江松園字；為中人：江添顯；知見保認：李宗朔；在堂母□氏	
1854-11-00	謝繼昌《凱達格蘭古文書》，頁39，原件：國立臺灣大學人類學系藏，1999年，臺北	賣契	1854年／咸豐4.11	咸豐四年仝立杜賣盡根契字	李有斯（李承傳族親）	金包里南勢湖、林家大堀底田、李家坑、大山頂	李承傳、李媽養（李承傳胞侄）	代筆人：族親劍峰；為中人：江天喜；知見人（男）：天來；在場人：族親瑞淵	
1855-11-00	《臺灣總督府檔案》，No.1820-001-0137，臺灣文獻館，南投市	賣契	1855年／咸豐5.11	咸豐五年立杜賣盡根水田山埔字	楊光泉	芝蘭三堡茗梅庄九芎林	鍾桂明	代筆人：潘江梅；為中人：賴琳瑞；知見人：弟鍾桂香、鍾桂進；在場人：叔鍾東超	

1855-11-01	《臺灣總督府檔案》，No.1820-001-0184，臺灣文獻館，南投市	賣契	1855年/咸豐5.11	咸豐五年立杜賣山埔園連厝地基盡根契字	李居	芝蘭三堡水梘頭庄、山仔后	郭有成	代筆人：康玉文；爲中人：陳明旺；在場知見人：親族郭士元	
1856-11-00	《臺灣總督府檔案》，No.1820-001-0282，臺灣文獻館，南投市	賣契	1856年/咸豐6.11	咸豐六年全立杜賣水田山埔園盡根絕契	陳養	芝蘭三堡北新庄仔庄、圭柔山新庄仔龜仔山大屯溪底、后山崙	林進財、林全成兄弟	代筆人：黃鴻基；爲中人：王和；在場知見人：母許氏、胞侄心愿	
1857-01-00	臺灣總督府檔案，國家文化資料庫編號：國家文化資料庫編號：cca100003-od-ta_01821_000003-0001-i	賣契	1857年/咸豐7.1	咸豐七年立杜賣盡根水田山埔契字	江洪吉楊路光	土名小圭籠庄埔頭坑	江元祿、江上祿兄弟	代筆人：李魁□；說合中人：鄭水養；知見人：曹光秀；在場見人：房兄和慶、才祿、左祿、進祿、胞弟興祿、騰祿、長祿	
1857-11-00	臺灣總督府檔案，國家文化資料庫編號：國家文化資料庫編號：od-ta_01821_000001	賣契	1857年/咸豐7.11	咸豐七年立合夥杜賣盡斷根水田山埔屋契字	簡辛進	小圭籠埔頭坑庄	許媽愛、柯文峰仝侄許承貴等	代筆人：謝蓉；爲中人：楊寶、簡佛；場見人：姪許承基；知見人：男綏來	
1857-11-01	《臺灣總督府檔案》，No.1820-001-0304，臺灣文獻館，南投市	賣契	1857年/咸豐7.11	咸豐七年立杜賣盡根絕契	張德春	芝蘭三堡竿蓁林庄、鶯歌石腳	張萬益	在場併代筆人：張文機；爲中人：陳仕左	
1858-11-00	臺灣總督府檔案，國家文化資料庫編號：cca100003-od-ta_01821_000051-0001-i	賣契	1858年/咸豐8.11	咸豐八年立杜賣盡斷根水田山埔厝契字	謝春勝號	小雞籠埔頭坑庄	簡金文、簡德旺、簡金清等	代筆人：劉安邦；爲中人：簡進；知見人：母親黃氏、族親等□	
1859-05-00	謝江素愼收藏	賣契/遜讓字	1859年/咸豐9.5	咸豐九年立遜讓餘剩水尾字	謝朝承		簡金文	代筆人：江松園；在場中見人：陳阿四	
1859-11-00	林明美《北路淡水》，頁87，臺北縣立十三行博物館，2004年，臺北	賣契/退股歸管字	1859年/咸豐9.11	咸豐九年立歸就管業字	潘敬德派下六合興等	打邊埔頂嘎嘮覓	朱遠、朱目、朱莚	朱遠自筆；爲中人：許明瑞、堂兄先進；知見人：堂侄	武朥灣屯李給小圭籠社屯目進興記花押 小圭籠社番業主潘鄭成信記
1861-11-00	林明美《北路淡水》，頁90～91，臺北縣立十三行博物館，2004年，臺北	賣契	1861年/咸豐11.11	咸豐十一年立杜賣盡根山埔契字	潘德隆	老梅庄草山腳	朱遠、仝姪朱莚、朱九、朱領、朱盛	秉筆人：朱莚；爲中人：江助福；在場知見人：嫂楊氏	北路淡水捕盜同知關防業主小雞籠社番鄭進興圖記
1861-11-01	臺灣總督府檔案，國家文化資料庫編號：od-ta_01821_000164	賣契	1861年/咸豐11.11	咸豐十一年立杜賣盡根契字	曾禮	小雞籠新庄，土名陳厝坑頭	曾宗閩	代筆人：族兄玉□；爲中人：馬銳；場見人：男招進	
1861-11-02	林明美《北路淡水》，臺北縣立十三行博物館，2004年，臺北	賣契	1861年/咸豐11.11	咸豐十一年立杜賣盡根絕契字	翁崑圃	梂茅庄、九芎林庄	許貴，同男媽旺	代筆人：堂伯許興邦；爲中人：江永瑞；在場知見人：母親朱氏	北路淡水捕盜同知關防

1862-11-00	臺灣總督府檔案，國家文化資料庫編號：國家文化資料庫編號：od-ta_01821_000185	賣契	1862年/同治1.11	同治元年立杜賣斷根田業埔地契字	侄永裕、媽城兄弟	小圭籠新庄仔大坑內	祖儀彩，全侄傳玉等	代筆人：族叔金波；說合中人：鄭水永；知見人：胞侄仕幹、；在場人：胞侄仕爲、長男明居、傳玉	
1862-11-01	臺灣總督府檔案，國家文化資料庫編號：國家文化資料庫編號：od-ta_01821_000108	賣契/歸管字	1862年/同治1.11	同治元年全立歸就管業田埔林樹屋地基斷根契字	江仰宗（江進彩的兒子）	小圭籠新庄仔大坑	人江植源、江益源全姪盛沂等	代筆人：江明堂；爲中人：江嵩能；場見人：族叔江觀舜	
1864-02-00	謝江素慎收藏	賣契/歸管字	1864年/同治3.2	同治三年遵斷定界歸管字	謝朝承	陳厝坑庄	江春喜、江松德	代筆人：劉安邦；業儕公親：簡金文、斷說公親：簡秉乾	
1864-11-00	臺灣總督府檔案，國家文化資料庫編號：國家文化資料庫編號：od-ta_01821_000045	賣契	1864年/同治3.11	同治三年立杜賣盡根水田山埔契字	族內翰冲公季內首事人芹立、才祿，全若濟公季內首事人壽慶、己元等	小圭籠埔頭坑庄	江發慶	代筆人：胞兄興慶；說合中人：族叔祖芹珍；在場知見人：胞兄興慶、母親潘氏	
1864-12-00	黃美英《凱達格蘭族古文書彙編》，頁130，原件：劉峰松先生收藏	賣契	1864年/同治3.12	同治三年全立杜賣盡根山田契字	李乾成	圭柔山、三吼泉、竿蓁林（土名：後山）、牛路溝竹腳、洪家山、張家田崁堋墩	張文杳、張天懷、張風來、張泰山	代筆人：林煥章；爲中人：陳祖、王章；在場併知見人：張宇	業主淡水分府給圭北屯庄業戶翁裕壽長行戳記
1865-11-00	《臺灣總督府檔案》，No.1820-001-0317，臺灣文獻館，南投市	賣契	1865年/同治4.11	同治四年立杜賣盡根山業埔田契字	潘恕記	小圭籠新庄橫山二坪頂、石門仔崎頂、鄧福安公山	江房、江水兄弟	代筆人：曹日三；爲中人：潘江灶；知見人：胞叔江浮浪；在場知見人：母江王氏	
1865-11-01	臺灣總督府檔案，國家文化資料庫編號：國家文化資料庫編號：od-ta_01821_000134	雜契/鬮分約字	1865年/同治4.11	同治四年全立鬮分合約字		小雞籠陳厝坑頭	盧原〔愿〕生	代筆人：禧深；知見人：清海；作證人：江淮；秉正：玉灶	
1865-11-02	《臺灣總督府檔案》，No.9880，頁122～123，臺灣文獻委員會，2001年，南投市	賣契	1865年/同治4.11	同治四年立杜賣盡根山場埔園水田契字	林茂寬	八里坌堡山腳庄、磚仔墓坑、戴家坡埒、鹽菜甕、出水坑、大坵園、（林）本源田墩	陳光達同胞侄榮華、榮康、榮性、榮琉叔姪等	代筆人：陳兼三；爲中人：吳金榜；知見人：陳光興；在場人：陳必金	
1865-11-03	臺灣總督府檔案，國家文化資料庫編號：國家文化資料庫編號：od-ta_01821_000252	賣契	1865年/同治4.11	同治四年立杜賣盡根山業埔田契字	潘愁記	小圭籠橫山二坪頂內坪莊	江房、江水兄弟	代筆人：曹日三；爲中人：潘江竈；知見人：胞叔江浮浪；在場知見：母江王氏	

日期	資料來源	契約類型	年代	契約名稱	立契人	土地位置	相關人	代書人/爲中人等	備註
1865-11-04	國立臺灣大學圖書館古契書計畫資料庫，編號 tcta0108	賣契	1865年/同治4.11	同治四年立杜賣盡根絕契字	清溪媽祖首事翁瑞玉、翁種玉全眾等	小溪籠仔田庄海尾	游欽、游萬兄弟	代書人：楊臨鴻；爲中人：注土番、趙清祿；知見人：游何麟、游振成	清賦驗訖
1866-03-00	《臺灣總督府檔案》第九輯，頁450	賣契	1866年/同治5.3	同治五年立賣山場字	洋稅新海關起造關署	滬尾山炮臺埔	吳春書、吳惶業兄弟	代筆人：祝鴻翔；爲中人：陳崑生	
1866-11-00	謝繼昌《凱達格蘭古文書》，頁41，原件：國立臺灣大學人類學系藏，1999年，臺北	雜契/合約字	1866年/同治5.11	同治五年立合約字	李清音慶安居	金包里西勢（土名：潭仔內庄）、三角坵田、大崙尾反水、賴家、大崙反水、許家	李文秀（部分土地自賴儲、沈龍兩人手中搜購）	代筆人：族親索；妥議公人族親：仕遷、許月水	
1866-11-01	臺灣總督府檔案，國家文化資料庫編號：國家文化資料庫編號：od-ta_01821_000187	賣契	1866年/同治5.11	同治五年立杜賣斷根田業山埔契字	江永裕兄弟	小圭籠新庄仔大坑內	孚浪全佲房善、水善兄弟	代筆人：灶良；爲中人：迪標；知見人：姪汝德、姪汝賢、男才善、男記善；在場：嫂胡氏	
1867-03-00	林明美《北路淡水》，頁97，臺北縣立十三行博物館，2004年，臺北	雜契/合約字	1867年/同治6.3	同治六年立合約字	潘成渠	茗梅小坑庄	朱荏、朱葉、朱領兄弟	爲中人：潘乾是；在場知見人：堂弟金水、金盛	
1867-05-00	臺灣總督府檔案，國家文化資料庫編號：od-ta_01821_000053	雜契/鬮分約字	1867年/同治6.5	同治六年立鬮分約字		金包里堡南勢田心仔庄、金包里葵房湖、小圭籠陳厝坑	弟根山、林山兩房	代筆人：族兄昌盛；在場人：堂叔永海、秉正人：舅公江儀彩；公親人：叔公金生、萬生；知見人：祖媽江氏	
1867-12-00	高賢治《大臺北古契字二集》，頁191，臺北市文獻會，2002年，臺北	賣契	1867年/同治6.12	同治六年立杜賣盡根絕契字	翁種玉	芝蘭三保小圭籠新庄仔庄社前崙頂	江宏海季內首事江秀發、江仰宗、江漢源、江東山等	在場人：江秀寅；爲中人：江永瑞、王應	
1868-01-00	《臺灣總督府檔案》，No.1820-001-0167，臺灣文獻館，南投市	賣契	1868年/同治7.1	同治七年立杜賣盡絕根契字	吳炎觀張賀觀	芝蘭三堡水梘頭庄、白石腳	林生、林古、林賜、林鍾	代筆人：鄭向明；爲中人：林士萬；知見人：侄神法、曾田	
1869-11-00	臺灣總督府檔案，國家文化資料庫編號：od-ta_01821_000193	賣契	1869年/同治8.11	同治八年立杜賣盡根斷契	李瑞元號	滬尾圭籠仔新庄仔大坑口	江阿詩	代筆人：江波錦；爲中人：李阿獅、江阿熙；知見人：長男松溪、堂弟阿生	
1869-11-01	臺灣總督府檔案，國家文化資料庫編號：od-ta_01820_000048	賣契/歸就字	1869年/同治8.11	同治八年立歸就字	楊開、楊路、楊獻	八連溪庄	江義元、江己元、江禮元等	代筆人：堂叔興慶；曾承賣；場見人：母親簡氏、胞叔泰慶	
1870-09-00	臺灣總督府檔案，國家文化資料庫編號：od-ta_01821_000170	雜契/鬮分約字	1870年/同治9.9	同治九年立鬮約字			謝高興、養興	代筆人：黃春華；場人：叔祖金生	

編號	出處	契類	年代	契約名稱	立契人	地點	對象	代筆中見人	備註
1871-11-00	臺灣總督府檔案，國家文化資料庫編號：od-ta_01821_000020	賣契	1871年/同治10.11	同治十年全立杜賣盡斷根水田埔契字	族叔江承浪	小圭籠庄埔頭坑頭	江興慶、江發慶兄弟	代筆人：堂兄連慶字；說合中人：族叔戊吉、夥計楊開；在場知見人：男等元、在當〔堂〕母潘氏	
1872-09-00	高賢治《大臺北古契字四集》，頁171；原件由國家圖書館館藏，編號：A01624	贌稅字/贌字	1872年/同治11.9	同治十一年全立招贌永耕合約字	合發號	滬尾大屯山二坪頂	山主吳勃示、華國，佃人吳滿堂	為中代筆人：張乃三	
1872-10-00	高賢治《大臺北古契字集》，頁382；潘夏生收藏	給契/給墾批	1872年/同治11.10	同治十一年全立補給墾契字	三界公社內董事：潘光松、潘合成、練盛成、許永吉、鄭金福、賴四時、劉文香	芝蘭三堡老梅莊、郭家小溪、潘家田、草湳邊、消水溝	小圭籠社番土目鄭安吉	代筆人：李元；為中人：嵩振；場見人：耆番潘大圍	
1872-11-00	《臺灣總督府檔案》，No.1821-001-0086，臺灣文獻館，南投市	賣契	1872年/同治11.11	同治十一年立杜賣盡根契字	林上合林化玉	小基隆新庄、小圭籠陳屋坑庄	謝高興	代筆人：黃春華；為中人：簡元寶、謝朝承；場見人：胞弟養興；知見人：母親江氏	業主理番分府給小圭籠社土目潘金勝長行戳記花押
1872-11-01	臺灣總督府檔案，國家文化資料庫編號：od-ta_01821_000172	賣契	1872年/同治11.11	同治十一年立杜賣斷根田屋山埔契字	江智昇、江漢昇、江□昇兄弟	圭籠仔大坑內庄	江上祿、江元祿、江純祿全侄安就、安養、安傅、安壽、安增慶全侄交元等	代筆人：長祿；為中人：嵩振；在場人：宜祿；知見人：安振	
1872-11-02	謝江素慎收藏	賣契	1872年/同治11.11	同治十一年立杜賣盡根田契字	謝朝承	小圭籠陳屋坑庄	謝傳興	代筆人：胞弟謹興；為中人：堂姪孫成安；知見人：堂弟乾興；在場人：媽親江氏、母親江氏	
1873-08-00	高賢治《大臺北古契字四集》，頁171；國家圖書館藏，編號：A01622	雜契/合約字	1873年/同治12.8	同治十二年全立股份合約字		滬尾大屯山二坪頂	吳勃示、華國、滿堂、陽生、盧棟等		
1873-11-00	《臺灣總督府檔案》，No.1821-001-0138，臺灣文獻館，南投市	賣契	1873年/同治12.11	同治十二年立杜賣盡根山埔契字	潘棕記	小雞籠老梅庄石壁坑、鷺仔鼻尖、內竹仔山、外竹仔山	黃阿貳、江阿庭、謝阿九、黃阿助	代筆人：潘煥文；為中人：林富春；場見人：謝阿寨	
1874-11-00	謝繼昌《凱達格蘭古文書》，頁165，原件：國立臺灣大學人類學系藏，1999年，臺北	賣契	1874年/同治13.11	同治十三年立杜賣盡根山埔園契	陳論	八里坌堡大坪頂，土名樹林口庄內港水碓窠坑頭、曲尺灣、王家埔園、陳源園芉岸	陳連思	代筆併在場人：堂兄尾滾；為中人：族兄紅居；知見人：堂侄桃源	業主理番分府給坑仔社通事何芳徽長行記花押
1874-11-01	臺灣總督府檔案，國家文化資料庫編號：od-ta_01821_000074	賣契	1874年/同治13.11	同治十三年全立杜賣盡斷水田山埔契字	華廷壽	小圭籠埔頭坑庄	謝安生，全侄孫傳興、乾興、養興、僅興、高興，侄全性等	代筆人：江波錦；說合中人：賴阿遠、胞弟全生；知見人：兄嫂江氏；在場人：長男永海	

1874-11-02	臺灣總督府檔案，國家文化資料庫編號：od-ta_01821_000080	賣契	1874年／同治13.11	同治十三年立賣斷根田屋山埔契字	華廷壽	小圭籠埔頭坑庄	謝傳興、謝謹興、謝乾興、謝高興、謝養興全姪全姓兄弟姪等	代筆人：江波錦；說合中人：賴阿遠、堂叔謝金生；在場知見人：祖媽江氏
1875-11-00	臺灣總督府檔案，國家文化資料庫編號：od-ta_01821_000068	賣契	1875年／光緒1.11	光緒元年仝立杜賣盡根田屋山埔契字	華廷壽	圭籠仔埔頭坑庄	江金亮、江貴、江裕、江寬、江振兄弟	代筆人：江波錦；說合中人：陳阿豹；知見人：族叔江明進、堂弟清裕、長旁有明；在場人：堂兄松亮、母親王氏
1875-11-01	臺灣總督府檔案，國家文化資料庫編號：od-ta_01820_000053	雜契／鬮分約字	1875年／光緒1.11	光緒元年仝立鬮書字		八連溪、得石門坑尖仔鹿	江開富、江開瑞、江開容、江開綿、江開殿，偕姪茂灶、茂林等	代筆人：族侄波錦；場見人：堂侄茂發、堂兄開福、從弟開昇
1876-10-00	林明美《北路淡水》，頁99，臺北縣立十三行博物館，2004年，臺北	賣契／歸就字	1876年／光緒2.10	光緒二年仝立歸就盡根水田契字	林氏媽孫	茗梅庄	許振秀、清標、塗山、壬癸、添財、清龍、清潭兄弟	代筆人：劉文香；爲中人：陳清庫；知見人：堂叔祖角；在場見人：母親賴氏
1876-11-00	臺灣總督府檔案，國家文化資料庫編號：cca100003-od-ta_01820_000049-0001-i	賣契／歸管字	1876年／光緒2.11	光緒二年立繳就歸管字	楊明開楊明啓楊明獻	小圭籠仔八連溪庄	江海元、江交元、江彬元	代筆人：江東芳；爲中人：堂兄己元；場見人：堂叔增慶、興慶、生父壽慶
1877-11-00	臺灣總督府檔案，國家文化資料庫編號：od-ta_01821_000082	雜契／鬮分約字	1877年／光緒3.11	光緒三年仝立鬮書合約字	賴能進謝家中	埔頭坑	華四厄，有親生男子心安、阿登、阿月、阿生、阿恭全孫阿耀等	代筆人：張如海；知見人：族親阿枝；在場人：叔六厄、母親黃氏
1877-11-01	臺灣總督府檔案，國家文化資料庫編號：cca100003-od-ta_01820_000056-0001-i	賣契／歸就字	1877年／光緒3.11	光緒三年立歸就盡根田屋山埔契字	江開瑞兄弟	圭籠仔八連溪庄	江萬春號	代筆人、知見人：霖金；爲中人：族叔開福
1878-03-00	林明美《北路淡水》，頁101，臺北縣立十三行博物館，2004年，臺北	賣契／歸就字	1878年／光緒4.3	光緒四年杜盡歸就契字	朱三隆	茗梅小坑庄	朱蒼水	代筆人：許永吉；爲中人：朱九才；在場見人：朱
1878-11-00	《臺灣私法》附一上，頁281，臨時臺灣舊慣調查會，1911年，東京	雜契／合約字	1878年／光緒4.11	光緒四年立結永遠定額鐵租單		大溪墘庄、陂蓁庄	郭際康、郭際榮	代筆人：張漂盛；爲中人：郭龍波
1879-11-00	高賢治《大臺北古契字三集》，頁167～168，臺北市：臺北市文獻會，2005年	典契／典字	1879年／光緒5.11	光緒五年立出典庄業大租契	林弼益	坔滬庄業	楊千記即楊邱氏、男廷彬	代筆人：林逢泰；爲中人：楊維香；知見人：房親楊錫福、六房楊是記；在場人：男廷彬；在見全收銀人：長媳陳氏、次媳張氏
1880-02-00	謝江素慎收藏	雜契／定界分管合約字	1880年／光緒6.2	光緒六年遵處定界許諾施給憑信字	謝朝承	陳厝坑庄	江有泰、江順能	代筆人：戴棟；理斷公親總理：簡秉乾；認保人：江順居；在場人：江阿根

編號	出處	類型	年代	契約名稱		地點		代筆人等	備註
1881-08-00	臺灣總督府檔案，國家文化資料庫編號：od-ta_01821_000249	雜契／鬮分約字	1881年／光緒7.8	光緒七年仝立分鬮各管約字			老梅溪頭蛇仔崙	魏錦瑞、潘敬德，有合夥四股魏錦瑞、潘敬德、朱思緘、周茶泉建置公號金勝興	代筆人：潘實秋；知見人：潘運詰、魏登梧；在場人：潘運井、魏登標	
1882-12-00	臺灣總督府檔案，國家文化資料庫編號：od-ta_01821_000022	賣契	1882年／光緒8.12	光緒八年立賣盡根水田山埔契字	楊開楊獻	小圭籠埔頭坑頭庄		江承浪	代筆人：宗弟江意如；爲中人：李阿應；知見人：功弟馮養；在場人：男項象	
1883-11-00	《北部地區古文書專輯》（二），頁85，臺灣省文獻委員會，2000年，南投	賣契／歸就字	1883年／光緒9.11	光緒九年立歸就杜賣盡根水田契字	黃嘉會兄弟				代筆人：黃澄清；爲中人：黃阿□、黃阿裕；知見人：黃陳傳、黃阿碧；在場人：黃春英	
1883-11-01	臺灣總督府檔案，國家文化資料庫編號：od-ta_01821_000089	賣契	1883年／光緒9.11	光緒九年立杜賣盡根田屋山埔契字	華月貴	小圭籠仔埔頭坑庄		江潤龍	代筆人：族兄金波；爲中人：李應發；場見人：江仁寸；知見人：宗姪招彩	
1883-11-02	臺灣總督府檔案，國家文化資料庫編號：od-ta_01821_000111	賣契	1883年／光緒9.11	光緒九年立杜賣水田山場埔地屋宇契字	蘇養吉	八連溪北畔		江聯芳	爲中人：蘇兆龍、江火生；知見人：孫承振、男江□獅、孫承選	
1883-11-03	謝江素慎收藏	雜契／鬮分約字	1883年／光緒9.11	光緒九年立鬮書字		圭籠仔陳厝坑庄		謝朝承	代筆人：江錦波；公親族姪：阿寨、元昌	
1884-10-00	臺灣總督府檔案，國家文化資料庫編號：od-ta_01821_000005	雜契／鬮分約字	1884年／光緒10.10	光緒十年仝立鬮書合約字		消水溝、南枋山		長明路、次明開、三明現、四登科、五會進、六遠枝兄弟侄六房等	代筆人：姚清山；場見人：堂叔阿寶	
1884-10-01	臺灣總督府檔案，國家文化資料庫編號：od-ta_01821_000024	雜契／鬮分約字	1884年／光緒10.10	光緒十年立鬮書合約契字		埔頭坑頭、八佃溪崙泉順號		明開、明現	代筆人：姚笑山；知見人：堂叔阿寶；在場人：胞兄明路	
1884-11-00	林明美《北路淡水》，頁107，臺北縣立十三行博物館，2004年，臺北	賣契／歸就字	1884年／光緒10.11	光緒十年立歸就盡根水田山埔字	朱仲領朱仲協	茗梅小坑仔庄		朱仲莅	代筆人：許曜垣；爲中人：楊九富；知見人：長男蕃署；在場人：母親楊氏	
1887-01-00	臺灣總督府檔案，國家文化資料庫編號：od-ta_01821_000166	賣契	1887年／光緒13	光緒十三年立杜賣盡根田屋埔地茶株契字	江霖山	土名圭隆仔陳厝坑庄		林永安	代筆人：黃其華；爲中人：從堂財來；知見人：胞侄連發、長男清連、次男清水；在場人：堂侄連福	
1887-01-01	林明美《北路淡水》，頁110～111，臺北縣立十三行博物館，2004年，臺北	賣契	1887年／光緒13.1	光緒十三年立杜賣盡根水田山埔契字	潘德馨	老梅庄七股內		許東海，胞侄富山等	代筆人：宗侄如南；爲中人：宗侄如松；知見人：堂兄清譚、堂侄榮發；在場人：長男清風	業主縣正堂汪給小丰籠社頭目王水源戳記大公無私，淡水縣印

1887-02-00	臺灣總督府檔案，國家文化資料庫編號：od-ta_01821_000110	賣契/歸就字	1887年/光緒13.2	光緒十三年立歸就盡根字	江若玉	新莊保大坑頭	江芳蓉、芳林兄弟	知見人：族叔益原；爲中人：宗兄石頭；在場人：母親胡氏	
1888-01-00	臺灣總督府檔案，國家文化資料庫編號：od-ta_01820_000064	賣契	1888年/光緒14	光緒十四年立杜賣盡根斷契	楊儒合、鐘烏頭、郭福郭全	和美小圭籠仔庄，土名南勢崗	蔡公記三合興即長房寬量、次房公侯、參房進士等兄弟姪	代筆人：高有若、蔡勤耕、陳三奇；爲中人：蔡清□、長房皆得母林氏；場見人：次房大坪、參房田王	
1888-11-00	謝江素慎收藏	雜契/鬮分約字	1888年/光緒14.11	光緒十四年立抽出田業字	洪公媽子孫	陳厝坑田業	謝文明、謝文親、謝文居、謝文才等	代筆人：江波錦；在場知見人：謝元樞	
1890-11-00	高賢治《大臺北古契字二集》，頁198，臺北市：臺北市文獻會，2002年	賣契	1890年/光緒16.11	光緒十六年立杜賣盡根永斷絕契字	陳承源、陳土成觀兄弟	滬尾沙崙庄，土名八竹篙	張士萬等	代筆人：紀占鰲；在場知見：弟張愛、孫張祿、妻林氏、子登木；爲中保：王瑞祥	
1892-08-00	臺灣總督府檔案，國家文化資料庫編號：od-ta_01821_000178	雜契/鬮分約字	1892年/光緒18.8	光緒十八年仝立鬮書合約字		豬漕潭	簡天財連全侄連水兄弟	代筆人：張如海；知見人：族親永義、元寶；在場見人：查某連金、老嬰接枝、簡門吳氏	
1892-10-00	臺灣總督府檔案，國家文化資料庫編號：od-ta_01820_000073	賣契	1892年/光緒18.10	光緒十八年立歸就杜賣盡根水田山埔契字	族兄陳萬往	滬尾芝蘭參堡坐小雞壠仔庄，土名山豬窟	陳海諒，全姪德心、烏定、石生，與族兄陳萬往全姪卿祿	代筆人：俞封城；爲中人：張番；場見人：陳允章	
1892-10-01	臺灣總督府檔案，國家文化資料庫編號：od-ta_01820_000072	賣契	1892年/光緒18.10	光緒十八年立杜賣盡根斷契	汪便蓋	和美小圭籠庄，土名八連溪尾	王子福、王子進兄弟	代筆人：鄭緒卿；爲中人：黃念生、陳士坡；場見人：媽親許氏；知見人：堂叔王金泉；在場人：母親林氏、汪氏	
1892-11-00	臺灣總督府檔案，國家文化資料庫編號：cca100003-od-ta_01820_000067-0001-i	賣契	1892年/光緒18.11	光緒十八年立杜賣盡根山埔水田契字	楊瓊來、楊友〔有〕來、楊神爲兄弟三人	小圭籠仔南勢崗	王吉興即子福、子進等	代筆人：林惠明；爲中人：黃文念、陳水濱；知見人：堂姪王士旺；在場人：媽親王許氏	
1892-11-01	臺灣總督府檔案，國家文化資料庫編號：cca100003-od-ta_01820_000047-0001-i	賣契	1892年/光緒18.11	光緒十八年立杜賣盡根水田併山埔業契字	華生桂賴記進	小基隆仔八連溪庄	郭明宗	代筆人：張東海；爲中人：院清泉；場見人：父親成泉；知見人：胞侄士年、男士仙	
1893-11-00	臺灣總督府檔案，國家文化資料庫編號：od-ta_01821_000182	雜契/鬮分約字	1893年/光緒19.11	光緒十九年仝立鬮書合約字			簡長房連水、貳房連金、三房連英兄弟	代筆人：張如海；知見人：房親永義；在場見人：母親呈氏	

1893-11-01	《臺灣私法》附一中，頁69，臨時臺灣舊慣調查會，1911年，東京	瞨稅字/瞨字	1893年/光緒19.11	光緒十九年全立招瞨栽種茶欉字	張賜觀	檜蓁坑口	杜論、張賜	代筆人：賴文明；認耕人：張新愛；場見人兄：林生	
1893-11-02	謝繼昌《凱達格蘭古文書》，頁42，原件：國立臺灣大學人類學系藏，1999年，臺北	典契/典字	1893年/光緒19.11	光緒十九年立付耕盡租胎借銀字	李神養（李深海族親）	金包里西勢六股庄	李深海	代書人：麟書（族親）；爲中人：有祭（族親）；知見人：李先進（胞兄）；在場人：諸侯（胞伯）	
1893-11-03	林明美《北路淡水》，頁113，臺北縣立十三行博物館，2004年，臺北	賣契	1893年/光緒19.11	光緒十九年立歸就杜賣盡根水田契字	潘德馨號	老梅庄草山小坑仔	潘德福	代筆人：陳弼臣；爲中人：功兄實夫；知見人：伯兄光輝；在場人：胞弟德祿、德英	
1893-12-00	臺灣總督府檔案，國家文化資料庫編號：cca100003-od-ta_01820_000060-0001-i	雜契/定界分管合約字	1893年/光緒19.12	光緒十九年立定界分管約字		小圭籠仔南勢崗庄	鐘烏頭、郭福即福泰記等合夥人：楊德合	代筆人：張如海；公親人：楊春發；場見人：鐘士爽、郭靜甫	
1894-11-00	謝江素慎收藏	雜契/鬮分約字	1894年/光緒20.11	光緒二十年立鬮書			德旺、永旺、溪旺、再旺兄弟	代筆人：鄭盈科；知見人胞叔：文親、文枝；在場人母親：江氏	
1894-11-01	謝江素慎收藏	賣契/歸就字	1894年/光緒20.11	光緒二十年全立歸就盡根水田山埔契字		小圭籠陳厝坑庄	謝文清，全任德旺、永旺、溪旺、再旺等兩房	代筆人：鄭盈科；爲中人：紀求生、胞弟文才；在場并知見人：男義旺、胞嫂江氏	
1894-11-02	臺灣總督府檔案，國家文化資料庫編號：ta_01820_000405-0001、ta_01820_000408-0001、ta_01820_000416-0001	雜契/鬮分約字	1894年/光緒20.11	光緒二十年全立鬮書合約字		老梅庄柴股	潘乞記、許石乞、簡天財、楊拾記、潘金榜、許士福	公親並秉筆人：潘潤卿	
1895-11-00	臺灣總督府檔案，國家文化資料庫編號：od-ta_01820_000068	雜契/合約字	1895年/光緒21.11	光緒二十一年立分業合約字		小圭籠南勢崗庄	瓊來、有來、神爲兄弟等	代筆人：柳榮貴；族親知見人：金美	
1896-09-00	臺灣總督府檔案，國家文化資料庫編號：od-ta_01821_000064	賣契	1896年/明治29.9	明治二十九年立杜賣盡根永斷山田水埔契字	王登坤	芝蘭三堡小基隆仔土名埔頭坑	江發松	代筆人：張東海；爲中人：族親開昇；場見人：堂兄發詩、男阿喜	
1899-08-00	臺灣總督府檔案，國家文化資料庫編號：od-ta_01820_000371	雜契/鬮分約字	1899年/明治32.8	明治三十二年全立鬮書合約字		芝蘭三堡小雞籠仔下橫山腳庄	楊連瑞從生流水、振成、阿解、高斗、登印、有財伯任等	代筆人：施文達；公親人：族弟楊羅、表弟陳市；知見人：族長線進；在場人：上三房任來興	
1899-11-00	謝江素慎收藏	雜契/合約字	1899年/明治32.11	明治三十二年全立合約字		小基隆陳厝坑庄	江瑞珠、謝有才	代筆人：謝天相；公親知見人：謝傳興；公親在場人：江起昇	

1900-11-00	林明美《北路淡水》，頁115，臺北縣立十三行博物館，2004年，臺北	賣契	1900年/明治33.11	明治三十三年仝立杜賣盡根水田山埔契字	潘乾山兄弟	茗梅庄、九芎林口	翁煥文、佛印兄弟	代筆人：翁煥記；為中人：劉瑞明；知見人：翁顯耀、翁六生、翁沛權；在場人：翁陳氏	業主小圭籠社頭目王鄭潘長行記臺北縣滬尾辦務署印
1901-03-00	林明美《北路淡水》，頁117，臺北縣立十三行博物館，2004年，臺北	賣契	1901年/明治34.3	明治三十四年仝立杜賣盡根水田山埔定頭字	潘乾山兄弟	芝蘭三堡大坪頂庄、老梅溪	吳祥、山泉、仝姪明涼、吳陣、姪婦張氏	代筆人：華詩；為中人：謝送居；在場見人：堂弟吳奏笙、母親李氏	小圭籠社頭目王鄭潘長行記
1901-06-00	臺灣總督府檔案，國家文化資料庫編號：od-ta_01820_000074	雜契/鬮分約字	1901年/明治34.6	明治三十四年仝立鬮分約字		芝蘭三堡滬尾小雞籠山豬窟、芝蘭一堡石角庄員山仔、興直堡海山頭庄、大加蚋堡雙連陂墘、芝蘭一堡東勢庄、芝蘭二堡礦溪東勢崙仔	長房陳志誠、次房陳直卿、陳欽銘等	代筆人：陳德鎔、陳江流；知見族親人：陳雲林、陳瑞昌、陳子青；在場人：從堂叔陳江樹、陳源普、長房母親王氏	
1902-11-00	臺灣總督府檔案，國家文化資料庫編號：ta_01821_000668-0001	雜契/囑字	1902年/明治35.11	明治三十五年立囑分家業鬮約字		芝蘭二堡淇里岸庄、芝蘭一堡草山庄、芝蘭二堡頭匟庄、芝蘭二堡北投庄、芝蘭一堡士林街、芝蘭二堡石牌庄、芝蘭一堡士林大南街、芝蘭一堡士林大東街、芝蘭三堡楓林	呂氏傳下：五房男盛清、次房孫光榜、三房孫光楣、四房孫光榕、六房孫光明、七房孫光櫹、八房孫光楷、長房曾孫酒文等	代筆人：邱仁；公親：李高盛；族親：潘滄洪；在場：三房孫潘光模、長房曾孫潘酒文、八房孫潘光楷、七房孫潘光櫹、六房孫潘光明、四房孫潘光榕、三房孫潘光楣、次房孫潘光榜、傳下五房男潘盛清	
1903-11-00	臺灣總督府檔案，國家文化資料庫編號：od-ta_01820_000070	雜契/鬮分約字	1903年/明治36.11	明治三十六年仝立鬮書合約字		小基隆新庄，土名陳厝坑、小基隆舊庄，土名四棧橋、王金印水田	長房楊春發、次房楊天福、三房楊烏秋、四房楊多水兄弟等	代筆人：黃見龍；族長公人：叔父楊友	
1903-11-01	謝江素慎收藏	胎典/對佃胎借字	1903年/明治36.11	明治三十六年借銀對佃納利字	謝文枝		謝傳興	代書：黃見龍；佃人：胡阿養；為中：族親謝老龜；在場：□男謝明秋	
1903-12-00	謝江素慎收藏	賣契	1903年/明治36.12	明治三十六年十二月歸就杜賣盡根業契字	謝文枝	蘭三堡小基隆新庄，土名陳厝坑	謝文才	代書：黃見龍；為中：李□生；知見人：長男謝田旺；在場：從侄謝德旺	
1903-12-01	臺灣總督府檔案，國家文化資料庫編號：od-ta_01821_000141	雜契/定界分管合約字	1903年/明治36.12	明治三十六年仝立分管定界合約字	江華恭	芝蘭三堡小基隆新庄土名陳厝坑	江永生、江華恭	公親并代書人：黃見龍；在場見人：江獅	

1903-12-02	臺灣總督府檔案,國家文化資料庫編號:od-ta_01821_000148	賣契	1903年/明治36.12	明治三十六年立杜賣盡根業契字	江華恭	芝蘭三堡小基隆新庄土名陳厝坑	江永生	代筆人:黃見龍;族叔江獅;場見人:胞弟江長生	
1905-06-00	臺灣總督府檔案,國家文化資料庫編號:cca100003-od-ta_01820_000062-0001-i	賣契	1905年/明治38.6	明治三十八年仝立杜賣盡根水田原野山場建物敷地及屋宇契字	翁新繞、翁新選、翁新載(桃澗堡烏樹林庄)	芝蘭三堡小基隆舊庄土名四棧橋、堡錫板庄、南勢崗	盧財寶、盧有草	爲中人:汪釁吉、汪貳金;場見人:父親盧路	
1905-10-00	臺灣總督府檔案,國家文化資料庫編號:od-ta_01821_000099	賣契	1905年/明治38.10	明治三十八年立杜賣土地盡根契字	江能華昌土	芝蘭三堡小基隆新庄土名大坑	江芳玉	代筆人:黃見龍;莊石南、簡永福、次男江秋旺;場見人:長男江和尚、胞弟江鳳麗	
1906-01-00	臺灣總督府檔案,國家文化資料庫編號:od-ta_01821_000093	賣契	1906年/明治39.1	明治三十九年立杜賣盡根業契字	華昌振華昌土		江丕文(安慶季號)	代筆人:黃見龍;爲中人:曾石岳、宗叔江安輝;場見人:母親郭氏湖	
1906-02-00	臺灣總督府檔案,國家文化資料庫編號:od-ta_01820_000079	雜契/給風水山	1906年/明治39.2	明治三十九年立給與墓墳地字	黃昇龍	小基隆舊庄,土名山豬堀	孫旺	代筆人:賴春光;爲中人:徐力	
1906-09-00	臺灣總督府檔案,國家文化資料庫編號:od-ta_01821_000057	賣契	1906年/明治39.9	明治三十九年立杜賣盡根業契字	江碩進、江義進、江立進、江佑進、江舟進共五名同出手承買	芝蘭三堡小基隆新庄,土名埔頭坑	江火旺	代筆人:黃見龍;爲中人:李萬生、曾石岳;場見人:母謝氏純	
1906-09-01	臺灣總督府檔案,國家文化資料庫編號:od-ta_01821_000057	賣契	1906年/明治39.9	明治三十九年立杜賣盡根業契字	江碩進、江義進、江立進、江佑進、江舟進共五名同出手承買	芝蘭三堡小基隆新庄,土名埔頭坑	江火旺	代筆人:黃見龍;爲中人:李萬生、曾石岳;場見人:母謝氏純	
1906-11-00	臺灣總督府檔案,國家文化資料庫編號:od-ta_01821_000097	賣契	1906年/明治39.11	明治三十九年立杜賣盡根業契字	簡六財	芝蘭三堡小基隆新庄,土名埔頭坑	李乞	代筆人:黃見龍;爲中人:李才生;場見人:三男李水□、次男李水元、長男李水圳	
1906-12-00	臺灣總督府檔案,國家文化資料庫編號:od-ta_01821_000204	雜契/鬮分約字	1906年/明治39.12	明治三十九年仝立鬮書合約字		小基隆新庄,土名新庄仔、老梅庄	長房侄江自春、江自根,三房侄江自和、江自坤、江自炎,四房叔江茂安叔姪等	代筆人:黃見龍;族親公人:江茂登、江茂城	
1906-12-01	臺灣總督府檔案,國家文化資料庫編號:od-ta_01821_000017	賣契	1906年/明治39.12	明治三十九年立杜賣盡根業契字	楊標進、楊緣進、楊發進、楊茗共四名	芝蘭三堡小基隆新庄,土名埔頭坑	楊名進	代筆人:黃見龍;爲中人:胞弟楊堂進;場見人:胞兄楊上	
1907-01-00	臺灣總督府檔案,國家文化資料庫編號:od-ta_01821_000154	賣契	1907年/明治40.1	明治四十年立杜賣盡根業契字	江茂城、江茂熹共貳名同出首承買	芝蘭三堡小基隆新庄土名陳厝坑	簡阿木	代筆人:黃見龍;爲中人:江安輝、曾石岳;場見人:叔簡阿頂	

1907-01-01	臺灣總督府檔案，國家文化資料庫編號：od-ta_01821_000156	賣契	1907年／明治40.1	明治四十年立杜賣盡根業契字	江碩進、江立進、江茂進、江佑進、江再進共五名同出首承買	小基隆新庄，土名陳厝坑	練海柳、練矮勞、練阿戀	代筆人：黃見龍；爲中人：曾石岳、李萬生	
1907-10-00	臺灣總督府檔案，國家文化資料庫編號：od-ta_01821_000059	雜契／鬮分約字	1907年／明治40.10	明治四十年全立鬮書合約字		陳厝坑（練家土地）、滬尾聖母季業份貳股，又土名大坑聖母季業份壹股	人堂兄弟江碩進、江茂進、江立進、江佑進、江再進等	代筆人：黃見龍；公人：曾石岳；在場親族：宗弟江安輝、宗叔江茂城	
1908-01-00	謝江素慎收藏	胎典／胎借銀字	1908年／明治41	明治四十一年立胎借金字	黃楊田謝文枝	小基隆新庄土名陳厝坑	謝金漢	立胎借字人：謝金漢；場見人：兄謝老龜	
1908-10-00	臺灣總督府檔案，國家文化資料庫編號：od-ta_01821_000091	賣契	1908年／明治41.10	明治四十一年立杜賣盡根業契字	華昌振華昌土	芝蘭三堡小基隆新庄，土名埔頭坑、定光佛茶園	陳李氏刊治	代筆人：黃見龍；爲中人：侯鎗、曾人俊；場見人：陳世昌	
1908-10-01	臺灣總督府檔案，國家文化資料庫編號：od-ta_01821_000139	賣契	1908年／明治41.10	明治四十一年立杜賣盡根業契字	林　水	小基隆新庄土名陳厝坑	林才、全貴	代筆人：黃見龍；爲中人：紀阿求；知見人：長男林生傳；在場見共業者：叔父林全貴	
1908-12-00	謝江素慎收藏	賣契	1908年／明治41.12	明治四十一年立杜賣盡根業契字	謝文枝	芝蘭三堡小基隆新庄，土名陳厝坑	江瑞珠	代筆人：黃見龍；爲中人：謝木吉；場見人：男江輝來	
1908-12-01	臺灣總督府檔案，國家文化資料庫編號：cca100003-od-ta_01820_000057-0001-i	雜契／鬮分約字	1908年／明治41.12	明治四十一年全立鬮書合約字		金包里堡下角庄土名河里磅、小基隆田庄土名八連溪	長房江賜芳、次房江茂楠、三房江賜海、四房江茂寬、五房江茂柄叔侄等	代筆人：黃見龍；場見人：芳母親簡氏本、母親蔡氏；公人：母舅公人蔡萬福、伯父江開瑞；親族公人：江自春、江登、江茂安	
1909-01-00	臺灣總督府檔案，國家文化資料庫編號：od-ta_01821_000199	賣契	1909年／明治42.1	明治四十二年立杜賣盡根契字	曾慶餘	芝蘭三堡小基隆新庄土名大坑	江文闊	代筆人：黃見龍；爲中人：宗叔江獅	
1909-06-00	臺灣總督府檔案，國家文化資料庫編號：od-ta_01821_000125	賣契	1909年／明治42.6	明治四十二年立杜賣盡根契字	曾水柳	芝蘭三堡小基隆新庄土名陳厝坑	江文瀾	爲中人：江獅；場見人：叔父江長生	
1909-06-01	臺灣總督府檔案，國家文化資料庫編號：od-ta_01821_000216	賣契／退股歸管字	1909年／明治42.6	明治四十二年立賣公業份契字	黃見龍	芝蘭堡小基隆新庄：二坪頂、埔頭坑	江再旺、江添貴	代筆人：謝阿火；爲中人：江獅；仝公人：江添貴	
1909-06-02	臺灣總督府檔案，國家文化資料庫編號：od-ta_01821_000218	賣契／退股歸管字	1909年／明治42.6	明治四十二年立杜賣公業份契字	黃見龍	芝蘭三堡小基隆新庄，土名二坪頂、埔頭坑	江美奐、美輪	爲中人：江獅	

1909-06-03	臺灣總督府檔案，國家文化資料庫編號：od-ta_01821_000225	賣契/退股歸管字	1909年/明治42.6	明治四十二年立杜賣公業份契字	黃見龍	小基隆新庄土名埔頭坑、二坪頂	王接養	爲中人：李德開；場見人：江世；關係人：王呆	
1909-06-04	臺灣總督府檔案，國家文化資料庫編號：od-ta_01821_000229	賣契/退股歸管字	1909年/明治42.6	明治四十二年立杜賣公業份盡根契字	江安輝	小基隆新庄土名埔頭坑、二坪頂	江丕文	爲中人：王呆	
1909-06-05	臺灣總督府檔案，國家文化資料庫編號：od-ta_01821_000231	賣契/退股歸管字	1909年/明治42.6	明治四十二年立杜賣公業份字	江安輝	小基隆新庄土名埔頭坑、二坪頂	江世	爲中人：李德開；場見人關係者：王接養	
1909-06-06	臺灣總督府檔案，國家文化資料庫編號：od-ta_01821_000233	賣契/退股歸管字	1909年/明治42.6	明治四十二年立杜賣公業份字	黃見龍	小基隆新庄土名埔頭坑、二坪頂	江丙生	爲中人：江獅；經手人：長男江查某	
1909-07-00	臺灣總督府檔案，國家文化資料庫編號：	賣契/退股歸管字	1909年/明治42.7	明治四十二年立杜賣公業份契字	江安輝	小基隆新庄土名埔頭坑、二坪頂	江茟	場見人：男江吽、胞弟江老知	
1909-09-00	臺灣總督府檔案，國家文化資料庫編號：od-ta_01821_000116	賣契	1909年/明治42.9	明治四十二年立杜賣盡根業契字人	謝文枝	芝蘭三堡小基隆新庄土名陳厝坑	江瑞芳、江瑞殿、江瑞華、江瑞路、江瑞蔡等	爲中人：李萬生；江瑞蔡親權者：潘氏紅李	
1909-09-01	臺灣總督府檔案，國家文化資料庫編號：	賣契/退股歸管字	1909年/明治42.9	明治四十二年立杜賣公業份契字	江安輝	小基隆新庄土名埔頭坑、二坪頂	王連全、新興	場見人：王接養、王土	
1909-12-00	臺灣總督府檔案，國家文化資料庫編號：od-ta_01821_000041	賣契	1909年/明治42.12	明治四十二年立杜賣進根契字	華昌振	芝蘭三堡小基隆新庄土名埔頭坑	江瑞芳、江瑞恭、江瑞華、江瑞殿、江瑞路、江瑞蔡兄弟等	代筆人：黃見龍；爲江福進、簡文華；江瑞察親權者：母潘氏李	
1910-01-00	臺灣總督府檔案，國家文化資料庫編號：od-ta_01821_000191	賣契	1910年/明治43.1	明治四十三年立杜賣盡根契字	江大辰	小基隆新庄土名大坑	江阿城	爲中人：簡文燕；場見人：江啓英	
1910-01-01	臺灣總督府檔案，國家文化資料庫編號：od-ta_01821_000221	賣契/退股歸管字	1910年/明治43.1	明治四十三年立杜賣公業份契字	江安輝	小基隆新庄，土名埔頭坑，土名二坪頂	江阿貫	爲中人：江恭；場見人：江阿食	
1910-01-02	臺灣總督府檔案，國家文化資料庫編號：od-ta_01821_000223	賣契/退股歸管字	1910年/明治43.1	明治四十三年立杜賣業公賣業份契字	江安輝	小基隆新庄，土名二坪頂，又土名埔頭坑	長房代理者王阿九，次房代理者王登養	關係人兼爲中人：王阿喜；關係者：王細田、王登全、王登昌	
1973-12-00	謝江素慎收藏	賣契	1973年/大正2.12	大正二年持分杜賣盡根業契字	謝文枝	芝蘭三堡小基隆新庄、陳厝坑	翁權	爲中兼代筆人：黃見龍	

資料來源：（1）臺灣歷史數位圖書館（THDL）http://thdl.ntu.edu.tw/
（2）文建會國家文化資料庫 http://nrch.cca.gov.tw/ccahome/about.jsp
（3）中央研究院臺灣史研究所──臺灣史檔案資源系統 http://ithda.ith.sinica.edu.tw/zh-resources
（4）傅斯年圖書館館藏臺灣公私藏古文書影本資料庫 http://lib.ihp.sinica.edu.tw/
（5）私人收藏──三芝謝氏私藏古文書

附錄二：三芝謝氏私藏古文書原件影本

※三芝謝氏私藏古文書原件影本列表

編號	時 間	案 名	承受人／承買人	相關地點	立契人	相 關 人 物
1824-11-01	1824 年／道光 4.11	道光四年立杜賣斷根田園埔地契	鄧振伯	小圭籠陳屋坑庄	謝繼善 邱天慶 邱天浩	代筆人：何鳳騰；爲中人：陳宗祿、邱詩進；在場知見：姪 阿後、姪孫 門先
1831-08-00	1831 年／道光 11.8	道光十一年立杜賣盡斷根田契字	謝 先	土名小圭籠新庄仔陳厝坑	鄧振伯	秉筆人：應圭；中人：邱天慶、簡永發；在場人：田宗權；知見：姪 應宗、應朝
1850-11-00	1850 年／道光 30.11	道光三十年立質借銀契字	顏禮觀	小圭籠新庄仔蔴竹坑	謝朝承	代筆人：江松園字；爲中人：江添顯；知見保認：李宗朔；在堂母 □氏
1859-05-00	1859 年／咸豐 9.5	咸豐九年立遜讓餘剩水尾字	謝朝承		簡金文	代筆人：江松園；在場中見人：陳阿四
1864-02-00	1864 年／同治 3.2	同治三年遵斷定界歸管字	謝朝承	陳厝坑庄	江春喜 江松德	代筆人：劉安邦；業隣公親：簡金文；斷說公親：簡秉乾
1872-11-02	1872 年／同治 11.11	同治十一年立杜賣盡根田契字	謝朝承	小圭籠陳屋坑庄	謝傳興	代筆人：胞弟謹興；爲中人：堂姪 孫成安；知見人：堂弟乾興；在場人：媽親江氏、母親 江氏
1880-02-00	1880 年／光緒 6.2	光緒六年遵處定界許諾施給憑信字	謝朝承	陳厝坑庄	江有泰 江順能	代筆人：戴棟；理斷公親總理：簡秉乾；認保人：江順居；在場人：江阿根
1883-11-03	1883 年／光緒 9.11	光緒九年立鬮書字		圭籠仔陳厝坑庄	謝朝承	代筆人：江錦波；公親族姪：阿寨、元昌
1888-11-00	1888 年／光緒 14.11	光緒十四年立抽出田業字	洪公媽子孫	陳厝坑田業	謝文朋、謝文親、謝文居、謝文才等	代筆人：江波錦；在場知見人：謝元樞
1894-11-00	1894 年／光緒 20.11	光緒二十年立鬮書			德旺、永旺、溪旺、再旺兄弟	代筆人：鄭盈科；知見人胞叔：文親、文枝；在場人母親：江氏

1894-11-01	1894 年 / 光緒 20.11	光緒二十年仝立歸就盡根水田山埔契字		小圭籠陳厝坑庄	謝文清，仝侄德旺、永旺、溪旺、再旺等兩房	代筆人：鄭盈科；爲中人：紀求生、胞弟　文才；在場并知見人：男 義旺、胞嫂江氏
1899-11-00	1899 年 / 明治 32.11	明治三十二年仝立合約字		小基隆陳厝坑庄	江瑞珠 謝有才	代筆人：謝天相；公親知見人：謝傳興；公親在場人：江起昇
1903-11-01	1903 年 / 明治 36.11	明治三十六年借銀對佃納利字	謝文枝		謝傳興	代書：黃見龍；佃人：胡阿養；爲中：族親 謝老龜；在場見：□男 謝明秋
1903-12-00	1903 年 / 明治 36.12	明治三十六年十二月歸就杜賣盡根業契字	謝文枝	蘭三堡小基隆新庄，土名陳厝坑	謝文才	代書：黃見龍；爲中：李□生；知見人：長男 謝田旺；在場人：從侄 謝德旺
1907-12-00	1907 年 / 明治 40.12	明治四十年立杜賣盡根業契字	謝文枝	芝蘭三堡小基隆新庄，土名陳厝坑	江瑞珠	代筆人：黃見龍；爲中人：謝木吉；場見人：男 江輝來
1908-01-00	1908 年 / 明治 41.1	明治四十一年立胎借金字	黃楊田 謝文枝	小基隆新庄土名陳厝坑	謝金漢	立胎借字人：謝金漢；場見人：兄 謝老龜
1908-12-00	1908 年 / 明治 41.12	明治四十年立杜賣盡根業契字	謝文枝	芝蘭三堡小基隆新庄，土名陳厝坑	江瑞珠	代筆人：黃見龍；爲中人：謝木吉；場見人：男 江輝來
1973-12-00	1973 年 / 大正 2.12	大正二年持分杜賣盡根業契字	謝文枝	芝蘭三堡小基隆新庄、陳厝坑	翁　權	爲中兼代筆人：黃見龍

資料來源：謝炎輝、江素慎，《謝家歷代祖先族譜》，臺北：作者自費出版，2002 年。

契約編號：1824-11-01（上半部）

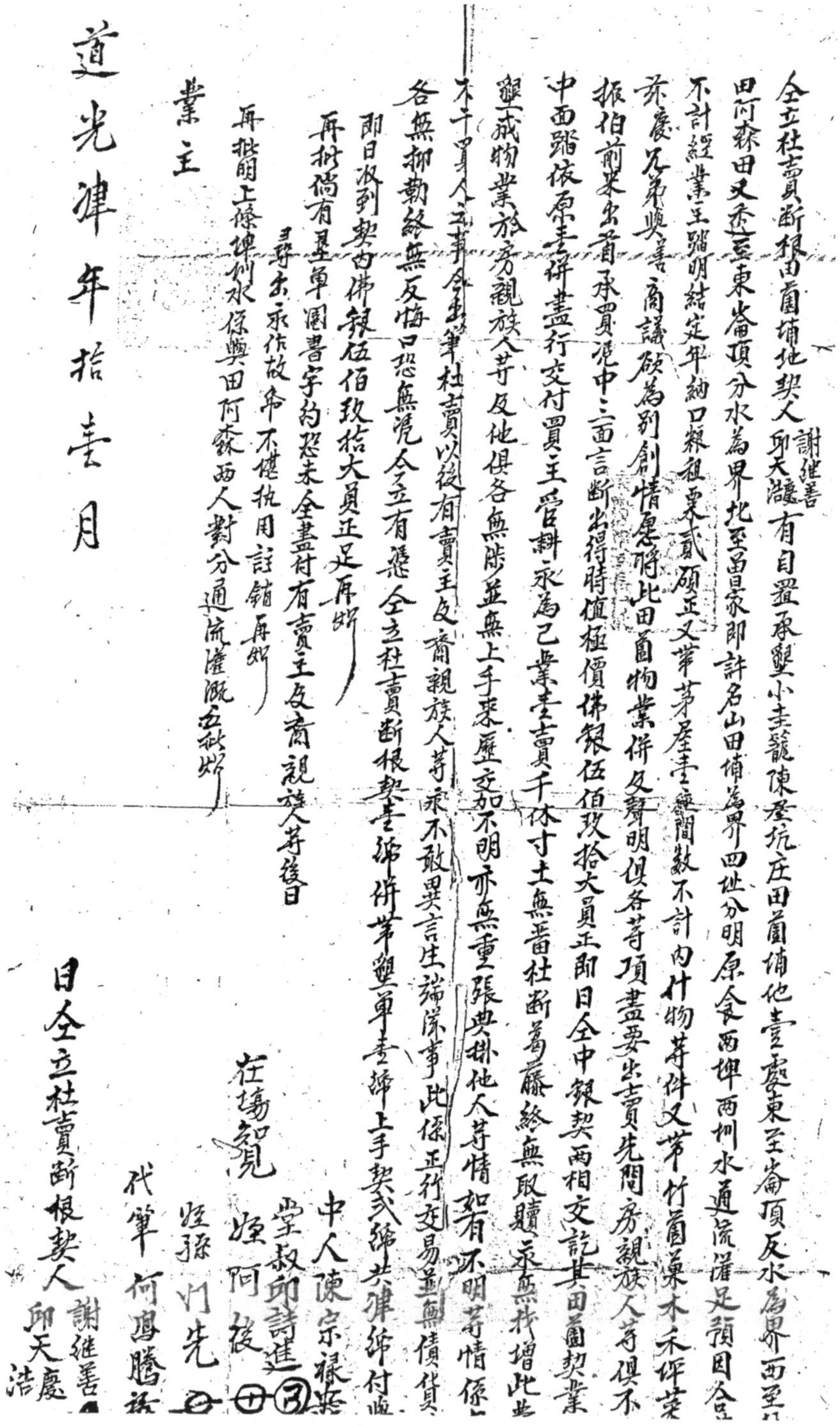

全立杜賣斷根田園埔地契人 卯天慶 有自置承墾小主 籠陳登抗庄田園埔地壹處東至崙頂反水爲界西至

田阿森田又乔至東崙頂分水爲界北至…田備爲界四址分明原食西埤西圳水通流灌溉足額四合

不計經業主踏明結定年納口糧租栗無間數不計內什物茅件又竹園藻木禾坪業

齊慶及弟興喜商議破爲別創情愿將比田園物業併及聲明俱各茅項畫要出賣先問房親族人茅俱不

振伯前束出首承買現中三面言斷出得時值極價佛銀伍佰玖拾大員正即日全中親收兩相交訖其田園契業

中西踏依原主併畫行交付買主管掌耕永爲己業壹賣千休寸土無留社斷爲藤絲無取贖永無找增此業

係戒物業旅房親族人茅及他倶各無胎並無上手來歷交加不明亦無重張典掛他人茅情�有不明芽情保

各無抑勒終無反悔口恐無憑乃立有杜賣以從有賣主及商親族人茅後日

即日收到契內佛銀伍佰玖拾大員正足再照

再批明有星單圓書字約恐未全畫付有賣主及商親族人茅後日

尋未承作故市不健執用註銷再照

再批明上條陴圳水保與田阿森西人對分通流灌溉五秋炤

業主

道光肆年拾壹月

代筆 何鳳騰
在場覓 堂叔卯詩進
姪孫 竹先
中人陳宗眠其

日全立杜賣斷根契人 謝継善
卯天慶浩

契約編號：1824-11-01（下半部）

田園埔地契人卯天滬 謝進善 有目罫承塱小圭籠陳慶坑庄田園埔地壹處東至崙頂反水為界西至坑溪為界南至坤頭至

東崙頂分水為界北至田自家郎許名山田埔為界四址分明原食兩畔西圳水通流灌足預田各共竭力塱成田園任数

明結定年納口糧租更貳碩正文筆茅屋壹座間数不計内什物茅件又茅竹菌菜木禾坪菜菌池塘及餘坵中遠至腳項

二商議願為別創情愿附此田園物業併及聲明俱各茅項

承買凴中二面言斷出得時值佛銀伍佰玖拾大員正即日全中銀契兩相交訖其田園契業併及聲明俱各茅項經

併盡行交付買主管掌永為己業壹賣千体寸土無重典挂他人茅情如有不明茅情係賣主反裔親族茅保

勿親族人茅及他俱各無涉並無上手來歷変加不明亦無重張典挂他人茅情如有不明茅情係賣主反裔親族茅保

恐口無凴今立有凴全立杜賣斷根契壹紙併茅一軍壹紙上手契貳紙共肆紙付與買主永遠管業執炤

佛銀伍佰玖拾大員正足原炤

一軍圖書字約恐未全盡付有賣主反裔親族茅後日

寸末永作故帛不堪執用註銷再炤

一水保與田阿森西人對分通流灌溉立秋炤

年指壹月

日全立杜賣斷根契契人 謝進善
　　　　　　　　　　　　卯天浩

　　　　　　　代筆 何鳳騰炤

　　　　　在場知見
　　　　　　姪孫 竹先
　　　　　堂叔卯詩進
　　　　　　　煙阿後

　　中人 陳宗祿炤

契約編號：1831-08-00（上半部）

立杜賣盡根田契字人鄧振伯有自許置山埔番壹段坐落土
爲界西至坑溪爲界南至坪頭至田家田尾值逆至東齒頂百
四至界址俱各分明併帶本坑坡圳水坡頭三處大圳通流灌溉
親跽人等併各不欲承受外托中人引就賣與謝□先出首承買
正明日仝中西相交收足訖明白其田厝壹座併竹林菓子樹木在
明盡交買主前去掌管耕若收租納粮永爲己業逐年定例配
合約內載明租斗俱係兩平民斗量交挑完单凭其田園山埔地一
物業系與叔兄弟侄人等無干涉並無上手未歷嘉不明亦無重
俱係賣人一力抵當不干買主人之事一杜賣永千岸土無留日後
正行交易二比甘愿兩無抑勒今欲有凭立杜賣盡粮田契埔地壹
爲炤

業主

批明倘有失漏文納字帋尋取出承作古帋不行用批炤
再批明補大員壹字批炤

道光拾壹年捌月

日立杜

契約編號：1831-08-00（下半部）

竹置山埔番壹叚坐落土名小坔籠新庄仔陳厝抗東至崙頂反水

家田尾值遶至東崙頂反水為界北至許家下埠頭各遶崙頂為界

公頭三處大圳通流灌溉從上流下接今欲將此物業先盡問本族

就賣與謝□先出首承買即日憑中三面言定時值□□

壹叚併竹林菜子樹木禾埕菜園并露什物等項

根永為已半遞年定例配納本社口糧祖粟式石正在本厝內公館交納先

执完草單憑其田園山埔地厝宇任從買主其便保此業明係鄧根伯自許置

上手未歷嘉慶不明亦無重張典掛他人物財貨賣等弊如若不明等情係

仕賣永千寸土無留日後值價千金永不敢言反增添取贖找洗之事此係

一杜賣盡根田契埔地壹所上手墾單壹所上手契三所共伍所付执

　　　　　　　　　秉筆男應□

員正足訖再　　　　　　　中人簡天慶

承作古□不行用批炤　　在場人甲宗權

　　　　　　　知見姪應朝

　　日立杜賣盡斷根田契字人鄧振伯

契約編號：1850-11-00（上半部）

立質借銀契字人謝朝承有先父遺承買吳天水田山埔壹叚坐落土名小圭籠新庄仔蘇竹坑東屚

南至江家山猪圖北至李家山猪圖四至界址印契內載明并蓋茅屋壹座禾埕菜園什物等項其

灌溉年納番口大租粟叁斗正今因乏銀別創情願將此物業爲胎托中向顏禮觀身邊質借出佛面母

言議其銀每員長年愿貼利谷壹斗陸升全年計共利谷壹拾陸石俱係六月早季干淨量交不得短少

三年還銀之時八月預先過定鎗其餘俟冬即前備足付還銀主字契交衆借銀人若者利谷不清銀母無還即

銀主起取算明有借銀人不得異言滿事此係二比甘愿並無反悔恐口無憑立質借銀壹帋并印契壹帋又

付执爲炤り

即日親收過契內佛面母銀壹百大員正足訖再炤

道光三十年十壹月

日立質借銀契字人謝

代筆人江
爲中人江
知見保認
在堂

契約編號：1850-11-00（下半部）

銀契字人謝朝承有先年父遺承買吳天水田山埔壹段坐落土名小圭籠新庄仔蓁竹坑東屋背坑崙四至陳家崙

山猪圖北至李家山猪圖四至界址印契內載明并帶茅屋壹座禾埕菜園竹圖什物等項其田原食本坑陂圳水通流

帶口大租粟叁斗正今因乏銀別創情愿將此物業為胎托中向顏觀身邊質借出佛面母銀壹百大員正當日三面

銀母每員長年愿貼利谷壹斗陸升全年計共利谷壹拾陸石俱係六月早季干净量交不得短少亦不得湿有其銀母限

銀之時八月預先過完償其餘俟冬節前備足付還銀主字契交還昔銀如君利谷不清銀母還即將質借字內田業任憑

算明有借銀人不得異言滋事此係二比甘愿並無反悔恐口無憑立質借銀字并印契壹帋之工手老契壹帋共三帋

日親收過契內佛面母銀壹百大員已足記再炤

年十壹月

代筆人江松園字

為中人江添顯字

知見保認李宗翊字

在堂母璩氏（十）

日立質借銀契字人謝朝承○

契約編號：1859-05-00

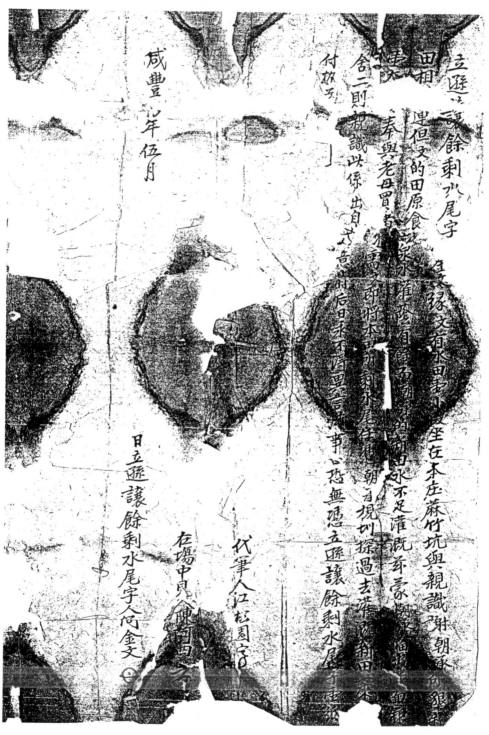

契約編號：1864-02-00

立遵斷定界歸管字人江春喜松德等有承房叔祖慶雍香煙業漆段址在陳

厝坑庄與謝朝承之業毗連因東界混雜不明爭較數次迨同治叁年戊月間

經投公人逐全到處勘驗當場判斷六謝朝承僉出佛銀拾伍大員正交喜升

放迨年付房叔祖慶雍公清明祭祀之費其東界混雜之所苟憑公親

理斷歸就付與謝朝承掌管東至簡家毗連崙脊反水為界南至牆圍石路為

界即日立字其限界當場兩相交收足訖明白其條各界各自照

敢言及界址生端滋事如有此情喜等出首抵當不干謝家之事此乃當場遵

肅二匹甘願恐口無憑立遵斷定界歸管字壹紙付执為炤

即日全公親收過字內歸銀壹拾伍大員正足訖

同治叁年戊月

一批明謝朝承崙尾厝後有窣坟壟久當場公斷不能開撥炤

日立遵斷定界歸管字人江春喜松德興

代筆人劉安邦
董事公親簡金文
斷說公親簡東晃

契約編號：1872-11-02（上半部）

立杜賣盡根田契字人謝傳興有承祖父自置水田山埔壹所址在小圭籠仔陳屋坑庄東至崙頂反水为

南至埤頭至謝江二家田尾值透至東崙頂反水为界北至李家田頭客透滿頂为界四至界址明白又帶近年

斗六升正又帶本坑埤頭圳水通流灌溉充足又帶屋地菜園禾埕竹木竹物等項在內今因乏銀費用先問叔

中引就宗叔朝承出首承買當日全中三面言定田業價傳面銀柒佰大員正即日仝立杜賣銀契兩相交收足訖自的

踏交付買主前來掌管耕作叔祖納糧永为己業壹賣壹休寸土不晋異日價直干金及子孫不敢言找

此情明傜傳承祖父之業與別房人無涉亦無重張典掛他人財物交來歷不明傛出首圭力抵當不干買主

各無反悔口恐無憑筆方有居立杜賣盡根田契字壹紙又帶上手契連司單圭紙又帶上手契叁紙又帶上手銀二

为炤

即日仝中親收過立杜賣盡根田契字內佛面銀柒佰大員正完足再炤

業主

同治拾壹年拾壹月

代筆人胞弟謹興

為中人堂輕孫成安

知見人堂弟乾興

在場人母親江氏

媽親江氏

日立杜賣盡根田契字人謝傳興

契約編號：1872-11-02（下半部）

立根田契字人謝傳興有承祖父自置水田山埔壹所址在小圭籠仔陳屋坑庄東至崙頂反水為界西至

從至謝江三家田尾值透至東崙頂反水為界北至庄家田頭各透崙頂為界四至界址明白又帶逐年納口糧大租

又帶本坑埤頭圳水通流灌溉充足又帶屋地菜園木螺竹木什物等項在內今因之銀費用先問胞弟姪不能承受托

不叔朝萃出首承買當日全中三面言定田業價併面銀柒佰大員正即日立字銀契兩相交收足記自的筆之後隨即全中面

王前來掌管耕作叔祖納粮永為己業壹賣壹休寸土尺草不番異日價值千金傳及子孫不敢言找贖添事尋情如有

原傳承祖父之業與別房人無涉亦無重張典掛他人財物及來歷不明傳出首壹力抵當不干承買主之事此係二比甘愿

口恐無憑筆方有店立杜賣盡根田契字壹紙又帶上手契連司單壹紙又帶上手契叁紙又帶上手墾契壹紙共陸紙付挑

中親收過立杜賣盡根田契字內佛面銀柒佰大員正完足再炤

同　壹年　拾壹月

代筆人胞弟謹興
為中人堂姪孫成安
知見人堂弟乾興
在場人媽親江氏
　　　母親江氏

日立杜賣盡根田契字人謝傳興

契約編號：1880-02-00

遵憲定界許諾施給憑信字人江有

因江家先人慶雍公有業址在陳厝坑庄與謝家

心毗連斯時較論審定謝朝奉田地湿爭二世四界分明並無阻得時因公全懇請該庄總保頭人

場查勘定界其業東界至至崙邊湖當發分水與簡家毗連為界南界至壁圍石路

外謝時當眾理斷定界明白眾等勘來諸朝奉出佛銀拾伍大員全公人面交順讓能等执义以帮市慶雍

礼費此乃格外施恩並非有因已後保我族如各色人等不敢節外生枝倘有異端啓口有泰等理合出首

倘不平謝家之事今欲有憑立遵麻定界不諸施給憑信字一紙付執為炤爾

即日全公人交本遵字内皆佛銀拾伍大員

兄足又炤耳

乾隆年 貳月

代筆人戴棟

理斷公親總理簡秉乾

保認人江順居

在場人江阿想

定界許諾施給憑信字人江 有泰
順能

契約編號：1883-11-03（上半部）

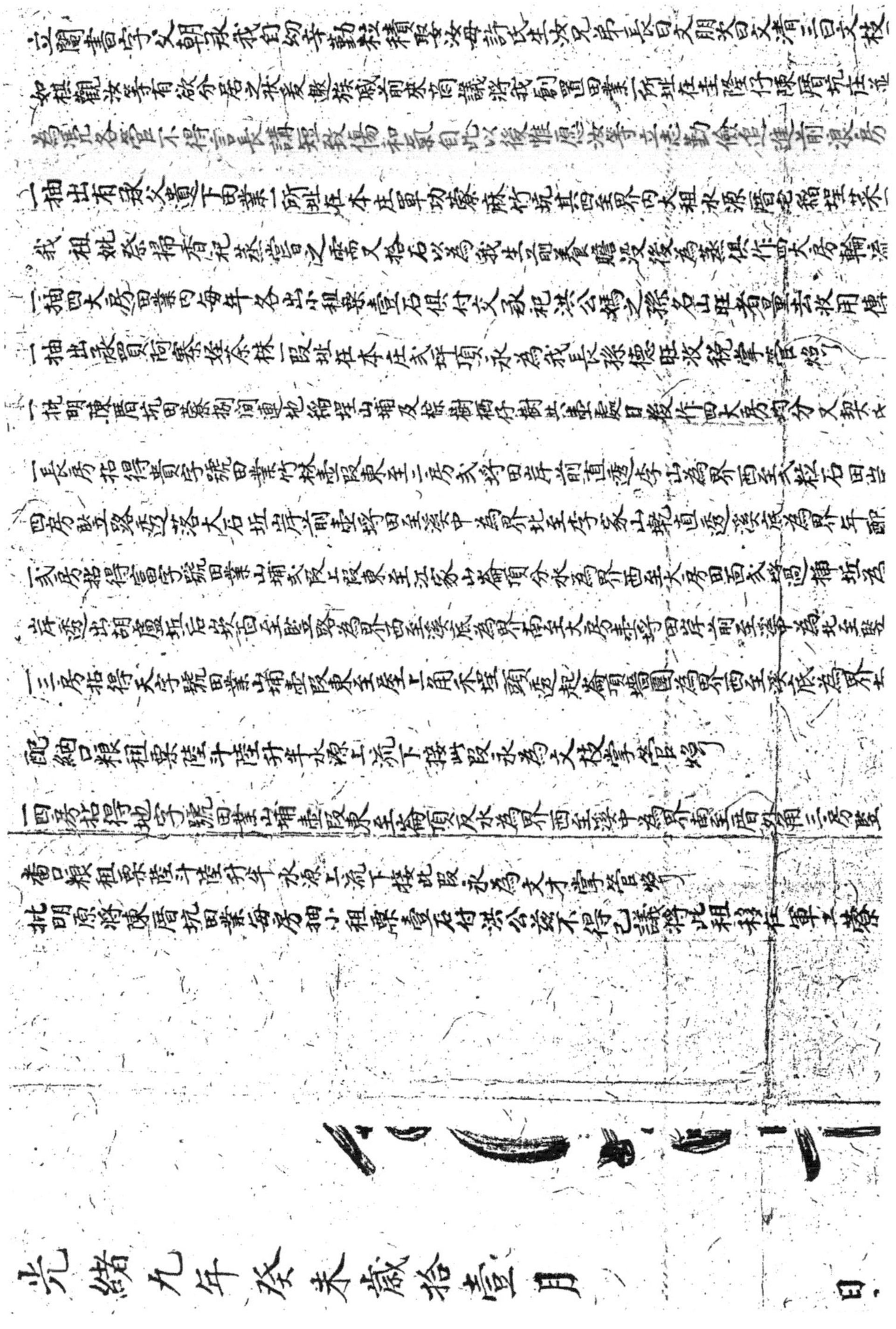

契約編號：1883-11-03（下半部）

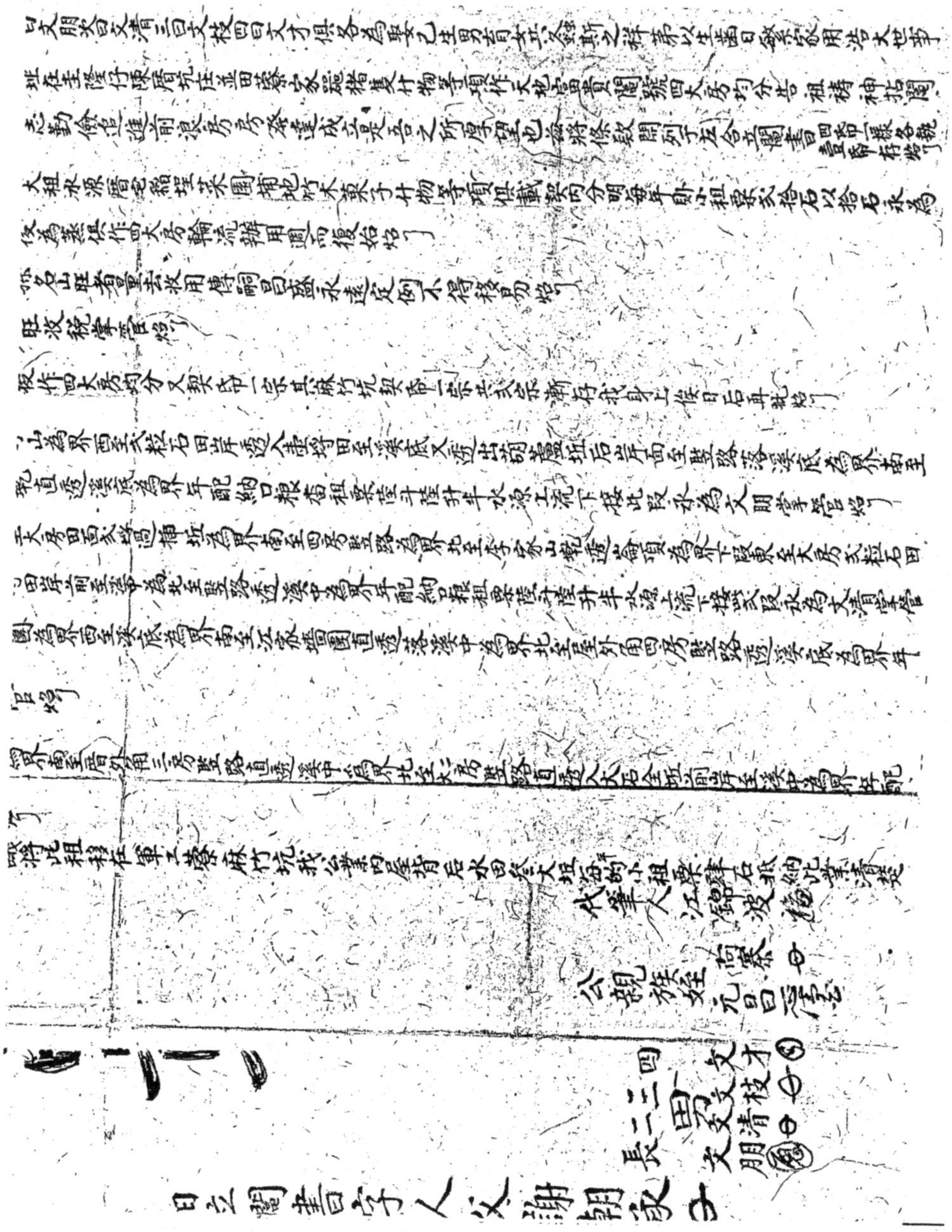

契約編號：1888-11-00

立抽出田業字人謝文攔等緣昔我兄弟分爨之承父遺下闔在陳厝坑田業每年各房有抽出小租票壹石量交洪公媽子孫收用並

商議以爲瑣碎難收是以再議稅住我等單工蔡麻竹坑公業內屋背后水田叄大垤每年旱季刈票約有捌担亦約的精潔小

呆肆石每年就處量交洪公媽子孫收用并永遠掌管此煙祀之業但不得典賣他人如敢衆阻共攻毋悔此係我兄弟

永先父之志至妥至情仁義之事各房甘願並無反悔今欲有憑仝立抽出水田叄大垤付洪公子管掌字壹

紙永遠執炤者

批明此業配約本社口粮大祖粟陸升￠

光緒拾肆年戊子歲十一月

日立抽出水田叄大垤付管字人謝文攔朋
才居觀

在場知見人謝元柩

代筆江波錦堂

契約編號：1894-11-00（上半部）

仝立歸就盡根水田山埔勢字人二房胞兄謝文清 仝侄德旺 永旺 等兩房有應得鬮書內田山兩段毗連共壹處址在小主籠陳厝坑庄東室□

分水界西至溪中界南至四房地字號暨路透落大石垍前岸透溪中界北至李家山塲直透溪底界四至界址俱載分明其田山原食本溪陂頭

灌足逐年兩段分納錢粮伍分壹厘又配納番口粮粟壹石叁斗叁升正并帶茅屋厝地稻埕菜園竹林樹木等件在內茲因之銀

相議愿將各有應得鬮書內田山并什物一概盡行歸就是以托中引向胞弟謝文枝出首承歸當日憑中三面言定兩段田山并什物依時

價銀陸佰陸拾大員正卽日立字花押其銀仝中隨交文清并胞弟文枝親收足訖其兩段界址亦愿中踏明交付胞弟文枝前去掌管耕作

永爲己業自此歸盡割籐終斷四至界內寸土不日後價值口培旺兄親叔姪及子孫人等永遠不敢言我贖之端此係兄弟交易現銀明

愿各無抑勒反悔口恐無憑聖筆爲據仝立歸就盡根水田山□□契壹紙并帶鬮書貳紙共叁紙付執永遠存炤

即日仝中見胞兄文清 並侄德旺兄弟親收過歸就契內田價銀陸陸拾大員正完足再炤

光緒貳拾年甲午十一月

日仝立歸就盡根水田山埔勢字人胞兄謝文清 仝侄德旺 永旺

在場并知見人 胞嫂江氏

胞弟文枝
男 義

代筆人 鄭盈科

爲中人 紀求生

契約編號：1894-11-00（下半部）

盡根水田山埔契字人二房胞兄謝文清　全^{德旺 永旺}等兩房有應得鬮書內田山兩段毗連共壹處址在小圭籠陳厝坑庄東至江家山崙頂

一溪中界南至四房地字號監路透落大石垣前岸透溪中界扣至李家山崙直透溪底界四至界址俱載分明其田山原食本溪陂頭圳水通流

兩段分納錢粮兩剖錢伍分壹厘又配納番口粮粟壹石叁斗叁升正并帶茅地稻埕菜園竹林樹木寺件在內盖因之銀應用叔侄

各有應得鬮書內田山并什物一槩盡行歸就是以托中引向胞弟謝文枝出首承歸當日憑中三面言定兩段田山并什物依時估值盡

陸拾大員正卽日立字花押其銀全中隨交文清并叔侄兄弟親淡足記其兩段界址亦憑中蹋明交付胞弟文枝前去掌管耕作收租納粮

自此歸盡割籐終斷四至界內寸土不日後價傭口倍清叔姪及子孫人等永遠不敢言我贖之端此係兄弟交易現銀明買二比甘

勒反悔口恐無憑聖筆為據全立歸就盡根水田山埔契字壹紙并帶鬮書式紙共叁紙付執永遠存炤

日全中見胞兄文清　並侄德旺兄弟親淡過歸就契內田價銀陸佰陸拾大員正完足再炤

戈拾年甲午十一月

日全立歸就盡根水田山埔契字人胞兄謝文清　全^{溪旺 德旺 永旺 再旺}

在場并知見人胞嫂江氏

男義旺

胞弟文才

為中人紀求生

代筆人鄭盈科

契約編號：1894-11-01（上半部）

全立鬮書合約字人德旺、永旺、再旺兄弟等各有宜家宜室竊效張公九世同居田氏紫荊復茂弟兄生離日繁人

恐反生嫌疑是以兄弟相商敬請族親戚屬人芋到家酌議將承先父遺得闔業并家器牛隻畜類穀粒一概

缺欠百餘員按作四房均帶理還各房應帶債項條目開明在後各宜立志守己安分勤積認還不得挨延自此

田園憑人之洪福廣積財帛亦由己之辛勤俱不得爭長競短致傷手足之誼此兄弟宜明大公無私各房喜

立鬮書合約字四紙共一樣各房各执一帋永遠存焟

【長房德旺應帶還】
董两恭　會头良六元
江阿礼　會头良六元
聖母季借項良八元
長發号借項良四元
春分季借項良四元
簡阿房　會头良弍元

【次房溪旺應帶還】
簡阿卿　會头良五元
王阿親　會头良六元
聖母季借項良六元
長祭号借項良四元
春分季借項良四元
簡阿房　會头良三元

【三房永旺應帶還】
謝連青　會头良五元
簡阿尾　會头良五元
聖母季借項良六元
長發季借項良四元
春分季借項員列元
王登坤　會头員四元

【四房再旺應帶還】
聖母季借項良六元
長發号借項良四元
春分季借項良列元
謝丈枝　會员良五元
江茂進　會员六元
賒買被帳良三元

代筆人

知見人　胆叔

在場人　母親

日全立鬮書合約字人　德旺
　　　　　　　　　　溪旺

光緒弍拾年甲午十一月

契約編號：1894-11-01（下半部）

口約字人溪旺 永旺 再旺兄弟等各有宜家宜室竊效張公九世同居田氏紫荊復茂弟固生齒日繁人心不一卽欲勉強駛亦處摘

疑是以兄弟相商恭請族親戚屬人等到家酌議將承先父遺得闔業芽家器牛隻畜類穀粒一概變售公同折還債項以外尚由

則按作四房均帶理還各房應帶債項條目開明在後各宜立志守己安分勤積認還不得挨延自此分爨以後我兄弟各能多建

人之洪福廣積財帛亦由己之辛勤俱不得爭長競短致傷手足之誼此兄弟宜明大公無私各房喜悅但恐口無憑以筆為據全

約字四承共一樣各房各执一帋永遠存炤

應帶還
簡阿卿會头 五元
王阿親會头良 六元
聖母季借項良 八元
長發吊借項良 六元
春分季借項良 四元
簡阿房會头良 三元

應帶還
華兩恭會头良 六元
江阿礼會头良 六元
聖母季借項良 六元
春分季借項良 四元
簡阿房會头良 弍元

三房永旺應帶還
謝運清會头 五元
簡阿庭會头良 五元
聖母季借項良 六元
長發吊借項良 四元
春分季借項良 弍元
王登理會头良 四元

四房再旺應帶還
踏買破帳良 弍元
江茂進會良 弍元
聖母季借項良 弍元
長發吊借項良 四元
春分季借項良 弍元
謝文枝會良 五元

弍拾年甲午十一月

代筆人鄭盈科
知見人胞叔 文親
　　　　　文枝
在場人母親 江氏
日仝立闔書合約字人
德旺 永旺 溪旺 再旺

契約編號：1899-11-00

全立合約字人江瑞珠江有才二人之先祖父江永昌謝門先等有合夥合佮銀項明買過山埔水畫處坐落土名小基隆陳曆坑庄其山埔水田四

至界址登載在大契內明白全邀請公親妥議大祖錢糧壹暨當公抬闊為定長廣狹山埔水田分為陸段絕長補短公踏作式

份均分坡圳水通流灌溉不得互相推諉應關為定關乎造化就此分管以後各業各管不得混界爭長競短致失和氣綵

二比喜悅甘愿各無抑勒反悔恐口無憑筆乃有據全立合約字弍紙壹樣各執壹紙永遠存炤

一批明江瑞珠扺得東畔壹段東至監溝透牆圍南崙頂為界西至溪邊小樹林為謝有才田岸透入監路直工崙頂為界南至崙頂分水牆圍為界北至謝有才山腳至路下小岸田頭透溪澗小樹林內頭比對為界又山東至謝有才竹林中比連

樹林溪崁透出水圳為界又山壹段東至監路為界南至圳溝崁為界北至崙頂分水為界西畔壹段東至謝有才田頭透上田畓弍坵直透至監路為界西至田頭牆圍為界南至謝有才山腳為界北至溪心為界批明炤

再批明上手大契連司單弍又本手戶契連司單弍丈單壹紙共伍紙上手大契連司單本手司單弍單弍肆紙存在謝有才身上本手戶契

紙存在江瑞珠身上若要用之日攜出眷公見弍比不得刁難批明炤

再批明田蒂唇地有才瑞珠各得壹半均分批明再炤

一批明謝有才扺得東畔壹段東至江家牆圍為界西至溪透土地公廟前直上圳畓江瑞珠山腳為界南至江瑞珠田頭路下小岸直透界南至江瑞珠田頭腳為界北至小

日全立合約字人謝有才

公親人江起昇
在場人江瑞珠
知見人謝傳興
代筆人謝天相

明治參拾弍拾壹月

契約編號：1903-11-01

立借銀對佃納利字人謝傳興因乏銀費用託中引就向與謝文枝借出龍銀貳大圓正其銀即日全中三面
交付傳興收訖凭中議定每員銀每年願貼利息早谷四升該銀合共利息谷壹拾六石正作早季對現佃胡阿養
于六月收成之際在埕晒乾経風扇净交納銀主完足不得使用湿冇亦不敢少欠升合其銀借限不拘年若
銀要還要討約于是年八月中秋前先送回頭定銀壹拾元為凭餘俟是年冬至前湊足償還贖回原字
二比听便不得刁難此乃仁義交關出佃喜願各無反悔口恐無凭即立借銀對佃納利字重紙付执為炤
即日全里三面傳興親収過字內龍銀四百大員正足完足再炤

一批明癸卯年十一月十日傳興添借出龍銀五拾元即日全中交収足訖約定每年湊貼利息早或石壹斗批炤

明治三十六年癸卯十一月初二日立借銀對佃納利字人謝傳興 (印)

代書　黃見龍
佃人　胡阿養
為中　族親　謝老亀
在場見　寺男　謝明秋

契約編號：1903-12-00

立歸就杜賣盡根業契字人謝文才有承先父遺下應得自己鬮分份下水田連山埔壹所地座落土名陳厝坑東至崙頂反水為界西至溪中為界南至屋外周謝文枝監路直透溪中為界北至文枝監路透入大石坵岸前至溪為界四至界址面踏分明原食本坑圳水上流下接通流灌足年配納六成大祖谷叁斗九升九合經蒙政府測量第拾叁番田七分七厘五毫正錢糧照例應納併帶由蔡厝地稻埕菜園竹圍樹木瓦甃浮沉磚石出入路逕什物等項一切在內茲因乏銀費用顧將此物業一切畫行變賣遂託中歸就與胞兄謝文枝出首承買覓中議定依將杜賣盡根業價金四百貳拾圓正其金即全中三面交付賣主文才親収足訖立即起耕踏明界址田業什物一切交付買主前去掌管収租納課永為己業自此一賣終休寸土無留業已杜斷價至敷足僑後日業價高昂賣主及子孫永永不得言贖言找異生端滋事保此業係賣主承先父遺下應得自己鬮分內之業與親疎人等各無干涉亦無重張典掛他人財物亦無來歷交加不明等情如有等情賣主抵當不干買主之事此乃仁義交關出自喜願各無反悔口恐無憑卽立歸就杜賣盡根業契字壹紙併繳文單壹紙鬮約字壹紙合共叁紙付执為炤

即日全中三面文才親収過字內歸就杜賣盡根業價金四百貳拾大圓正完足再炤

明治三十六年癸卯十二月

五

代筆人　黃見龍
為中人　黃見龍
知見人　長男　謝田旺
在場人　從住　謝德旺

日立歸就杜賣盡根業契字人謝文才

契約編號：1907-12-00

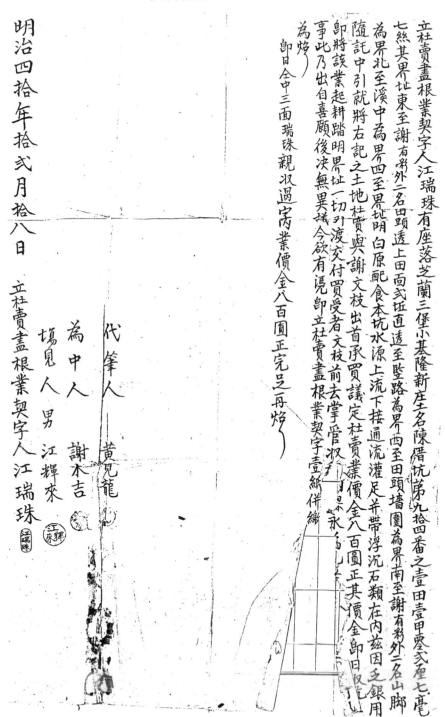

立杜賣盡根業契字人江瑞珠有座落芝蘭三堡小基隆新庄土名陳曆坑第九拾四番之壹田壹甲零貳厘七毫七絲其界址東至謝有彩外二名田頭透上田面貳坵直透至墅路為界四至田頭墙圍為界南至謝有彩外二名山脚為界北至溪中為界四至界址明白原配食本坑水源上流下接通流灌足并帶浮沉石類在內茲因乏銀用隨託中引就將右記之土地杜賣與謝文枝出首承買議定杜賣業價金八百圓正其價金卽日收訖卽將該業起耕踏明界址一切引渡交付買受者文枝前去掌管收為業此乃出自喜願後決無異議今欲有憑卽立杜賣盡根業契字壹紙付執為炤

卽日仝中三面瑞珠親收過寅業價金八百圓正完足再炤

明治四拾年拾貳月拾八日

代筆人 黃兌龍

為中人 謝木吉

場見人 男 江輝來

立杜賣盡根業契字人江瑞珠

－199－

契約編號：1908-01-00（第一份）

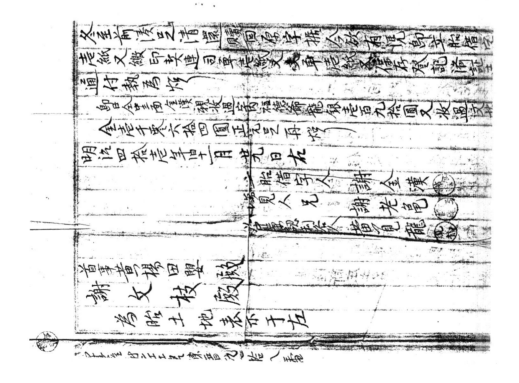

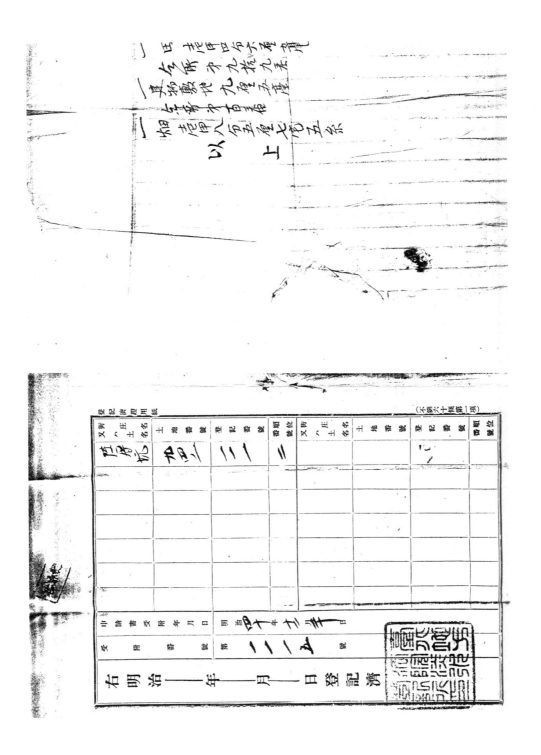

契約編號：1908-01-00（第二份）

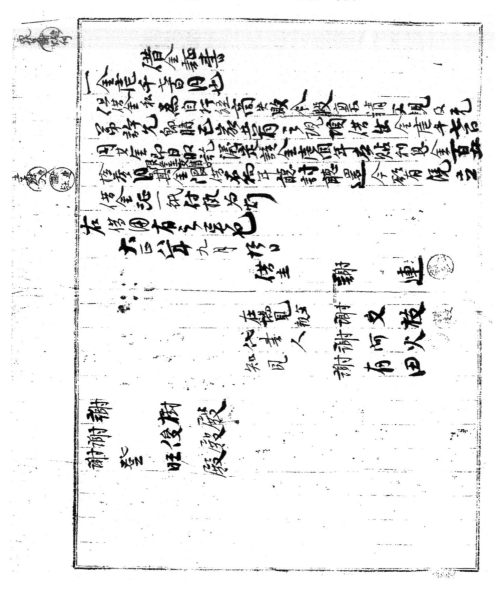

立持分杜賣盡根業契字人翁　權　有持分土地座落芝

蘭三堡小基隆新庄土名陳厝坑計拾四筆其地土地番地目甲

數末尾表示明白持分貳分之壹并帶地上菜樹木

竹林及茅屋壹棟建坪貳拾坪八合五勺在內今般託中

引就將此持分全部物業賣與謝文枝出首承買憑

中議定持分杜賣業價金壹千四百貳拾圓正其金

即日全中三面交收足訖隨將此持分全部業物一切

交付買主前去掌管收租納課永為己業來日不敢

言贖言找滋事今欲有憑立持分杜賣字壹紙併繳

各契卷付執為炤

即日全中三面翁權親收過字內業價金千四百貳拾圓足炤

契約編號：1973-12-00（第二頁）

大正貳年拾貳月拾五日

　　　　　　　　　　宜蘭三堡淡水街土名東興街拾四番地

賣渡人之ㄏ　　主捨人社賣主公羽椛龍

　　　　　　　　　　爲中事代筆其夏龍

仝堡貳隆新庄土名隝坑壹貳拾五番地

　　　賣主謝文枝殷

宜蘭三堡少貳隆新庄土名隝坑七壹番

一　仝畑八分五厘五毫三絲

　　　仝所七貳番

一　仝建物敷地壹分四厘九毫

　　　仝所七番

一　池沼壹分四厘五毫

　　　仝所九壹番

一　畑五甲壹分八厘參毫五絲

　　　仝所九貳番

一　建物敷地壹厘分壹釐八厘

　　　仝所壹○壹番

一　畑四甲參分六厘八毫五絲

　　　仝所壹○貳番

一　池沼貳分壹厘七毫

　　　左所壹○參番

一　田參分九厘八厘古絲

　　　仝所壹○參番壹毫

契約編號：1973-12-00（第三頁）

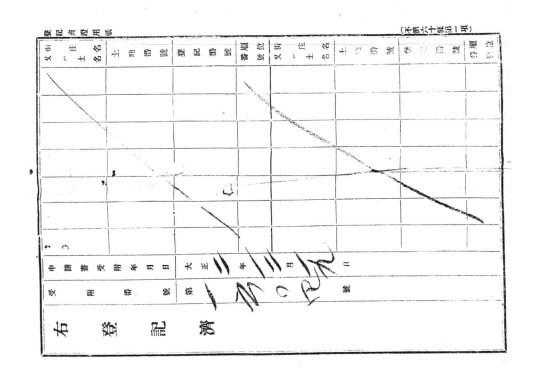

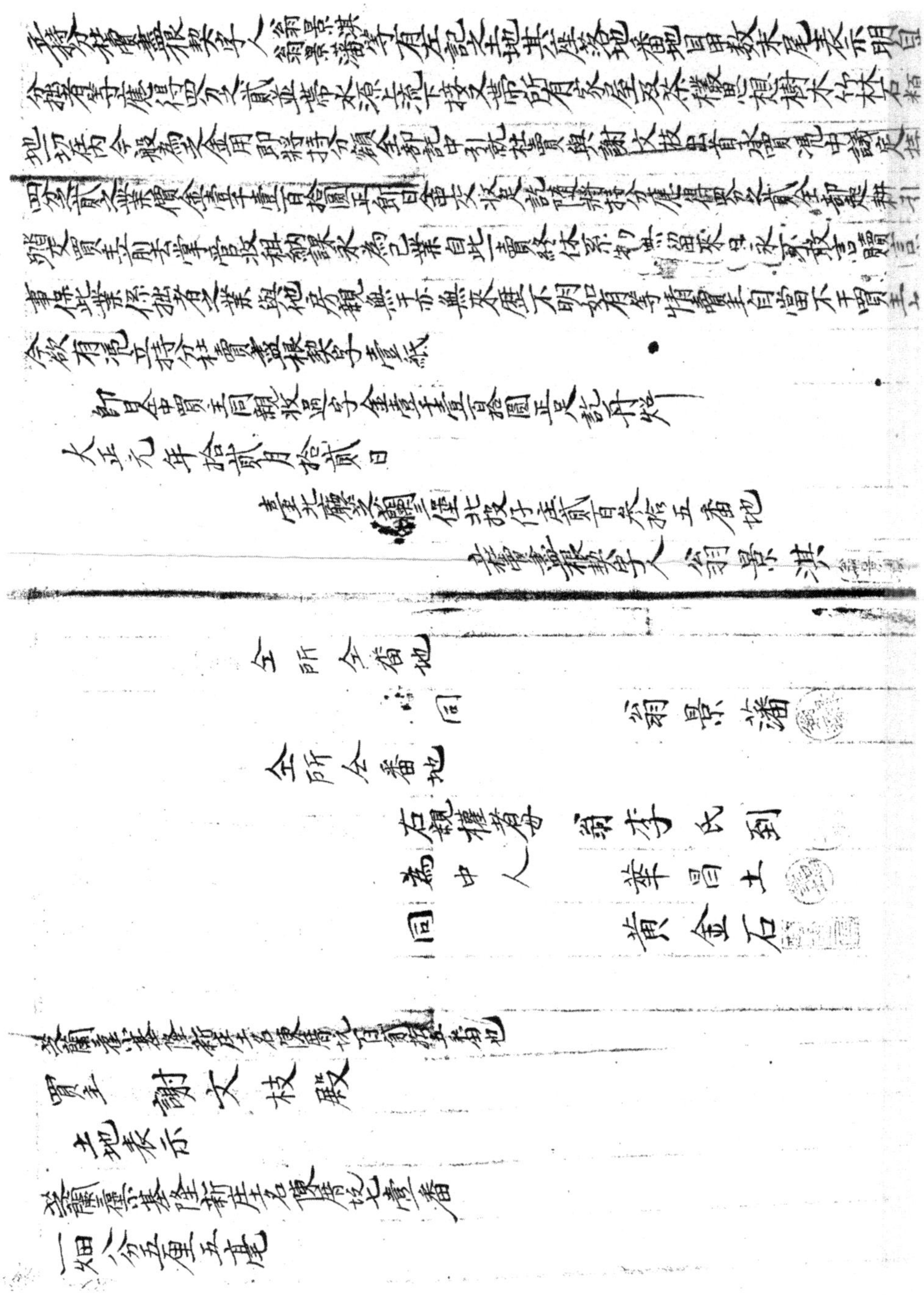

大正元年拾貳月拾貳日

全所七拾貳番

一建物敷地參分壹厘九毛

全邸七拾參番

一池沼壹分四厘五毛

全所九拾壹番

一畑五甲壹厘分八厘參毛五絲

全所九拾貳番

一建物敷地壹分壹厘八毛

全所壹百壹番

一畑田參分六厘八毛五絲

全邸壹百貳番

一池沼貳分壹厘七毛

全邸壹百參番

一田參分九厘八毛壹絲

全所壹百四番

一建物敷地壹厘壹己壹厘壹絲

全所壹百四番八厘

一建物敷地參厘八毛九絲

全邸壹百五番

一田九分貳厘貳厘四絲

全所壹百五番一毛

一田貳分六厘貳厘七毛壹絲

全所壹厘六番

一田九分壹厘壹厘七厘

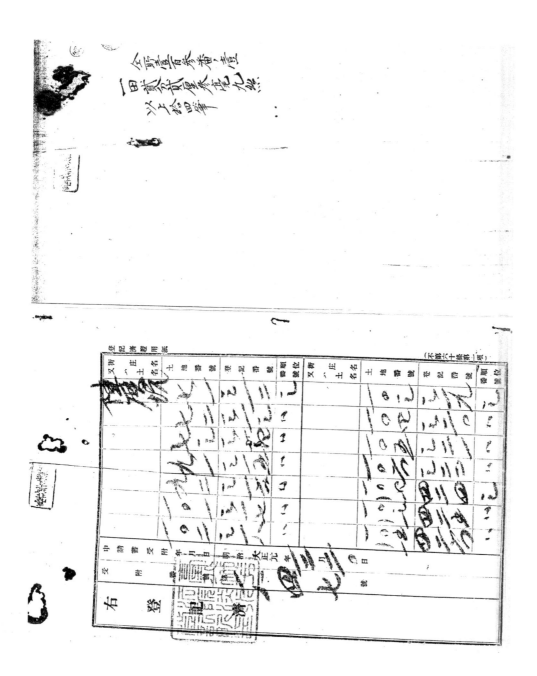

附錄三：石門練氏私藏古文書原件影本

金立分關簿字人伍大房龍富龍應龍福全侄永添慶淼等竊謂木大分枝水

大別派古今常理菽叔侄生齒浩繁爰是邀請族親人等前來將先父併自置

水田山埔業產除抽兆科公租妣祭祀蒸嘗併抽長孫外其餘水田山埔家產

器棋六畜谷石等項一切肥瘠相搭美惡相兼作五大房平分並立仁義禮智

信五字號焚香拈鬮拈憑各無反悔條欵各載住鬮書合寫再立教簿陸本壹

樣壹本存公餘各房壹本保存所有鬮書合約批明條欵各房分得部份再行

批明于左以便觀覽合批明再短

阿里磅庄老厝正廳參大間又後龍山反門前共壹段以及後山大房祖厝左

右迎各抽出拾陸丈四方係長房拈得應分厝地基之額又拾陸丈以外抽出

壹文尊公地議為建竹圍之所日後竹林茂盛各房子孫人等不得砍伐又承

過林興磜草埔尾庄水田山埔一所又買過邱有吉阿里磅庄水田一所鐘家

田尾沙仔田一段又大石磐下荒埔一段又坪抹庄水頭山埔水田一段以上

計陸段四至界址俱載闊書內明白每年愿配納金包里社大
祖狼口票壹石

正其餘小祖票并園稅抽出兆科公祖每年各房輪流蒸嘗祭掃之資備後日

被洪水沖壞仍照五大房開築成田各房不得推諉又后龍山一帶樹抹竹木

山埔不得砍伐蓄事批炤又四阿伯之坟墓仍照五房輪流公業值年之人祭

掃批炤　又批明年天寮二穴天坎墓又石門坑頭一穴坟墓共參位與海

二人輪流祭掃若　值年就房內輪流值年之人應貼出佛銀參元弍自批炤

一批長孫永添抽出承過豪儒養侄阿里磅庄水田山埔一段又坪林庄山埔

一段四至界址俱載闊書合約內明白批炤　一批金包里天后官中元應出

捐艮伍角又石門中元又福德爺三界公金王公演戲捐艮每年輪流公業值

年之人自行振理批炤　一批買過利本土目阿里磅庄老厝印契連司單一

紙又第四股大墾一紙又買過印有吉田契一紙又買過林興珠印契連司單

一紙又第上午懇契二紙又坪林庄買過利本印契連司單一紙以上計卄柒

紙交付長房收存倘後日若別立衆五房人等齊列公議不得自己私行轉交

又不得自行私典借荘事所批是賣炟

一批長孫永添兄弟拈得智字號分得阿里磅自耕水田陸段山埔貳段又分

佃人耕阿里磅坑内水田貳段山埔一段又分得坪林庄水田山埔四段以上

田山共拾伍段四至界址俱載闊書合約内明白每年應配納金包里社番大

祖口粮粟捌石壹斗伍升貳合正又應配帶承過剩本内分印契司單壹紙又

承邱魁宗印契司單壹紙又上手墾契貳紙又承鐘德慶上手印契司單壹紙

計共五紙長房收存批炟

一批貳房慶漆拈得扎字號分得阿里磅庄自耕水田捌段山埔貳段又佃人

耕分得小坵庄水田山埔壹所又阿里磅坑内水田一段又分得坪林庄水田

山埔參段以上田山共拾伍段四至界址俱載闊書合約内明白每年應配納

金包里社番大租口粮粟捌石壹斗伍升貳合正又應配帶承過鐘雲慶契字

壹紙上手闔書壹紙又刋本大份司單壹紙又承曾元時即契司單壹紙又老

墾字壹紙又承家儒寧上契壹紙又承鐘朓慶上手墾字壹紙計共柒紙付式

房收存批煜

一批明參房龍應招得義字號分得阿里磅庄自耕水田六段山埔式段又分

得佃人耕阿里磅庄四畔水田山埔一所又今得坪林庄水田山埔參段以上

田山共拾式段四至界址俱載闔書合約內明白每年應配納金包里社番大

祖口粮粟捌石壹斗伍升式合止又應配帶承過鐘捷慶契壹紙于字壹紙又

承過刋本大份即契壹紙又承家儒寧契字壹紙上于墾字壹紙闔書字壹紙

計共陸紙付參房收存批煜

一批四房龍富招得信字號應分阿里磅庄自耕水田陸段山埔式段又今佃

人耕小坑庄水田式段山埔一段又坪林庄水田山埔柒段以上田山共拾捌

段四至界址俱載闔書合約內明白每年應配金包社番大租口粮粟捌石壹

斗伍升弐合正又應配帶承過鍾純厝印契司單壹紙又孝何天送印契司單

壹紙又孝純厝閣書壹紙計共參紙付四房收存批掟

一批五房龍福招得仁字號梟分阿里磅自耕水田山埔弎段又分佃人

耕阿里磅庄水田山埔弎段又招得琴林庄水田山埔四段以上田山共拾伍

段四至界址俱載閣書合約內明白每年應配納金包里社番大租口粮票捌

石壹斗五分弐合正又應配帶承過音富契字一紙合約一紙閣書一紙承剳

本退还内份字壹紙又承過家善清印契司單壹紙閣書字弐紙上手閣書字

壹紙以上共捌紙付五房收存批掟

一批老厝正廳參大間左右团係長弐房招得厝地基之額倘後日若要起盖

正屋不得與老厝正廳相連當離壹直擭屋外之地任從起造再批掟

一批明正廳參大間中廳奉祀　神明　餘弎間議與長房暫居其神祗　祖先　祖上香

灼油火以及重新盖祖屋係長房自當支理與輪流公業值年之鱼干亦不得

言及要居住協事批坛

一地阿里磅庄海口兆科公祖长當時江步青常先 二先生囑咐拾弍年要另修阴

切不可移動倘若到期各房不得阻當五房人等出銀頂公全修理各房不得

推諉批坛

同治某年歲次戊辰拾弍月吉日應分玄吞及家器六畜等項開列于左

一存大錫鏡　　　臺个　　長房永添兄弟人丁鬮分玄谷穀六十石

一存小錫鎮　　　臺个　　又分玄谷種谷　　北石

一存錫扎硾碏　　臺个　　又分吉水牛弐　　弐拾弐坑

一存砌初碟　　　四个　　又分玄大猪　　　弐拾坑

一存浚律碗公　弍拾柒个　又分玄犂　　　　壹張

一存木五姓盤　　壹付　　又分玄鐵鈀　　　壹張

一存錫灼臺　　　弍付　　又分攀桶　　　　臺个

一存銅灯火架　壹支　　又分祿槤　壹張

又分石墨舂臼　10元

又分八仙桌　壹張　　又分鋤頭　弍支

又分長椅　四張　　又分鐵鎚　乙支

又分眼櫃　乙个　　又分斧頭　乙支

又分水桶　弍个　　又分柴刀　乙支

又分鐵船　四个　　又分草鐮　弍支

又分掠菜　参領　　又分菜桶　弍个

又分飯桶　乙卩　　又分鳥銃　弍支

又分半粗切架　壹座　　又分械器　四支

又分粗架　壹座　　又分五斗缸　五个

又分酒碵　参个　　又分盤硯　各卅个

又分去米更

又分去豬欄　　大間　　又分牛欄　　壹座

參擔　　又分茅屋　　伍間

弍房廖添人丁以招分去伙食各

又分去經杏　110石　又分去水牛牝　坭坭

又分去豬　　坑　　又分剷　　壹張

又分鐵鈀　壹張　又分斧頭　乙支

又分擘桶　乙卩　又分紫刀　乙支

又分祿桛　乙張　又分草鎌　弍支

又分石磨舂臼　10元　又分菜桶　弍卩

又分鋤頭　弍支　又分鳥銃　弍支

又分鐵鈤　乙支　又分械器　四支

又分五斗砠　五粒　　又分狹船　四个

又分盤碗　各卅个　　又分水桶　弍个

又分茅屋　伍間　　　又分飯桶　乙个

又分牛欄　壹座　　　又分粿菜　叁領

又分猪椆　弍間　　　又分粗架　乙座

又分八仙棹　乙張　　又分書薛　壹座

又分紫椅　四張　　　又分酒礶　叁个

又分大眠撞　乙个　　又分茶受　叁担

叄房龍應人丁以招分言伙食答

又分言伙答　作奶十石

又分言各種谷　作四石

又分言牛犂　作三坑

又分亥大猪　段坑　又分身銃　貳支

又分亥犁　壹支　又分器械　四支

又分鉄鈀　壹張　又分五斗矼　五莊

又分攀桶　壹丫　又分盤碗盒　卅竹

又分栳摺　壹張　又分茅屋厝佛厝　卅坑

又分石磨舂臼　川元　又分牛裍　壹座

又分鋤頭　貳支　又分猪裍　貳間

又分鉄鈿　乙支　又分八仙棹　壹張

又分斧頭　乙支　又分柴捿　四張

又分柴刀　乙支　又分風車　壹張

又分草鑡　弍支　又分鉄觥　四丫

又分菜桶　弍丫　又分水桶　弍丫

又分言橫樣	又分言礬捅	又分言鐵鈀	又分言犂	又分言大豬佛良	又分言水牛牯	又分言谷種谷		又趒布櫃	又分言棕簑	又分言飯桶
壹張	乙ㄕ	壹張	壹張	嫩坑	肕坑	110石	肆房龍富人丁IX格分言伙食谷	壹座	參領	乙ㄕ
又分言菜捅	又分言草鐮	又分言紫刀	又分言斧頭	又分言鐵鈀	又分言鋤頭	又分言石磨舂臼佛男	又分言伙食谷		又分言禾蔓	又分言酒礦
貳ㄕ	貳支	壹支	壹支	乙支	貳支	10元	肕十石		參担	參ㄕ

-219-

又分鳥銃　弍支　　又分大櫃　壹个

又分器械　四支　　又分鉄船　四个

又分五斗砢　五拉　又分水桶　弍个

又分鑑碗　各卅个　又分飯桶　乙个

又分茅厝傳長　幾坑　又分椑叢　參領

又分牛桐　壹座　　又分風車　壹張

又分猪桐　弍間　　又分酒硯　參个

又分八仙棹　壹張　又分来麥　參捏

又分紫持　四張

五房龍福人丁仉拾分亥供食谷　又分水牛牝傳長　二十石　二十坑

又分亥呑種谷　二〇石

又分亥大猪佛艮　　隻十九　　又分鳥銃　　弍支

又分亥犁　　壹張　　又分械器　　四支

又分鉄鈀　　壹張　　又分五斗缸　　五糎

又分亥摯搁　　壹丁　　又分盤碗　　含卅隻

又分籐椿　　壹張　　又分茅屋　　五間

又分石磨舂臼佛艮　10元　　又分牛棚　　壹座

又分鋤頭　　弍支　　又分猪揭　　弍間

又分鉄錘　　壹支　　又分八仙棹　　壹張

又分斧頭　　壹支　　又分紫椅　　四張

又分紫刀　　壹支　　又分大柜　　壹丁

又分草鐘　　弍支　　又分艔船　　四丁

又分茱桶　　弍丁　　又分水桶　　弍丁

又分飯搗 壹尸 又分酒罈 參尸

又分棕蓑 參領 又分米篭 參担

又分紡布廚 壹座

同治柒年歲次戊辰拾弍月吉日錄人項借來數目開列于左

曾海觀借來佛艮 〣〇百元 鍾柏九在來佛艮 〡〇百元

林九平借來佛艮 〥〣百元 公王季在來佛艮 〡〤〤十元

羅彩觀在來佛艮 〢〡三十元 在君公太季在來佛艮 〡〥三百元

黃明旧在來佛艮 〡二〇十元 梁奇富在來佛艮 〢〇十元

安仁堂在來佛艮 〤〇十元 盧爾觀在來佛艮 二〇百元

賴泉觀在來佛艮 〣二〦十元 林泉發觀在來佛艮 〥〇百元

賴今觀在來佛艮 〤〤〤十元 萬振芳在來佛艮 〡〇百元

義記号在來佛艮	森吉号在來佛艮	芳泰号在來佛艮	晉勝号在來佛艮	悅勝号在來佛艮	昆記在來佛艮	漢記在來佛艮	清記在來佛艮	順記在來佛艮	老伯婆在來佛艮	成記在來佛艮	元記在來佛艮
又來始義記來聘金艮 政汎	伍房在契佛艮	四房在契佛艮	參房在契佛艮	貳房在契佛艮	長房在契佛艮	乾記在來佛艮	振發號在來佛艮	懷安堂在來佛艮	而記号在來佛艮	水記号在來佛艮	禮記号來佛艮

長房承始　秋壹　寶壹　來聘金三○十元　　　　　　昆記在來谷卅六石　卅六元

四房承始承壹來聘金一○坑　　　　　　　　　　　特記在來谷一二石　一三×元

以上共佛銀　×十×佰元

此條銀頂作五大房均開每房應開帶欠債頂併良　卌拾元

各房應分債頂隨向銀主各條列于後

參房應記來佛良壹佰卌拾元　　　　順記返收去佛良壹佰卌拾元

四房富記來佛良壹佰卌拾元　　　　清記返收去佛良壹佰卌拾元

伍房福記來佛良　弍佰元　　　　　漢記返收去佛良　壹佰元

清記對清來佛良　卌十元　　　　　昆記返收去佛良　壹佰元

昆記對清來佛良　×六角　　　　　順記對應去佛良　一二×百元

漢記對記去佛良　一二×百坑

清記對去三房佛良　一三×百坑

長房永漆兄弟

即付老伯望來佛艮、

又付儒寧來契艮

又付乾記來佛艮

又始室狄盛來聘金佛艮

又付公王季來佛艮

又付在君公太來佛艮

又付林泉發來佛艮

又付盧蘭來佛艮

又付悅勝來佛艮

又付萬振來佛艮

又付清記來佛艮

昆記討店　佛艮

清記討記後　佛艮

又付昆記　佛艮

又付長房　佛艮

順記付房　佛艮

承上應均　佛艮

就付　房过　佛艮

合共艮

合共佛艮　　三二叫百十元

參房龍應記

即廿鐘祖九來佛艮　10九九　　承上應均開分玄玄伐佛艮
就廿弍庚旦言佛艮

又廿振發來佛艮

又廿儒寧來契艮

又廿捷慶來契艮　　　合共佛艮

又廿喬富來契艮

又廿靈慶來契艮

又現还來佛艮

又廿順記來佛艮

又付漢記來佛艮　〔數字〕

又付清記來佛艮　〔數字〕

又付昆記來佛艮　〔數字〕

又付盧開來佛艮　〔數字〕

合共佛艮　〔數字〕

肆房龍當記

即付咸記來佛艮　〔數字〕　承記應诃開分去倭佛艮　〔數字〕

又焰來盛聘金艮　〔數字〕　又付五房去佛艮　〔數字〕

又何天送來契艮　〔數字〕　合共佛艮　〔數字〕

又雲慶來契艮　〔數字〕

—227—

又付奇富來佛艮 〡丬〢十九

又始政記來金艮 〡〇 貫

即付元記來佛艮 〢〇〤十 百〣

伍房龍福記

承上應今均開書傷佛艮

刣〢十 百〣

合共佛艮 〤丬〤〇〣 百〣〡九

又付林九平來佛艮 〡二 貫

又付穎含來佛艮 〤〣 十九

又付賣海來佛艮 〣〇 貫

又付盧闌來佛艮 〡乂 貫

又付自己來佛艮 〡乂 貫

一錄金包里社番業戶目雙記大租栗各號名字列明于左

兆科公納租栗　　　壯石

又　　納租栗　　　壯石

又　　納租栗　　　壯石

又　　納租栗　　　信石

又　　納租栗　　　如斗

又　　納租栗　　　如石

龍貴兄弟納租栗　　多石

又　　納租栗　　　上石

又　　納租栗　　　壯石

龍應兄承永慶納租栗　川石

又土目單記納租栗　承提慶　二斗

又承邱水牛納租栗　川〇斗

又承梁奇富納租粟　收×石

又承建業單記納租粟10石
慶户

龍貴公井草湖尾業共壹記各×石
小坑庄户

龍愿公永納松記口糧
承慶老毛租粟　川斗

又討雲慶來買良　　　　三止元

又討儒寧來契良　　　　又卅元

又討義記來佛良　　　　二三元

又討礼記來佛良　　　　止二元

又討还來佛良　　　　　二〇元

又討盧南來佛良　　　　一叉元

又討林九平來佛良　　　二口元

又討頼泉來佛良　　　　止七元十

又討四序來佛良　　　　名三元

又討二序來佛良　　　　名三元

合共佛良　　　　　　　刻川計元

同治己巳年六月　日立数簿人練龍應 ㊞

代筆侄孫開盛 ㊞

知見　公親羅　獅 ㊞

母族江成恩 ㊞

知見族侄　武添

王發 ㊞

成添 ㊞

漢添 ㊞

在場侄　陸添 ㊞

元添 ㊞

侄孫　發盛 ㊞　乾盛 ㊞

富 ㊞

侄永添 ㊞

福 ㊞

侄慶添 ㊞

同治己巳年拾弍月吉日錄借過他人銀項列明于左

曹海反借來佛艮　　川百元　　咸添記付林執迁去佛艮　　壹叉百元

林九平借來佛艮　　壹叉百元　　又付参交迁去佛艮　　如拾元

賴金艮借來佛艮　　如拾元　　又付林九平迁去佛艮　　如拾元

林九平曹田成記　　如拾元　　合共佛艮　　壹弍叉百元

林九平海江來佛艮　　如拾元

曹海反付平田成記去佛艮　　如拾元

芹添記付海記去佛艮　　叁叉百元

一批明上五房大閣書壹紙係　房咸漆收存後日倘要公用取出不得刁難

批烆

一批明上五房大簿壹本存　房芹漆收存後日倘要公用取出不得刁難　批

烆

知見侄　來盛

傳盛

在場男　接盛

紅盛

咸漆

同治己巳年拾式月立數簿人　芹漆

資料來源：練詩論，《練氏族譜》（1824 年初編，1983 年重編），臺北：作者自費出版，1983年。

附錄四：三芝江氏家族相關古文書

契約編號：1759-01-00、1769-08-00、1785-10-00、1789-12-00、1792-01-00、
　　　　　1814-12-00

契約編號：1759-01-00

出處：高賢治，《大臺北古契字集》，臺北：臺北市文獻會，2000 年，頁 15。
　　　原件參照國立臺灣大學圖書館古契書計畫資料庫，編號 tcta0098。

立杜賣根契人　王貴有兄王鳳生前自置有店地基壹間，坐落土名扈（按，滬）
尾艋舺渡頭　媽祖庄。東至鄭家店為界，西至袁家店為界，南至港，北至車
路，四址分明。因鳳本年正月十一日身故，乏銀殯葬，情願將其店地壹間，
賣為買棺殯葬送終之需，先問族內叔　侄人等，二問店鄰，不肯承受。托中
引就與江宅出首承買，當日憑中三面言議，得時值店地價銀貳拾參大員正，
其店地立即踏明，闊壹丈陸尺，內見光，其銀即日全中交訖，其契店地付與
銀主前去架造、掌管，永為己業。不得異言生端等情，其店地原係鳳兄生日
自置之業，與族內外叔侄夥記毫無干涉，並無上手來歷不明，亦無重張典當
他人財物。如有不明，係貴一力抵當，不干買主之事。其店地自賣之后，一
賣千休，永無找贖。此係二比甘願，兩無逼勒。今欲有憑，立杜賣根契壹紙，
付執為炤。
即日收過契內銀貳拾參大員足訖，炤
中人　陳林　在見　謝俊　袁懷
左右鄰　鄭銘
知見監生　王啓泉　乾隆二十四年正月十二日立杜賣根契人　王貴

契約編號：1769-08-00

出處：高賢治，《大臺北古契字集》，臺北：臺北市文獻會，2000 年，頁 17。
　　　原件參照國立臺灣大學圖書館古契書計畫資料庫，編號 tcta0095。

立杜賣斷根店契　叔文翠。今有先年叔姪合共四份，承買王貴店地架造□
（案：此字應為「瓦」）店一櫃，坐落土名扈（按，滬）尾艋舺渡頭媽祖庄。
束至鄭家店為界，西至袁家店為界，南至港為界，北至車路為界，四址分明。
今因乏銀使用，自情願將翠名下一分□店，托中引就祿芳姪出首承買。當日
憑中三面言定，時值店價銀柒拾伍員正，其銀、即日憑中銀契兩相交訖。並

無短少分文，其店自的筆出賣之日，即付與祿芳姪永遠管業，不得異言生端。其店委係叔姪四份共置物業，今所賣祿芳姪店壹分，原分翠名下一分物業，與他人並無干涉來歷不明，亦無重典當他人財物等情。如有此等情弊，俱係翠一力抵當，不涉買主之事。二比甘愿，兩無逼勒，並非準折之故。一賣千休，永不得言找、言贖。今欲有憑，立杜賣斷根店契一紙，付與姪祿芳永遠爲執，炤。

即日收過店契內銀柒拾伍員足訖，再炤。

外批、老契付與圓芳姪身邊收存，再炤。

依口代筆姪　書蕃　在場同見叔　文達　姪　浩芳　俊芳　永芳　在場同見男乾芳　在場中見姪　圓芳　乾隆參拾肆年挪月　日立杜賣斷根店契叔文翠

契約編號：1785-10-00

出處：高賢治，《大臺北古契字集》，臺北：臺北市文獻會，2000年，頁20。
　　　原件參照國立臺灣大學圖書館古契書計畫資料庫，編號tcta0097。

立杜賣斷根店契　弟永芳，今有父先年兄弟四分共承買王貴店地，架造瓦店貳欄，坐落土名扈（按，滬）尾艋舺腳渡媽祖庄。東至鄭家店爲界，西至袁家店爲界，南至港，北至車路爲界，四址分明。今因乏銀使用，自情愿將列永名下一分瓦店，托中送與兄祿芳出首承買；當日憑中三面言定，時值店價銀貳百員正，其銀即日隨中銀契兩相交訖，並無短少分文。其店自的筆出賣之日，即付與兄祿芳永遠管業，不敢生端等情，其店委係叔姪四分共置物業。今所賣祿芳壹分，原分永名下一分物業，與他人並無干涉來歷不明，亦無重張典擋等情。如有等情，俱係永一力抵當，不涉買主之事。二比甘甜，兩無逼勒，並非準折之故，一賣千秋，永不得言找、言贖。今欲有憑，立杜賣斷根店契一紙，付祿芳兄永遠存炤。說合即日收到契內銀貳百員足訖

外批、老契紙一張存留圓芳弟家中

批明、內添父、承、業三字

中人　游作棟　鍾肇元　江才芳　姪　懷興・健科

在場　弟　圓芳

兄　傳芳・俊芳　代筆　姪孫和舟字

姪　天送、接送

在見　男　佛送

乾隆伍拾年拾月　日立杜賣斷根店契弟江永芳

契約編號：1789-12-00

出處：高賢治，《大臺北古契字集》，臺北：臺北市文獻會，2000 年，頁 21。
　　　原件參照國立臺灣大學圖書館古契書計畫資料庫，編號 tcta0094。

立杜賣店契字　叔接琳。今有自己承父起瓦店壹橺，每年納艋舺天后宮營盤地基銀壹錢伍分正，坐落土名扈（按，滬）尾大街，左鄰何家店爲界，右鄰陳家店爲界，店前停子外街心爲界，店後車路水溝爲界，四址分明，一橺共四落三天井。上至柒丈，下至地基、谷倉樓棚、地板俱壹在內。今因無銀使用，自情願托中引就送與姪懷亮出首承買，當日三面言定，時值壹股店價銀壹佰陸拾貳員五分正，其銀契即日全中兩相交訖。其店並無重張典掛他人財物等情。如有此情，係賣主一力抵當，不干銀主之事。其店自賣之日，付與銀主前去居住管業。壹賣千休，永不得言贈言贖。此係二比甘愿，兩無逼勒。口恐無憑，今欲有憑，立杜賣店契壹紙，併上手老契壹紙，共貳紙，付執永遠爲炤。
批明、即日收過契內銀壹佰陸拾貳員五分足訖，再炤。
說合中人　鍾可廷　在場見叔　團芳、生炳
代書弟　鼎兆字　乾隆伍拾肆年拾貳月　日立杜賣店契叔接琳

契約編號：1792-01-00

出處：高賢治，《大臺北古契字集》，臺北：臺北市文獻會，2000 年，頁 21～
　　　22。原件參照國立臺灣大學圖書館古契書計畫資料庫，編號 tcta0101。

立杜賣店契字　叔江團芳仝姪承宗、長興、立興等。今有承祖瓦店壹股，坐落土名滬尾大街，左儕何家店爲界，右儕陳家店爲界，店前停子街心爲界，店後車路水溝爲界，四址分明。壹間共四落、三天井，上至柒丈，下併地基谷倉樓棚、地板，俱壹在內。今因無銀使用，自情願托中引就送與姪懷亮出首承買，當日三面議定，時值壹股店價銀壹佰陸拾貳員伍分正，其店壹間，每年上納內艋舺營盤天后宮地基銀壹錢五分正，銀契即日同中兩相交訖。其店並無重張典掛他人財物，如有不明，俱係賣主壹力抵當，不干銀主之事。其店自賣之日，付與銀主前去居住管稅。其店自出筆之後，壹賣千休，永不敢言贈、言贖，此乃公平交易，非係準折之故。此係二比甘愿，兩無逼勒。今欲有憑，立杜賣店契壹紙，併上手王貴店地契壹紙，共貳紙，付

執爲炤。

即日收過契內銀壹佰陸拾貳員伍分正足訖,再炤。

代筆人　鼎兆字　說合中人　廖欽福　在場見叔　斗　壽

乾隆伍拾柒年正月　日立杜賣店契字叔團芳姪　承宗、長興、立興

契約編號:1814-12-00

出處:《臺北文物》第五卷第二十三期合刊,頁 125。原件參照國立臺灣大學
　　　圖書館古契書計畫資料庫,編號 tcta0096。

立賣盡根店契字　江林妹有承父明買過祿芳叔分下店二股,又買接琳叔、團
芳叔分下店二股,合共四股在內。東西南北四至,登載在上手契內明白。先
前店四落。因嘉慶拾壹年,通街被焚後,自起蓋□店二進併過水,后進未有
起蓋在內,上及桷桁屋上,下及牆壁、地基、門板、戶扇,遞年配納艋舺營
盤天后宮地基租壹錢伍分。今因乏銀別置,先問房親叔兄弟姪,不欲承受。
外托中引就與翁濟生出首承買。當日三面議定,時值價銀柒佰肆拾大員正,
其即日全中交收足訖。其店隨即搬空,付銀前去居住、開張生理,不敢異言
生端等情。自此一賣千休,日后子孫不敢言找、貼贖滋事。保此業係是承父
物業,與房親叔兄弟姪無干,亦無重張典掛及來歷交加不明等情。如有不
明,妹　自出首抵當,不干銀主之事。此係二比甘愿,各無異言反悔。口恐
無憑,立賣盡根絕契店字一紙,併繳上手地基契、印契陸紙,共柒紙,付執
爲炤

即日企中收過契內銀柒百肆拾大員完足,再炤。

代書人姪　文元

爲中人　陳德源　族弟　七匿

在場知見叔懷品怡冠　堂兄連喜元喜

嘉慶拾玖年拾二月　日立賣盡絕根契店字　江林妹

這六份書契記載了江氏家族店鋪買賣詳情,請見下列二張圖表:

江氏房契買賣示意圖

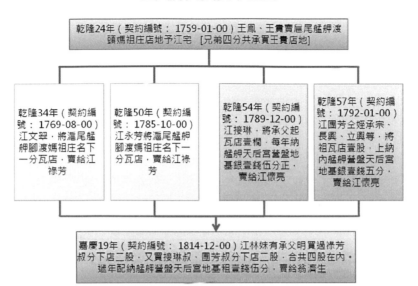

乾隆24年（契約編號：1759-01-00）王鳳、王貴賣滬尾艋舺渡頭媽祖庄店地予江宅 [兄弟四分共承買王貴店地]

乾隆34年（契約編號：1769-08-00）江文翠，將滬尾艋舺腳渡媽祖庄名下一分瓦店，賣給江祿芳

乾隆50年（契約編號：1785-10-00）江永芳將滬尾艋舺腳渡媽祖庄名下一分瓦店，賣給江祿芳

乾隆54年（契約編號：1789-12-00）江接琳，將承父起瓦店壹橺。每年納艋舺天后宮營盤地基銀壹錢伍分正，賣給江懷亮

乾隆57年（契約編號：1792-01-00）江團芳全姪承宗、長興、立興等，將祖瓦店壹股，上納內艋舺營盤天后宮地基銀壹錢五分，賣給江懷亮

嘉慶19年（契約編號：1814-12-00）江林妹有承父明買過祿芳叔分下店二股，又買接琳叔、團芳叔分下店二股，合共四股在內。遞年配納艋舺營盤天后宮地基租壹錢伍分，賣給翁濟生

江氏房契買賣分析表

年 代	乾隆二十四年	乾隆三十四年	乾隆五十年	乾隆五十四年	乾隆五十七年	嘉慶十九年
契約編號	1759-01-00	1769-08-00	1785-10-00	1789-12-00	1792-01-00	1814-12-00
契約內容	購入房產	股東間相互轉賣	股東間相互轉賣	股東間相互轉賣	股東間相互轉賣	店產全數賣出
時值價銀（總價）	23大員	300大員（一股75員）	800大員（一股200員）	650大員（一股162.5員）	650大員（一股162.5員）	740大員
店面規模	闊壹丈陸尺，內見光	店地架造瓦店一橺	造瓦店貳橺	瓦店壹橺。一橺共四落三天井。上至柒丈，下至地基、谷倉樓棚、地板俱壹在內	壹間共四落、三天井，上至柒丈，下併地基谷倉樓棚、地板，俱壹在內	嘉慶拾壹年，通街被焚後，自起蓋瓦店二進併過水，后進未有起蓋在內，上及榷桷屋上，下及牆壁、地基、門板、戶扇
契約附加條件	無	無	無	每年納艋舺天后宮營盤地基銀壹錢伍分正	每年上納艋舺營盤天后宮地基銀壹錢五分正	遞年配納艋舺營盤天后宮地基租壹錢伍分

資料來源：(1)高賢治，《大臺北古契字集》，臺北：臺北市文獻會，2000年。
　　　　　(2)《臺北文物》第五卷第二十三期合刊。

附錄五：臺灣公私藏古文書彙編北淡地區相關古文書原件影本

※《臺灣公私藏古文書彙編》北淡區相關契字列表

書　　名	分類編號	總編號	契約名稱	年　　代	契約張數	契約原收藏者	收藏者地址
《臺灣公私藏古文書彙編》第一輯	59	74	給地基墾及杜賣盡根茅店契（河道生等）	咸豐九年十二月（1859～1860）	1	游曉昊	臺北縣淡水鎮
《臺灣公私藏古文書彙編》第一輯	78	93	杜賣盡根店契（蔡錦來）	同治十二年十月（1873）	1	周明德	臺北縣淡水鎮
《臺灣公私藏古文書彙編》第四輯	6	157	換田業合約字（滬尾林仔街庄長房恭記等）	同治三年四月（1864）	1	陳國章	臺北市
《臺灣公私藏古文書彙編》第八輯	4	143	開墾合約（上淡水大佳臘陳天章等）	康熙四十八年十一月（1709）	1	張澄河	臺北縣新莊市
《臺灣公私藏古文書彙編》第十輯	91	96	杜賣盡根茅厝契字（滬尾崎仔頂尾何景其）	同治一年四月（1862）	1	尹章義	臺北縣新店市
《臺灣公私藏古文書彙編》第十輯	96	101	杜賣盡根絕厝地併帶撢頭小瓦厝契字（滬尾街白鳥獅）	同治八年二月（1869）	1	尹章義	臺北縣新店市

資料來源：王世慶，《臺灣公私藏古文書彙編》（美國亞洲學會臺灣研究資料專刊），臺北：環球書社，1977 年。

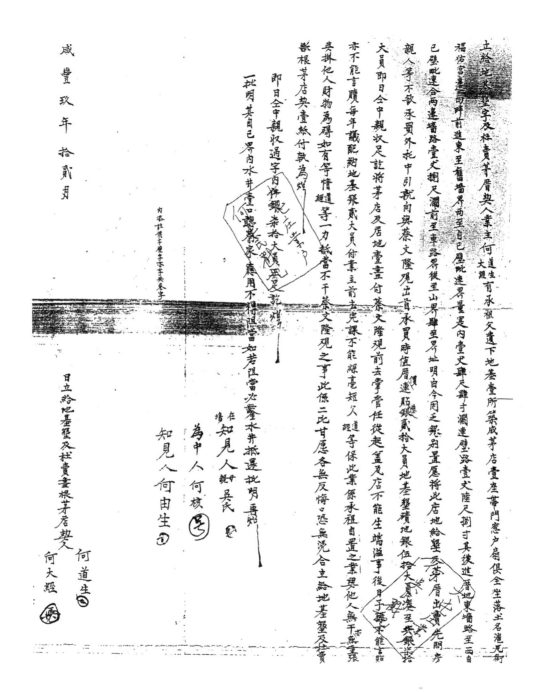

立給地基墊字及杜賣芽厝與人業主何道生有承祖父遺下地基壹所築成芽店壹座帶門憲戶扇俱全坐落土名湖尾街

福店言連一向呌進東至舖墻界內至日已壁毗連兩邊墻路至西

已壁毗連合兩邊墻路壹丈捌尺闌前至車路界後至山界驛至界址明自今因乏無別置壹厝將此店地給墊及芽厝出賣先問

親人等不欲承買外托中引就向與蔡文隆觀出首承買時值厝連

大員即日全中親收足訖將芽店及店地壹付蔡文隆觀前去掌管任從起蓋足店不能生端滋事後日子孫未

亦不能言贖每年職配絀地基墊大員付業主前去完課不能緣毫短欠經等保此業係承祖自置之業與他人無干無

與抵他人財物為得如有等情絕道等一力抵當不干蔡文隆觀之事此係二比甘願各無反悔恐無憑合立給地基墊及杜賣

獻根芽店奐壹紙付執為炤

即日全中親收過字內價銀叁拾大員完足訖再炤

一批明芽目已界內水井壹口聽蔡家應用不得過當如苦陞當必鑿水井抵還批明再炤

咸豐玖年　拾貳月　　日立給地基墊及杜賣盡根芽厝契人　何道生
　　　　　　　　　　　　　　　　　　　　　　　　　何大經

　　　　　　　　　　　　　　　　在場　知見人廿說吳氏
　　　　　　　　　　　　　　　　　　為中人何核
　　　　　　　　　　　　　　　　　　知見人何由生

立杜賣盡根店契人蔡錦來有承父鬮過何家基地起蓋店屋壹坎書進連通水深井及後進填地基額書所址在滬尾街福佑宮邊右畔昔去坎坐山向

前至車路為界後至山頂為界左至洪家含壁為界右至何家含壁為界曲共界址踏明結帶捅磚尾厝至高壁接棟扞門窓戶扇庫房屏拾邊地基址

及內外浮磚瓦柴杉料四至為所有雜木等項一切在為每年配納地基租谷。交元正該完店含次重填地等項當日來父在日與胞叔父遺嗣率均分各承

應得半坎店額連填地等項（半配納地基稅租鼠書大元正今因主限別置母子相議情愿將此尾店重填地等項（半額盡根杜賣與先間房親人等

兄弟遠不欲承受外托中引向與鄭德貿覌出首承買三面議定時價佛銀書佰陸拾伍大元正其限即日全中親收足訖其尾店重填地等項係蔡承父與叔均交

買美前来當店任係聽邸人收納基永為己業任從起蓋後進翻築永高任俱從其便不敢異言保此尾店重填地等項保蔡承父與叔均分

得書半已額與別房親疎人等無干亦無重張典掛他人包及交加財物來歷不明情弊如有不明等情全中力出首抵當不干買主之事此係二比甘愿各無反悔口恐無憑

交遇随價數足銀契兩相交訖割籐永斷一賣千休永為斗主無留日後永來子孫永不敢言及貼贖洗找取贖滋等情二比甘愿各無反悔口恐無憑

盡根店契壹紙付執工手地基與胞叔合書紙合共叄紙附就為炤

右批明小引含二十穗佐透実為炤集書百陸拾伍大元正完足為炤

同治拾弍年拾月

日立杜賣盡根店契人蔡錦來（印）

為中人蔡自評（印）

代筆人陳奉興（印）

知見人叔蔡文盡（印）

胞姊張氏（印）

在場母許氏（印）

立換田業合約字長房恭記緣恭記於咸豐柒年冬明買潘桂荇滬尾林仔街庄田螺穴水田壹所大

小叁段帶竹圍田蔡牛桐稻埕荇項其四至界址及原帶大溪圳水份併年納大租粟拾玖石叁斗叁

升五合俱載潘賣契內明白又惠記鬮分應得承悅記於道光貳拾叁年冬明買王義廣此投山脚

庄水田兩處合壺所併帶山田埔園竹圍樹木田蔡牛桐稻埕菜園荇項在內又帶磺溪圳水通流灌溉其

兩處水田四至界址及年納大租粟叁石捌斗俱載王義廣賣業印契內明白今因兩房公同議定恭記將

承買潘桂荇滬尾林仔街庄田螺穴水田壺所叁段帶各荇項併田契及印契壺宗計叁紙歸與惠記承

遠掌管惠記將鬮分應得承悅記明買王義廣此投山脚庄水田兩處壺所帶山田埔園及各荇項併田

業印契帶上手契壺宗計拾紙歸與恭記永遠掌管此係兩愿各無反悔今欲有憑全立換田業合約字壺樣貳

紙各執壺紙存炤

同治叁年肆月　日仝立換業合約字

長房恭記　〔恭記〕

五六七房惠記　〔惠記〕〔惠記〕

執筆堂姪植熊（押）

場見二房寬記　〔寬記〕

三房信記　〔信記〕

四房敏記　〔敏記〕

于本年叁月內請給墾單叁紙告示叁道苏相商既已通禀請墾應央合夥招耕議作五股公業宴爲友五人起見而

于斯倉萬斯箱爲吉兆矢則元暮佃以及剁置農器等項照股勻出所謂通力合作至于收成棄石納課之外又

當計得均奶毋容紊亂一有淡私以及遇事推諉不共相爲力者則擯而逐之各無後悔總以同心協力共成美舉

相期永遠于無替耳所有墾單告示陸紙各收壹紙開列于後今欲有憑公立合約各執爲炤丁

今開

戴岐伯奴蘇少翁墾單壹紙

陳憲伯奴上淡水港南墾單壹紙告示壹紙

陳逸春奴大佳朧告示壹紙

陳天章奴大佳朧墾單壹紙

賴永和奴蘇少翁告示壹紙

康熙肆拾捌年拾壹月

日全立合約賴永和奴
陳憲伯奴
戴天樞奴
陳天章奴
陳逸春奴

立在賣盡根絕厝地併帶擇頭小尾厝契字人白烏獅有承父在日遺下空厝地併擇頭小尾厝壹所坐落土
名滬尾街衙仔頂尾東至車路為界南至高家合基為界西至塚埔路為界北至盧家合基為界四至明白
今因乏銀別置欲將此厝地併擇頭小尾厝壹盡出賣他人先盡問伯叔兄弟姪親戚人等俱不欲承受
無奈母子相議外托中引就向與吳居官兄首承受三面議定時值價銀參拾肆大員正記其銀即日仝中
親收完足即將此地併擇頭小尾厝壹體交付銀主前去掌管起蓋修理不敢阻當異言生端滋事保此厝地併擇頭
小尾厝係是獅父在日自己建置與房親人等無干亦無重張典掛他人交加來歷不明為得如若不明獅
母子力出首抵當不干銀主之事此係二比甘愿各無反悔口恐無憑立出杜賣盡根絕厝地併帶擇頭小尾
厝契字壹帋併繳上手契字壹帋　　　　　　　　　　　　　　鑑炤拾肆大員正完足妙
即日仝中見親收過契字內併鑑炤拾肆大員正完足妙

同治八年二月

日立出賣盡根絕厝地併帶擇頭小尾厝契字人白烏獅
　在塲知見人母林氏
　　為中人駱程
　　代筆人蘇應元

立杜賣盡根芽厝契字人何景其、有自置芽厝壹間址在滙尾嶺仔頂尾東至半路爲界西至塊埔路爲界南至高

家合墓爲界北至慶家合墓爲界四至界址明白今圖之銀別用愿將此芽厝出賣先問房親人等不欲外托中引向與自平

出首承賣當日仝中三面議定時值價銀拾弍大元正其銀即日仝中交其親收足訖遂將芽厝踏明界址交付銀主掌管

永爲己業不敢異言阻當亭保此厝係是景其自置之物業與視踈人等無涉亦無來歷交加不明爲碍如有未

明清輝賣主全中出首一力抵當不干買主之事與係二比甘愿各無反悔恐無憑立杜賣盡根芽厝契字（紙付

執爲炤

即日仝中景其親收過字內厝契價銀拾弍大元足訖再炤

同治元年四月

代筆人周玉奎〔印〕

爲中人何金蘇〔印〕

場見人何景非〔印〕

日立杜賣盡根芽厝契字人何景其〔印〕

270